# 발칙한 경제

# 발칙한 경제

내 삶을 바꾸는 돈 되는 경제 이야기

권순우 · 염현석 · 이주호 지음

가나출판사

| 차 례 |

◆ 2장 ◆

## 알고 보면 '우리 판'

# 3장
# 감춰진 '판'

# 경제의 판을 보면
# 돈의 흐름이 보인다

경제 기자를 하면서 매번 놀라는 것은, 자기 주머니가 털리고 있는데도 사람들은 별 관심을 보이지 않는다는 점이다. 대부분 사람은 돈을 무척 좋아하지만 '돈 이야기'인 경제에는 너무나 관심이 없다. 본인과 아무 상관 없는 다른 지역의 살인 사건, 다른 나라 연예인의 스캔들에는 관심이 많은데 정작 본인 주머니에서 돈이 나가고 들어오는 일에는 무관심하다.

사람들이 경제가 재미없다고 느끼는 첫 번째 이유는 관심이 없기 때문이다. 경제는 단어도 어렵고 계산법도 어렵다. 하지만 깊게 들어가면 국어도 어렵고 음악도 어렵지 않은가? 사람들은 관심을 가지면

세월호 침몰의 원인을 찾기 위해 해운 전문가가 되고 최순실의 국정 농단을 파헤치는 형사가 되기도 한다. 어려운 단어와 계산법은 현상을 이해하기 쉽게 하려는 도구일 뿐이다. 자신이 돈에 대해 갖는 관심의 절반만 경제에 관심을 가져도 경제는 충분히 재미있다.

두 번째 이유는 직관과 잘 맞지 않기 때문이다. 사람들은 자신이 보고 듣고 느낀 것을 믿는다. 하지만 경제는 사람들이 느끼는 것과 다른 경우가 많다. 예를 들어 물가가 사상 최저로 떨어져 디플레이션 우려가 제기될 때도 사람들은 물가가 비싸다고 한다. 자신의 직관과 맞지 않는 현실을 많은 사람이 부인할 때 경제는 비정상적인 흐름을 보인다.

경제의 양면성도 경제가 재미없는 세 번째 이유다. 경제학자들이 항상 이런 점이 좋다고 해서 좋은가 보다 하면, '반면' 이런 점은 나쁘다고 한다. 이야기를 다 듣고 나면 '그래서 어쩌라고?' 하는 말이 절로 나온다. 드라마에서는 선과 악이 분명한데 경제는 경계가 불분명하다.

그래서 판을 아는 것이 중요하다. 돈이 나오고 들어가는 것만 보면 관심을 갖기 어렵다. 재미도 없다. 돈이 어디서 나와서 어디로 흐르는지, 어떤 기준으로 흐르는지를 봐야 한다. 그래야 왜 흐름이 바뀌는지, 누가 흐름을 좌지우지하는지 알 수 있다. 나랏돈으로 자기 잇속을 챙기려는 사람들을, 회사 돈으로 자기 주머니를 채우는 대주주를 봐야 한다. 그들은 더 많은 사람에게 공정하게 분배돼야 할 돈의 흐름을 바꾸려고 한다.

돈이 어떻게 흐르는 것이 정당한지를 더 많은 사람이 알게 되면 그들은 돈의 흐름에 함부로 손대지 못한다. 미국은 주가 조작범을 수십 년씩 감옥에서 가두는데 한국은 솜방망이 처벌밖에 하지 않는다. 그 이유는 '앎'의 차이다. 미국 사람들은 주가 조작 세력이 불법으로 벌어들인 돈이 자기의 노후자금(퇴직연금)을 강탈한 것임을 안다. 반면 한국은 주가 조작을 투기꾼들끼리의 도박판 정도로 생각한다.

대통령이 자기 지인의 이권을 챙겨주기 위해 권력을 남용해 탄핵되는 일이 2017년 발생했다. 재벌가의 사람들이 상속을 위해 임직원들과 주주들의 주머니를 터는 일은 지금도 그렇고, 앞으로도 이뤄질 일이다. 그들이 그렇게 행동할 수 있는 것은 사람들이 관심이 없고 모를 거라 생각하기 때문이다. 돈이 이처럼 여기저기서 새나가니 서민들의 주머니가 빵빵해질 일도 없다. '나라에 돈이 없는 것이 아니라 도둑놈이 많아서 그런 것'이라는 허경영 씨의 말이 허투루 들리지 않는다.

〈발칙한 경제〉는 금리와 유가, 재벌, 부동산, 가계부채 등 다양한 분야에서 돈이 어떻게 흐르는지 그 판을 이야기하려 한다. 사람들이 돈을 좋아하는 만큼 '돈 이야기'에도 관심을 가질 수 있도록 그 판에서 이뤄지는 일을 생생하게 전하려고 한다. 더 많은 사람이 돈 이야기에 관심을 가지면 지금껏 우리 사회에서 돈줄기를 좌지우지하며 자기 주머니를 채워왔던 사람도 더는 그러지 못할 것이며, 더 많은 사람이 좀 더 풍족하게 사는 세상이 올 것이라고 믿는다.

E C O N O M Y

· 1장 ·

# 돌아가는
# '판'

마이너스 금리, 저성장 시대에 가장 중요한 과제는 분배다.
성장률이 높으면 나눌 파이가 많기 때문에 자연스럽게
분배가 이뤄진다. 하지만 성장률이 낮으면 파이가 줄어들어
경쟁이 치열해지고, 양극화가 심해질 수 있다.
마이너스 금리 시대에는 고도 성장기와는 차원이
다른 적극적인 분배 정책이 필요하다.

# 01

## 금리:
## 마이너스 금리 시대에
## 살아 남는 법

### 돈도 많으면 싸진다

출출할 때 회사 매점에 가서 라면을 먹곤 하는데 그냥은 1,200원, 계란을 넣으면 1,500원이다. 300원만 더 내면 되니 대부분은 계란을 넣어서 먹는다. 그런데 어느 날은 가보니 당분간은 계란을 안 판단다. AI 때문이다. 계란 구하기가 거짓말 좀 보태 하늘의 별 따기고, 구한다 하더라도 '부르는 게 값'인 상황이 됐다. 자칫하면 라면값보다 계란값이 더 나가는, 배보다 배꼽이 더 큰 상황이 되겠기에 매점 주인도 아예 팔지 않기로 했으리라.

한국에서는 하루에 약 4,000만 개의 계란이 소비된다. 2016년 말부터 2017년 초에 걸쳐 AI로 3,800만 마리의 닭이 살처분됐고, 이에 따라 계란 생산량이 1,000만 개 이상 줄었다. 생산량이 줄다 보니 당연히 가격이 급등했다. 1년 전에는 계란 1판 가격이 약 4,500원이었는데, AI가 기승을 부리던 시점에는 그 2배가 넘는 1만 원으로 올랐다.

무엇이든, 많으면 싸지고 적으면 비싸진다. 돈도 마찬가지다. 돈의 가격은 '금리'다. 시중에 돈이 많아지면 금리가 내려가고, 시중에 돈이 적어지면 금리가 올라간다. 예를 들어 나한테 돈이 엄청나게 많다고 하자. 금고마다 돈이 꽉 차 있고 더는 금고를 들여놓을 공간조차 없다. 이때 누가 나에게 돈을 빌리려고 한다면? 나는 기꺼이 빌려줄 것이다. 이자를 많이 주지 않아도 좋다. 원금이라도 잘 갚을 것 같으면 얼른 빌려준다. 반대로, 돈이 그럭저럭 있긴 하지만 감당 못 할 수준은 아니다. 그런데 나한테 여윳돈이 있다는 소문이 났는지 여러 군데서 돈을 빌려달라고 연락이 온다. 이때 나는 아무에게나 덜컥 빌려주는 게 아니라 잘 갚을 만한 사람, 그중에서도 이자를 많이 주겠다는 사람을 골라서 빌려줄 것이다.

금융 개념이 생기기 전에는 돈 보관소라는 곳이 있었다. 돈은 개인이 보관하기가 쉽지 않은 물건이다. 누가 훔쳐갈 수도 있고 부피도 작지 않다. 그런 점을 고려해 뛰어난 보안설비를 갖추고 돈을 안전하게 지켜주는 곳이 돈 보관소다. 돈을 맡기는 사람들은 당연히 보관비를 냈고, 보관소는 그것을 수입원으로 하여 영업을 했다. 그런데 시간이 흐르자 보관소에서는 맡긴 돈을 주인이 금방금방 찾아가는 게 아니라는 사실을 깨닫게 됐다. 사람들이 돈을 안 찾아가니 보관소에는 돈이 쌓인다. 보관하는 비용도 많이 들어간다.

그러던 어느 날 누군가가 보관소를 찾아와 돈을 좀 빌려달라고 했다. 어차피 금고에 쌓여 있는 돈 아니냐며 자기가 좀 빌려 쓰고 이자를 주겠다는 것이다. 하기야 돈에는 꼬리표가 없으니 충분히 가능한 일이다. A가 맡긴 돈이든 B가 맡긴 돈이든 각각의 액수만 정확하면 되지, 맡긴 돈에 이름을 써두었다가 그대로 돌려주는 건 아니기 때문이다. 만약 맡기는 사람이 한 명이라면 그가 언제 찾으러 올지 모르기 때문에 제삼자에게 빌려줄 수 없을 것이다. 하지만 여러 사람이 맡겼고, 그 총액이 웬만큼 커져서 한두 명이 일시에 찾으러 온다 해도 충분히 돌려주고 남을 만큼 많다면 제삼자에게 빌려줘도 전혀 문제가 되지 않는다.

예전에는 세탁소에서 옷을 빌려주기도 했다. 세탁이나 수선을 맡기고 몇 달 동안 안 찾아가는 사람이 많았기 때문이다. 그 옷을 하루나 이틀 빌려주고 대여료를 받으면 세탁소는 공돈을 벌 수 있다. 다시 말끔하게 세탁해놓으면 되니까. 그러다 옷을 맡긴 사람이 하필이면 빌려준 날 찾으러 오면 낭패다. 그런 낭패를 볼 일조차 없으니 돈 보관소에서 돈을 빌려주는 일은 그보다 훨씬 쉽다.

새로운 비즈니스를 발견한 돈 보관소 주인은 양쪽으로 돈을 벌었다. 맡기는 사람에게는 보관료를 받고, 빌려가는 사람에게는 이자를 받았다. 얼굴 보며 아쉬운 소리 할 필요 없이 돈을 빌릴 수 있다는 얘기가 퍼지자, 점점 더 많은 사람이 보관소를 이용하게 됐다. 많은 돈을 보관할수록 비즈니스 기회가 많아지기에 보관소 주인은 보관료를 낮췄다. 더 많은 사람이 돈을 맡기도록 하기 위해서다. 계속 낮추다 보니 무료로 보관해주게 됐고 더 지나서는 마이너스 보관료, 즉 얼마간의 이자를 주면서 돈을 맡게 됐다. 역으로, 사람들 입장에서는 보관료를 내는 게 아니라 이자를 받고 보관소에 돈을 '빌려'주게 된 것이다. 돈을 안전하게 보관해주고 이자까지 준다는데 마다할 이유가 없다. 이제 보관소 주인의 비즈니스는 마이너스 보관료(예금이자)와 빌려줄 때 받는 이자(대출이자)의 차이를 얼마나 키우느냐가 됐다.

보관소는 오늘날 은행이고, 돈을 맡긴 사람은 예금자, 돈을 빌린 사람은 대출자다. 예금이자와 대출이자의 차이, 즉 예대마진이 은행의 수익이 된다. 현재 시중은행이 보유 중인, 언제든 찾아갈 수 있는 수시입출금 예금이 무려 300조 원에 이른다. 이 중에 200조 원을 빌려준다 하더라도 아무런 문제가 없다. 100조 원 이상을 한 번에 인출할 사람은 없을 것이기 때문이다. 또한 이처럼 돈이 많아지면 가치가 내려가기에 금리가 하락한다.

## 집 잃고 빚만 남은 사람들

영화 〈빅쇼트〉에는 집 5채와 콘도를 가진 음식집 종업원이 나온다. 음식집에서 서빙을 하는 것으로 어떻게 그 많은 돈을 벌었을까? 사실 그는 자기 돈으로 집을 산 것이 아니라 은행에서 돈을 빌려 산 것이다. 이때 은행에서 취급하는 대출이 담보대출이며, 이 대출에는 담보인정비율(LTV: Loan To Value ratio)이라는 것이 적용된다. 이는 자산의 담보가치 대비 대출금액 비율을 의미하는 것으로 사고자 하는 그 집을 담보로 하여 돈을 빌려주는 것이다.

예를 들어 담보인정비율(LTV)이 90%라고 하면 1억 원짜리 집을 1,000만 원에 살 수 있다. 집을 담보로 나머지 9,000만 원을 은행에서 빌려주는 것이다. 만약 나에게 1억 원이 있다면, 같은 방식으로 무려 10채를 살 수 있다. 빚은 9억 원이지만 엄청난 부자가 된 기분이다.

그러다가 주택 가격이 10% 올랐다. 내가 가진 집이 10억 원 규모이니 총 1억 원이 오른 것이다. 내 돈 1억 원을 투자해서 1억 원을 벌었다. 수익률이 무려 100%다. 만약 돈을 빌리지 않고 집 1채를 샀다면 고작 10%의 수익밖에 못 얻었을 텐데 말이다. 빚을 내서 수익률을 올리는 이런 방식을 '레버리지 효과'라고 한다.

레버리지 효과는 자산가치가 하락할 때도 일어난다. 1억 원짜리 집 1채를 내 돈으로 샀다면 주택 가격이 10% 하락했을 때 1,000만 원 손해를 보면 그만이다. 그런데 대출을 받아 집 10채(10억 원)를 샀다면 10% 하락으로 1억 원의 손해를 본다. 자산가치는 10% 하락했는데

나는 100% 손실을 보는 것이다.

문제는 더 있다. 집값이 내려갔다고 해서 빚이 줄어드는 것은 아니다. 빚은 여전히 9억 원이다. 은행이 9억 원을 빌려준 것은 집이 10억 원의 가치가 있었기 때문이다. 그런데 이제는 10%가 하락했으므로 담보인정비율(LTV) 90%를 적용하면 8억 1,000만 원밖에 되지 않는다. 은행은 당장 그 차액 9,000만 원을 갚으라고 한다. 하지만 나는 전 재산 1억 원을 집 사는 데 썼기 때문에 돈이 없다. 은행은 사정을 봐주는 곳이 아니다. 내 주택 10채를 모두 압류해 경매로 팔아버린다. 급하게 팔다 보니 9억 원 시세의 집이 5억 원에 팔릴 수도 있다. 은행은 그 돈 5억 원을 가져가지만 내 빚 4억 원은 여전히 남아 있다. 나는 이제 집도 없고 돈도 없이 4억 원의 빚만 껴안고 있다. 레버리지를 이용해 투자를 하다가 망하면 그냥 망하는 것보다 몇 배 더 크게 망한다.

## 제발 돈 좀 빌려 써

하루하루 허리띠 졸라매고 빚 갚으며 살고 있는데, 이자 싸게 해주겠다고 대출을 받으라는 금융사가 있다. "그렇게 궁상떨 거 뭐 있어. 팍팍 좀 쓰면서 살아."

우리나라만이 아니라 글로벌 금융위기 이후 전 세계가 그런 상황이다. 자산 버블이 꺼지면서 사람들은 소비를 줄이고 기업은 투자를 줄였다. 돈이 돌지 않으니 경제가 침체됐다. 각국 중앙은행은 계속해서 기준금리를 낮추면서 돈을 더 빌려 쓰라고 권하고 있다. 금리를 내리면 더 많은 사람이 대출을 받아 돈을 쓸 것이고, 그러면 경기가 살아난다는 것이 경제 이론이다. 하지만 기대와 달리, 금리를 아무리 내려도 사람들은 빚을 내지 않았다. 아니, 빚을 낼 수가 없었다. 아직 갚지 못한 빚이 산더미인데 여기서 어떻게 더 낸단 말인가.

내리다 내리다, 금리가 어느덧 0%가 됐다. 이제 어디로 갈까? 중앙은행은 금리를 더는 내릴 수 없는 지경에 이르자 돈을 그냥 풀기 시작했다. 시장에 있는 채권을 매입함으로써 돈을 푼 것이다. 이것이 양적완화다.

그런데 돈을 얼마나 풀어야 사람들이 빌려서 쓸까?

"좋다, 돈을 빌리는 사람에게 돈을 주자. 반대로 은행에 돈을 맡기는 사람에게는 돈을 받자." 마이너스 금리를 채택하는 국가가 나오기 시작했다.

마이너스 금리는 옛날 돈 보관소에서 그랬듯이 예금자에게 돈을 받는 것이다. 반면, 대출자에게 이자를 준다. 은행에 예금을 했는데 돈이 점점 줄어들고, 은행에서 대출을 받았는데 덤으로 돈을 더 주는 이상한 구조다.

"이렇게까지 하는데도 돈을 은행에 넣어두기만 할 텐가. 안 빌리면 당신만 손해야. 뱅크런(대규모 인출 사태)이 일어나서 전국 은행이 망할 수도 있다고!"

이런 상황이면 누구나, 어딘가 쓰진 않더라도 일단 빌려다가 장롱 깊숙이 보관해두고 싶을 것이다. 하지만 세상은 그렇게 녹록하지 않다. 돈을 집에 보관하는 데에는 한계가 있다. 사과상자 1개에 1만 원권은 4만 장이 들어간다. 한 상자에 4억 원이다. 삼성전자가 보유하고 있는 현금성 자산은 25조 원이다. 62만 500상자가 필요하다. 상자폭을 50cm씩 잡아도 한 줄로 쭉 늘어놓으면 자그마치 300km다. 삼성전자가 돈을 보관하려면 경부고속도로 전 구간을 사야 할 판이다. 이 상자를 금고에 넣어두려면 금고값만 해도 어마어마할 것이다. 또 금고를 노리는 강도를 막기 위해 경비원을 둬야 할 것이다. 그러니 마이너스 금리를 감수하더라도 은행에 돈을 맡기는 편이 낫다.

1만 원권이 아니라 5만 원권으로 하면 보관 부담을 줄일 수 있지 않을까? 이런 잔머리를 쓸 수 없도록 유럽중앙은행은 우리 돈 약 60만 원에 해당하는 500유로 지폐의 발행을 중단했다. 표면적으로는 테러 등 불법 자금으로 사용될 수 있다는 점을 내세웠지만, 화폐 보유의 부담을 키워 돈을 보관하기 어렵게 하겠다는 속내도 담겨 있다. 유럽중앙은행의 메시지는 분명하다. "돈을 쓰라고!"

마이너스 금리의 폭이 지나치게 커지면 예금을 하지 않고 그냥 집에 두려는 사람이 늘어날 수 있다. 이에 중앙은행들은 현금 자체를 아예 없애려는 시도도 하고 있다. 스웨덴, 덴마크, 프랑스, 네덜란드 등 많은 국가가 현금 없는 사회를 목표로 사업을 시행하고 있다. 한국은행 역시 2020년까지 동전 없는 사회를 만들겠다고 밝혔다. 현금이 없으면 조금 불편할 수 있지만, 이는 핀테크 기술(FinTech)이 해결해 줄 것이다. 핀테크 기술이란 모바일을 통한 결제, 송금, 대출, 자산관리, 크라우드펀딩 등 각종 금융 서비스와 관련된 기술을 말한다. 지금도 대부분의 결제는 신용카드 등으로 이뤄진다. 현금 사용이 금지되면 돈은 은행 외에 도망칠 곳이 없다. 중앙은행은 말한다. "지금 돈을 써라. 그렇지 않으면 너의 돈을 파괴하겠다."

## 빚을 없애는 두 가지 방법

경제는 호황과 불황을 오락가락하며 사이클을 그린다. 경기가 좋을 때는 자산 가격도 오르고 그 자산에 상응하는 빚도 늘어난다. 그러다 불황이 오면 자산 가격이 내려가는데, 빚은 줄어들지 않는다. 빚을 없애는 가장 단순한 방법은 갚는 것이다. 하지만 빚을 갚겠다고 모두 돈을 안 쓰면 경제가 멈춘다. 또 다른 방법은 돈을 소멸시키는 것이다.

돈을 소멸시키는 방법은 두 가지다. 하나는 안 갚는 것이다. 예를 들어 법원이 파산 결정을 하면 빌린 돈을 정식으로 떼먹을 수 있다. 그러면 빚이 사라지고, 이는 곧 돈이 사라진다는 의미이기도 하다. 돈은 권력에 의해 쉽게 사라졌다. 중세 귀족이나 왕족들은 상인들에게 빌린 돈을 빈번하게 떼먹었다. 전쟁이 나거나 사회가 극도로 혼란스러울 때도 금전 계약이 효력을 잃어버리곤 한다.

두 번째, 현대적인 방식으로 돈을 파괴하는 것이다. 바로 물가다. 돈을 마구 찍어내면 돈의 가치가 내려간다. 100만 원짜리 물건이 1,000만 원이 됐다면 100만 원 화폐의 가치가 10분의 1로 줄어든 것이다.

이 부분이 바로 물가다. 물가가 오르면 돈의 가치가 내려간다. 왕이나 정부가 필요에 따라 돈을 마구 찍어내면 화폐를 가지려는 사람이 없어질 것이다. 그러므로 물가는 돈을 파괴하는 가장 강력한 무기다.

우리나라 중앙은행인 한국은행 본관 로비에는 '물가안정'이라는 현판이 걸려 있다.

물가가 오르면 국민의 삶이 팍팍해지니까 안정시키라는 의미가 아니다. 언제든 돈이 파괴될 수 있다면 누가 돈을 보유하려 들겠는가? 물가 인상이 화폐가 존재하는 근본적인 토대를 무너뜨릴 수 있으니 이를 막으라는 의미다.

## 채권에 몰리는 돈

채권도 발행량이 많아지면 가격이 내려간다. 채권 가격과 금리는 반대로 움직인다. 채권은 정부나 공공기관, 기업체가 돈을 빌리기 위해 발행하는 증서다. 채권 보유자는 일정 기간이 지나면 이자를 받을 수 있다. 주식 같은 고위험 금융상품에 비해 고수익을 거둘 기회는 없지만, 원금을 보존할 수 있어 안전자산으로 분류된다. 그래서 시장이 불안정하여 위험이 높아지면 채권에 투자하려는 사람이 많아진다. 어쨌거나 돈을 잃을 확률은 낮으니까.

이처럼 채권을 사려는 사람이 많으면 굳이 비싼 이자를 안 줘도 된다. 채권금리가 낮다는 것은 채권 가격이 비싸졌다는 의미다. 심지어 마이너스 금리로 발행되는 채권도 있는데 이는 채권 가격이 엄청나게 비싸다는 의미다. 돈이 많아도 너무 많다.

부동산 가격이 너무 오르면 버블이듯, 채권금리가 너무 내리면 채권 버블이다. 중앙은행은 경기 부양을 위해 막대한 돈을 풀어대는데 돈을 쓰겠다는 사람도 없고 쓸 곳도 없다. 마음이 불안하니 어디 쓰기도 그렇고 주식, 부동산은 불안하고 그 돈으로 채권을 산다. 그중에서도 망하지 않을 선진국 채권을 산다. 금리를 안 줘도 좋다. 돈을 제대로 보존만 할 수 있어도 좋다.

각국 중앙은행은 글로벌 금융위기 이후 무작정 돈을 풀었다. 경기 회복이 지연되다 보니 불안한 자산인 주식으로는 돈이 흐르지 않았다. 안전자산을 찾아 선진국 채권과 그 채권을 사기 위한 선진국 통화로 돈이 몰렸다. 전 세계에서 가장 우량하다고 평가되는 독일 국채는 마이너스 금리로 발행이 됐다.

## 마이너스 금리를 도입한 나라들

선진국 통화에 돈이 몰리면 통화의 가치가 올라간다. 통화가 강세가 되면 수출 물가가 오르니 수출 경쟁력이 약해진다. 전반적인 글로벌 교역 자체가 줄어서 답답한데 수출 경쟁력까지 약해지면 그 나라는 먹고살기가 참 힘들어진다. 결국 자국의 통화를 약세로 만들어야 하는데, 이를 위해서는 또다시 돈을 풀어야 한다.

마이너스 금리를 도입한 국가는 스웨덴, 스위스, 덴마크 등이다. 경기가 안 좋은 국가들이 경기 부양을 위해 돈을 풀 것으로 예상됐지만, 오히려 건실한 국가들이 환율 방어를 위해 마이너스 금리를 도입했다. 이들의 공통점은 유로화를 사용하지 않는 국가라는 점이다.

그리스, 아일랜드, 포르투갈, 이탈리아 등 유로화를 쓰는 국가들이 어려움을 겪으면서 유로화에 대한 불안감이 커졌다. 불안한 투자자들은 유로가 아닌 통화로 갈아타고자 했고 유럽 내에 건실한 통화를 찾아 스웨덴, 스위스, 덴마크로 자금이 몰린 것이다. 이들 국가의 돈을 사려는 사람이 많아지자 통화가 강세가 됐고, 수출 물가가 오르고 수출 경쟁력이 떨어졌다. 그래서 그들 국가는 마이너스 금리를 도입해 나라 안으로 돈이 유입되는 것을 막고자 했다. 자국민이 돈을 쓰라고 강제하는 마이너스 금리와 목적이 다르다. 은행에 넣어둔 내 돈이 줄어들까 봐 예금을 인출하려고 하는 뱅크런은 발생하지 않았다. 목표했던 환율 방어도 일정 부분 성공했다.

## 미국 금리 인상, 우리나라에 영향 줄까?

미국은 글로벌 금융위기를 겪으면서 제로 수준까지 금리를 내리고도 부족해 직접 돈을 푸는 양적완화를 단행했다. 이후 경기가 호전됐다고 판단해 슬슬 금리를 올려 돈을 거둬들이고 있다. 미국이 금리를 인상하면 우리나라를 비롯한 신흥국에서는 자금 유출이 일어나 덩달아 금리를 올릴 수밖에 없으리라는 전망이 나온다. 각국에 자금을 투자하고 있는 미국의 자본가들이 자국 내 금리가 매력적이라면 굳이 환율 변동 부담을 지면서까지 외국에 투자하지 않으려 할 것이기 때문이다.

하지만 미국의 금리 인상이 전 세계 금리 상승을 이끌지는 불확실하다. 우리나라만 하더라도 금리를 인상할 정도로 경기를 낙관할 수 없는 상황이다. 또 장기간 저금리 국면을 거치면서 불어난 가계부채도 금리 인상을 쉽사리 결정할 수 없게 하는 제약 요인이다. 미국으로서는 본인들만 금리를 인상하고 달러 강세가 이어질 경우 수출이 부진해져 어려움을 겪을 수 있다. 돈을 거두긴 거둬야 하는데, 언제 어떤 폭으로 거둘지를 두고 전 세계 중앙은행들이 눈치를 보는 국면이 이어질 전망이다.

## 마이너스 금리 시대에는 어떻게 살아가야 하는가?

이 세계는 언제까지 이렇게 갈까? 중앙은행은 버블을 꺼뜨릴 수 없기에 돈을 계속 퍼붓는다. 이럴 땐 성장을 통해 자산가치가 올라가 부채 수준을 맞춰야 한다. 하지만 이미 공급과잉의 시대다. 충분히 많이 생산되고 있기에 더 성장할 여력이 부족하다. 선진국에 성장 잠재력이 없는 상황이라 아프리카, 중남미, 아시아 등 개발이 덜 된 국가들이 성장해 전 세계 수요를 높여주는 수밖에 없다. 하지만 그게 언제가 될지, 가능하기는 할지 누구도 장담할 수 없다.

현금 없는 사회를 만들어 모든 통화를 전자화폐로 대체하고 모든 돈에 마이너스 금리를 도입해 소멸시키는 미래도 떠올릴 수 있다. 과거처럼 전쟁을 일으켜 자본 자체를 파괴하는 미래도 떠올릴 수 있다. 어찌 됐든 자본주의는 마이너스 금리 시대에 대해 이렇다 할 답을 내놓지 못하고 있다.

소규모 개방 경제 국가인 우리나라가 마이너스 금리 시대에 대처할 방법은 많지 않다. 국제 금융시장의 움직임에 맞춰 적당히 낮은 수준의 금리를 유지함으로써 외화가 급격하게 유출되지 않도록 관리하는 정도의 수동적 대응을 할 수밖에 없다. 마이너스 금리, 저성장의 시대를 살아가는 개인은 기대 수익률을 낮춰야 한다. 저성장 국면에서 지나치게 높은 수익률을 기대했다가는 오히려 큰 손실을 볼 수 있다.

희망찬 미래를 기대하기 쉽지 않다. 마이너스 금리, 저성장 시대에 가장 중요한 과제는 분배다. 성장률이 높으면 나눌 파이가 많기 때문에 자연스럽게 분배가 이뤄진다. 하지만 성장률이 낮으면 파이가 줄어들어 경쟁이 치열해지고, 양극화가 심해질 수 있다. 양극화가 심해지면 소비를 할 수 있는 사람이 줄고, 기업의 매출이 줄고, 일자리가 줄어드는 악순환에 빠져들 수 있다. 마이너스 금리의 시대에는 고도 성장기와는 차원이 다른 적극적인 분배 정책이 필요하다. 미래에 대한 기대보다 현재의 만족이 중요하다. 고금리 시대에는 현재 소비를 줄여 저축을 하면 미래에 더 많은 돈을 얻게 된다. 반면 마이너스 금리 시대에는 지금 저축을 하면 미래에 더 적은 돈만 남게 되니 현재를 즐기는 것이 유리하다. 조금 더 여유 있는 마음으로 현재를 즐기고 주위 힘든 이웃들과 나누는 것, 마이너스 금리 시대를 살아가는 현명한 삶의 자세다.

# 왜 기준금리는 그대로인데
# 대출금리는 올라갈까?

기준금리는 은행에 적용되는 금리를 말합니다. 우리나라는 한국은행 금융통화위원회에서 결정하며, 중앙은행인 한국은행과 일반 은행 또는 민간 금융기관 간의 거래에서 적용됩니다. 기준금리가 변동하면 일반 예금금리나 대출금리가 영향을 받습니다. 하지만 기준금리는 그대로인데 대출금리가 올라가기도 하고 내려가기도 합니다. 왜 그럴까요?

기본 원리는 이렇습니다. 시중은행이 우리에게 돈을 빌려주기 위해서는 시중은행도 어디에선가 돈을 빌려와야 합니다. 돈을 빌리는 방법에는 여러 가지가 있습니다.

1. 한국은행에서 빌린다.
2. 고객에게 빌린다(예금, 적금, 부금).
3. 채권을 발행한다(금융채).
4. 양도성 예금증서(CD)를 발행한다.

이때 시중은행도 이자를 지급해야 하는데 은행이 손해를 볼 수는 없습니다. 그래서 우리에게 돈을 빌려줄 때는 자신들이 지불하는 이자보다 많은 이자를 받습니다 이것이 은행의 주요 수입원인 예대마진입니다. 결국, 우리가 돈을 빌릴 때 적용되는 대출금리는 은행들이 돈을 빌려올 때 지불하는 이자에 영향을 받는 것입니다.

기준금리는 1년에 8차례에 걸쳐 결정되며, 한국은행이 아주 짧은 기간 (7일) 동안 돈을 빌려주거나 돌려받을 때 적용하는 금리입니다. 환매조건부채권(RP)금리라 합니다. 기준금리가 낮아지면 시중은행이 한국은행으로부터 돈을 빌릴 때 지불하는 이자가 줄어들기 때문에 우리에게 대출하는 금리도 따라서 낮아지는 경향이 있습니다.

그런데 방금 말했듯이 시중은행이 돈을 빌리는 방법은 여러 가지입니다. 한국은행으로부터 빌리는 것은 여러 방법 가운데 하나일 뿐입니다. 시중은행이 다른 통로를 통해 돈을 빌려올 때 이자가 비싸지면, 기준금리는 그대로여도 우리의 대출금리는 오르게 됩니다. 예를 들어, 기준금리는 1.25%인데 은행이 고객에게 10년 만기 고정금리 대출을 해주기 위해 10년 만기 채권(금융채)을 발행하려고 합니다. 그런데 그 시점이 하필이면 트럼프가 당선된 시점이었고, 채권금리가 2%로 급등했습니다. 은행은 불가피하게 비싼 이자를 주고 채권을 발행해 돈을 빌려온 것이기에 우리에게도 더 비싼 이자를 적용하는 것입니다.

은행은 여러 가지 수단과 상품을 통해 다양한 곳에서 돈을 빌려오는데, 각각의 창구에 지불해야 하는 이자도 제각각입니다. 이를 '조달금리'라고 합니다. 예를 들어 채권을 통해 2% 이자를 주고 빌려오고, 한국은행에서는 1.25% 이자를 주고 빌려오고, 예금을 통해 1.5% 이자를 주고 고객들로부터 돈을 빌려온다고 합시다. 그러면 은행이 평균적으로 얼마의 이자를 지불하는지 알 수가 없습니다. 그래서 은행들이 돈을 빌려올 때 지불하는 이자의 가중평균치를 지수로 만들었습니다. 이것이 바로 코픽스(COFIX: Cost of Fund Index) 금리입니다. 이것을 보면 은행들이 어느 정도의 이자를 내고 돈을 빌려오는지 알 수 있습니다. 은행들이 돈을 빌릴 때 지불하는 이자는 시시각각 변합니다. 이것을 실시간으로 공시할 수는 없기 때문에 한 달에 한 번씩 매월 15일에 발표합니다.

많은 이들이 집을 살 때 변동금리 주택담보대출을 받습니다. 말 그대로 금리가 변동한다는 뜻인데, 이때의 기준이 바로 코픽스 금리입니다. 여신심사 가이드라인이 강화되면서 이제는 주택담보대출을 받을 때 고정금리로 받게 되는데요. 이는 대출 당시에 금리를 고정하고 만기 상환까지 쭉 그대로 적용하는 방식입니다. 만약 고객에게 3% 고정금리로 30년 만기 대출을 해줬는데, 그 기간 내에 은행들의 조달금리가 4%까지 오른다면, 은행은 손해를 보게 됩니다. 누구라도 이런 위험에 노출되고 싶진 않겠죠. 그래서 은행은 우리에게 고정금리로 대출을 해줄 때 장기 금융채를 발행해 돈을 마련합니다. 방금의 사례에서는 일테면 30년 만기 2.5% 금융채를 발행하는 것입니다. 그러면 고객으로부터 3%의 이자를 받고 채권 투자자에게는 2.5% 이자를 지불하므로 0.5%의 수익을 얻을 수 있습니다. 그래서 고정금리 주택담보대출은 대체로 5~10년짜리 장기 금융채의 금리에 연동되는 경향이 있습니다.

이것이 기준금리는 그대로인데 우리의 대출금리는 변하는 이유입니다.

# 02

국제유가:
## 국제유가는 우리 삶에
## 어떤 영향을 끼치는가?

## 올라도 문제, 내려도 문제

기름값이 올라가면 일상생활에서 겪게 되는 불편함이 한두 가지가
아니다. 당장 휘발유와 경유 가격이 올라가기 때문에 교통비가 더 들
어간다. 가스비와 전기료 등도 덩달아 상승하고, 식료품과 옷값 등 모
든 생활물가가 올라간다.

기름값이 올랐을 뿐인데 왜 모든 물가가 올라갈까? 이유는 간단하
다. 우리가 사용하는 제품들의 원료가 대부분 기름에서 나오고, 우리
가 쓰는 에너지 대부분이 기름값에 영향을 받기 때문이다.

그렇다면 반대로, 기름값이 싸지면 우리에게 마냥 이득일까? 결론부터 말하면 '절대 아니다'라고 할 수 있다.

## 기름값이 싸면 좋은 일 아닌가?

저유가는 주요 에너지원인 원유를 전량 수입해야 하는 우리나라 입장에선 '호재'로 여겨져 왔다. 싼 기름값 덕에 기업들은 원가를 낮춰 수출을 늘리고, 개인들은 물가가 낮아져 실질소득이 늘어나게 돼 결국 경제가 성장할 수 있는 선순환 구조가 만들어지기 때문이다([그림 1] 참조).

석유는 전 산업 분야에서 주요 에너지원으로 쓰인다. 그래서 사우디아라비아를 비롯한 중동 산유국과 러시아, 베네수엘라 등 신흥 산유국들이 경쟁적으로 석유를 공급했다. 여기에 미국 셰일가스업체들이 생산하는 셰일석유까지 가세하여 석유 생산량이 급증하면서 과잉공급 시대를 맞았다. 하지만 2008년 리먼 브러더스 사태 이후 세계경기가 직격타를 맞았고, 경기는 오래도록 불황에서 벗어나지 못했다. 불황이 길어질수록 석유 과잉공급은 독이 됐다. 수요처도 없이 생산만 많다 보니 기름값이 줄곧 하락했다. 기름값이 싸졌지만 경기 불황이 계속돼 수요가 늘지 않았고, 과잉생산된 탓에 보관비용만 천문학적으로 증가했다([그림 2] 참조).

[그림 1] 국제유가 하락이 원유 수입국을 통해 글로벌 경제에 미치는 영향

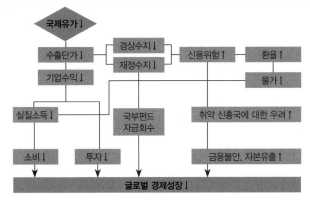

[그림 2] 국제유가 하락이 원유 수출국을 통해 글로벌 경제에 미치는 영향

　결국 과잉공급에 따른 최근의 저유가는 경제의 선순환 구조를 만들지 못했다. 오히려 석유를 수출해 경기를 부양해온 러시아와 브라질 등 신흥국 경제를 무너뜨렸고 우리나라 수출에 부정적인 영향을 끼쳤다.

특히 재정수입의 상당 부분을 원유 판매에 의존하는 러시아와 중동, 브라질 등 중남미 산유국들은 저유가로 심각한 재정난에 직면했다. 이는 곧바로 자동차, 선박, 섬유, 가전 등 우리나라 기업들의 주력 수출 분야에서 수주 감소로 이어졌다([그림 3] 참조). 특히 조선업은 수주 감소가 가장 극명히 나타난 업종으로, 국내 조선사들은 고강도 구조조정에 돌입했다. 해외 플랜트 공장을 건설하는 국내 기업들의 수주는 2016년 12월 기준 약 281억 달러로 해외건설 수주액이 1년 전보다 31.3% 급감했다. 가장 큰 폭의 하락률을 보인 지역은 여전히 돌파구를 찾지 못하고 있는 중남미로 1년 전보다 무려 64.2%나 급락했다. 최근 경제 제재가 해제된 이란과는 대통령 순방 등으로 수천만 달러 규모의 MOU를 체결했지만, 정작 수주는 단 2건에 그쳤다.

**[그림 3] 2016년 13대 품목별 2016년 수출 증감률**

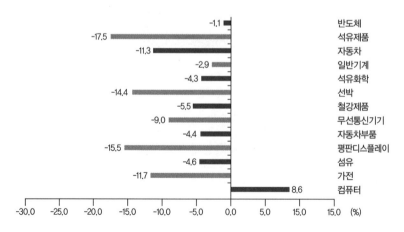

저유가로 원가 절감 효과를 누려왔던 정유나 석유화학 산업 역시 원유 가격의 지속적인 하락으로 제품 가격이 하락해 결국 수출에서 큰 타격을 입었다. 자동차와 스마트폰 등 무선통신기기 분야도 마찬가지다. 신흥국들의 경기 침체로 전 세계 소비가 살아나지 않아 수출 감소를 피할 수 없었다.

2016년에는 우리나라의 주력 수출 품목 대부분이 역성장을 했다. 매년 10% 넘는 경제성장률을 보이면서 막대한 수요를 담당했던 중국이 고성장 시대의 종료를 공식적으로 선언했고, 우리 기업들은 이를 대체할 마땅한 수요처를 찾지 못했기 때문이다. 중국의 대안으로 주목받고 있는 나라들은 대부분 저유가로 인해 국가 수입이 크게 줄어든 상태여서 중국만 한 시장이 되지 못했다.

그 결과 수출은 줄었고 각 기업은 물론 조선과 해운 등의 산업 전반이 흔들리게 됐다. 이런 상황은 가계의 소득 감소는 물론 일자리까지 줄어들게 하는 결과로 나타났다. 실제로 청년 실업률이 2017년 4월 10.8%를 기록하며 14년 만에 최고치를 기록했다. 전체 실업률의 상황도 녹록지 않다. 현대경제연구원은 2017년 실업률이 상반기 4.4%, 하반기 3.8%를 기록할 것으로 전망했다. 이는 2001년 이래 16년 만에 가장 어두운 전망치다.

## 국제유가 추이를 예측하면 할 수 있는 일

올라도 문제, 내려가도 문제인 국제유가. 그렇다면 우리 경제에 가장 득이 되는 때는 언제일까? 더 나아가서, 국제유가를 통해 우리는 어떻게 내 '돈'을 지킬 수 있을까?

두 질문에 답하는 건 국제유가가 '예측 가능한 범위'에 있을 때나 가능하다. 국제유가는 단순히 수요와 공급만으로 움직이지 않기 때문이다. 달러화를 비롯한 국제통화들의 가치와 전 세계 산업들의 기대치, 전쟁 등의 지정학적 요인 등 영향을 미치는 요소가 셀 수 없을 정도로 많다.

이런 모든 요소를 고려한다고 해도 국제유가가 어느 정도 예측 가능한 범위에 있다면, 기업들은 다양한 금융상품 등을 이용해 유가 변동에 대응함으로써 불확실성을 줄일 수 있다. 실제 주식 등에 투자하는 투자자들 역시 마찬가지다. 국제유가가 우리 산업에 미치는 영향이 워낙 크기 때문에 국제유가 추이를 장기적으로 예측할 수 있다면 적절한 종목을 매매하여 수익을 얻을 수 있다. 가장 기본적인 예로 국제유가가 오르면 항공과 해운 등 운송 관련 주식은 하락하고, 정유와 석유화학 등의 주식은 상승한다. 국제유가가 하락하면 그 반대로 움직인다. 여기에 국제유가를 움직이는 원동력까지 살펴보면 조금 더 다양한 투자를 진행할 수 있다. 일례로, 국제유가의 상승세가 지속된다면 러시아와 브라질 등에 생산 공장을 가지고 있는 현대차 등에 관심을 가져볼 만하다. 두 나라는 국가 재정 대부분을 원유 판매로 충당하기 때문에 유가가 오르면 경기가 살아날 가능성이 커진다. 따라서 이런 나라들에 진출해 있거나 관련이 있는 종목들을 잘 선택한다면 충분히 수익을 올릴 수 있다.

## 유가 상승세 꺾이고 치킨게임 시작될까

그렇다면 국제유가는 앞으로 어떻게 변할까?

우선 지난 3년여 동안 저유가가 지속되면서 원유 수출국들의 재정이 급속도로 악화됐다. 실제 국가 부도위험도를 나타내는 CDS(Credit Default Swap)프리미엄 지수가 큰 폭으로 증가했다.

**[표 1] 주요 산유국의 CDS프리미엄 추이**

(단위: bp)

| | 2013년 말 | 2014년 말 | 2015년 말 |
|---|---|---|---|
| 사우디아라비아 | 55.0 | 66.7 | 155.8 |
| 이라크 | 358.1 | 368.5 | 927.2 |
| 카타르 | 56.0 | 66.2 | 63.3 |
| UAE | 214.8 | 201.7 | 197.9 |
| 베네수엘라 | 1,150.2 | 3,155.1 | 4,867.9 |
| 러시아 | 165.2 | 476.1 | 309.0 |

자료: Bloomberg

국가 부도위험이 갈수록 커지자 산유국들은 2017년 1월부터 원유 생산량을 줄이기로 합의했다. 2016년 기준 산유국들의 하루 생산량은 9,720만 배럴인데 15년 만에 산유국들이 하루 180만 배럴 정도를 줄이기로 했다. 전 세계 하루 원유 수요가 9,708만 배럴임을 고려하면 그동안 하루 12만 배럴의 초과공급 상태였다. 이 때문에 산유국들의 감축안 규모는 과잉공급분보다 크다. 하지만 이를 눈에 보이는 대로 받아들이기에는 개운치 않은 구석이 있다. 예컨대 골드만삭스 등의 분석에 따르면 지난 1982년 이후 OPEC(석유수출국기구)의 감산 평균치는 합의됐던 규모의 60%에 불과한 것으로 나타났다. 더욱이 세계 최대 산유국인 사우디아라비아와 러시아, 미국 등의 이해관계에 의해 합의 내용은 언제든 달라질 수 있다. 여기에 트럼프 정부가 출범하면서 달러화가 강세를 보인다는 점도 국제유가 상승을 제한할 수 있는 하나의 요인으로 분석되고 있다.

세계 시장에서 원유 등 천연자원은 보통 달러화로 거래된다. 그러므로 달러화의 가치가 높아질수록 좀 더 적은 달러로 더 많은 상품을 구입할 수 있다. 다시 말하면, 똑같은 달러로 더 많은 양의 원유를 구입할 수 있다. 이 때문에 국제유가는 상대적으로 하락하는 셈이 된다. 앞으로 미국의 금리 인상 속도가 예상보다 빨라지면 국제유가 상승을 제한할 수 있다. 미국이 금리를 올리면 미국으로 돈이 모일 가능성이 크기 때문이다. 특히 신흥국들을 중심으로 막대한 양의 외화가 빠져나갈 가능성이 크다. 그러면 당장 부족한 외화를 채워 넣기 위해서라도 산유국들은 생산량을 늘릴 수밖에 없다.

특히 미국 셰일가스업체들은 해외 경쟁업체들에 비해 생산 증대

능력이 뛰어나다는 평가를 받고 있다. 이들이 이미 설비 투자를 끝냈기 때문에 유가가 상승하면 바로 생산량을 늘릴 것이다. 국제유가는 2017년 3월 현재 배럴당 50달러 안팎을 오가고 있다. 씨티그룹은 2017년에 유가가 배럴당 60달러 선에 육박하면 미 셰일석유 생산량이 하루 1,000만 배럴을 넘어설 것으로 예상했다. 현재 생산량이 일평균 880만 배럴 수준이므로 120만 배럴 이상이 더 늘어나는 것이다. 이렇게 되면 주요 산유국들의 감산 합의가 무의미해져 다시 저유가 시대로 돌입할 가능성도 있다. 산유국 간의 치킨게임, 그러니까 한쪽이 완전히 망해야 끝나는 게임이 벌어지면서 기름값이 오히려 더 낮아질 가능성마저 있다.

그렇다면 사실상 예측 불가능한 국제유가를 보면서 우리는 어떻게 대응해야 할까?

유가가 올라가는 경우에는 보통 경기가 좋기 때문에 유가 하락 시보다 주식에 대한 리스크가 상대적으로 적다. 정답은 아니겠지만 최근 저유가 시기였던 2014년 6월부터 2016년 1월까지 주가 흐름을 잘 살펴볼 필요가 있다. 사고 싶은 주식이 이 기간에 어떻게 변동했는지 살펴보면 어느 정도 도움이 될 것이다.

## 탈원유 경제를 계획하는 석유 수출국들

도무지 예측할 수 없는 기름값의 등락은 우리나라와 같이 대부분 자원을 수입해서 쓰는 국가들만의 문제가 아니다. 자원을 수출하는 것이 주 수입원인 국가들에도 중요한 문제로 떠오르고 있다. 그래서 수출국들은 상대적으로 값싼 원유보다는 부가가치가 높은 석유화학 제품을 직접 만들어 파는 전략을 선택하고 있다.

이 전략은 고유가가 절정에 달했던 2011년경부터 진행됐다. 이후 저유가 기조가 지속되어 원유 수출국들의 재정이 불안해지면서 사업 진행 속도가 더뎌졌는데, 최근 유가가 다시 상승세에 들어가면서 공장 설립에 속도가 붙었다. 사우디아라비아 등 중동 국가들이 석유화학 제품을 직접 만들면, 우리나라 기업들보다 원가 경쟁력이 보통 5배 정도 높다. 저가 제품의 대명사인 중국 제품들과 비교해도 2배 정도 높다. 그뿐 아니라 또 다른 석유 생산국인 미국 역시 중동 못지않은 가격 경쟁력을 갖추게 된다.

이 때문에 석유화학 산업에 일대 변화가 올 수도 있다. 비관적으로 전망해보면 고부가가치 제품은 가격 경쟁력을 갖춘 미국에, 저가 제품은 중동산에 치여 산업 경쟁력을 잃어버릴 수 있기 때문이다. 이에 대비하기 위해 국내 주요 석유화학기업들은 탈석유화학에 집중하고 있다. 우리나라 최대 석유화학기업인 LG화학은 전기차와 에너지저장 시스템에 핵심적인 부품인 2차전지와 신약을 개발하는 등의 바이오 산업에 집중 투자하고 있다. 그리고 삼성의 석유화학 계열사를 인수한 한화는 태양광 발전을 집중적으로 공략하고 있다. 그 외 석유화학기업들 역시 각자 강점을 내세운 사업을 진행하며 생존에 집중하고 있다. 만약 석유화학 업종에 관심을 가지고 있다면 해당 기업이 어떤 미래 전략을 가지고 있는지, 특히 그 전략으로 중동과 미국 사이에서 생존할 수 있을지를 잘 살펴봐야 한다.

조선업 역시 최근 중동 국가들이 집중하고 있는 사업 가운데 하나다. 석유 개발에 필요한 플랜트와 석유를 운반할 배를 직접 만들어 추가 수익을 올리겠다는 전략이다. 이미 사우디아라비아는 현대중공업과 손잡고 자국 내 조선소 건설에 박차를 가하고 있다. 쿠웨이트, 이란 등 그 외 중동 국가들은 유조선 확보에 열을 올리고 있다. 이에 따라 3년 가까이 이어져 온 저유가 기간에 이뤄지지 않은 발주가 한꺼번에 쏟아지고 있다.

이와 함께 최근 주목받고 있는 4차 산업혁명과 관련된 산업에도 중동계 자금이 대규모로 투입될 것으로 예상된다. 자국에서 기술을 개발하는 데 투자하기보다는 4차 산업의 핵심 기술을 가진 기업을 그대로 인수하는 방식으로 진행될 것으로 보인다.

그렇다면 중동 국가들은 이런 대규모 투자를 위한 자금을 어떻게 조달할까?

사우디아라비아의 예를 보면, 세계 최대 석유회사이자 국영 석유기업인 아람코를 뉴욕 증시에 상장한 후 그 지분을 매각해 대규모 자금을 만들 계획을 가지고 있다. 아람코가 기업공개(IPO)를 하면 시가총액이 2조~2조 5,000억 달러에 이를 것으로 추산된다. 이는 시가총액 세계 1위 기업인 애플(6,000억 달러)은 물론 구글의 모회사인 알파벳, 마이크로소프트, 버크셔해서웨이 등을 모두 사고도 남을 정도의 자금 규모다.

**[표 2] 미스터 캡: 전 세계 기업 시가총액 순위**

(단위: 억 달러)

| 기업 | 국가 | 시가총액 |
| --- | --- | --- |
| 애플 | 미국 | 6,225 |
| 구글(=알파벳) | 미국 | 5,493 |
| 마이크로소프트 | 미국 | 4,893 |
| 버크셔해서웨이 | 미국 | 4,049 |
| 엑손모빌 | 미국 | 3,754 |
| 아마존 | 미국 | 3,586 |
| 페이스북 | 미국 | 3,376 |
| 존슨앤존슨 | 미국 | 3,168 |
| JP모건 | 미국 | 3,120 |
| 웰스파고 | 미국 | 2,821 |

애초에 사우디아라비아는 아람코의 지분 5% 미만을 공개시장에서 매각하겠다는 계획을 세웠지만, 2016년 말 매각 지분을 49%로 늘리겠다고 밝혔다. 아람코 지분을 5%만 매각해도 1,000억 달러(약 120조 5,000억 원)의 현금이 만들어지는데, 그 지분을 49%로 늘리면 사우디아라비아는 1조 달러에 가까운 현금을 쥐게 된다. 이를 바탕으로 사우디아라비아는 세계 최대인 3조 달러 규모의 국부펀드를 조성해 국

내 투자에 박차를 가할 계획이다. 원유에 의존하지 않는 새로운 경제 체제로 전환하기 위해서다. 다른 중동 국가들 역시 사우디아라비아와 비슷한 방법을 통해 탈원유 체제를 구축해 전 세계 경제에 한바탕 파란을 일으킬 것으로 보인다.

## 중동 산유국의 자본이 어디로 흘러가는지를 보라

국제유가는 한 치 앞도 내다보기 어려울 정도로 변동성을 보이고 있다. 이런 상황에서 우리는 어떻게 대응해야 할까?

답은 생각보다 간단하다. 돈이 몰릴 것 같은 곳을 찾아 미리 투자를 하면 된다. 사우디아라비아 국부펀드를 비롯한 중동계 국부펀드들의 최대 관심사가 무엇인가를 살펴볼 필요가 있다. 이들의 최대 관심사는 자국 경기를 활성화하기 위해 산업을 유치하는 것이다. 원유를 수출하지 않아도 국가가 유지될 수 있는 틀을 만들고, 그 틀을 기반으로 탈원유 체제를 다져나가겠다는 전략이다. 중동 국가들은 기술력이 부족한 만큼 기술력이 좋은 외국 기업들과 대규모 합작사를 설립할 가능성이 크다. 초기에는 큰 규모가 아닐 수도 있지만, 어느 정도 성과가 달성되면 그때부터는 본격적으로 투자에 나설 것이다. 현재로서는 국내 조선사와 협력할 가능성이 크다.

사업 초기에 이들 자금이 어느 기업과 손잡고 사업을 진행하고자

하는지 눈여겨봐야 한다. 초기 시장을 선점한 기업이 후발주자보다 더 많은 혜택을 누릴 수 있고, 중동 문화 특성상 사업이 성공했을 때 파트너를 바꿀 가능성이 다른 문화권보다 낮기 때문이다.

# 03

## 신용카드:
# 당신은 모르는
# 카드 수수료의 비밀

2004년 11월, 전국의 식당 주인 3만여 명이 여의도에 모였다. 한창 바쁘게 움직여야 할 점심시간에 식당 문을 닫고 나와 이른바 '솥뚜껑 시위'를 벌인 것이다. 이들은 신용카드 사용에 따른 부담이 너무 크다고 항의하며 200여 개의 솥뚜껑을 산처럼 쌓았다. 솥에다 밥을 지어 파는 식당이 더는 솥이 필요 없을 정도로 먹고살기가 힘들다는 의미다. 솥뚜껑 시위는 영세 자영업자의 팍팍한 삶을 웅변하는 한편, 신용카드 가맹점 수수료에 대한 저항의 상징이 됐다.

## 엉뚱한 사람이 돈을 내는 신용카드 결제

신용카드는 기이한 결제수단이다. 물건을 사는 사람이 돈을 내는 것이 지극히 당연한 거래 방식인데, 신용카드로 물건을 사면 돈을 소비자가 내는 것이 아니라 신용카드사가 낸다. 물론 완전히 내주는 건 아니고, 정해진 결제일에 소비자한테 받는 것이니 단기간 빌려주는 셈이다. 돈을 빌려줬으면 이자를 받아야 하는데 오히려 포인트 적립, 무이자 할부 같은 혜택까지 준다.

한편, 가맹점 입장에서는 물건을 팔았을 뿐인데 가맹점 수수료를 내야 한다. 현금을 받았다면 내지 않아도 될 수수료를 부담하는 것이다. 2016년 3월 이후 9개월 동안 신용카드 승인금액은 약 61조 원에 달했다. 최소 수수료율 1.5%를 적용해도 수수료 규모가 거의 1조 원에 달한다. 카드사는 가맹점으로부터 그 돈을 받아 소비자에게 온갖 생색을 낸다.

1,000원짜리 물건 사면서 신용카드 내밀면 가게 주인의 얼굴이 일그러지지 않던가? 손님은 카드를 내나 현금을 내나 지불 시기만 다를 뿐 똑같은 돈을 낸다. 그러니 가게 주인의 내키지 않는다는 표정을 접하면 기분이 나빠진다. 물건 팔아주면서 되려 욕 먹는 기분이다. 하지만 어쩌겠는가. 자영업자 입장에서는 현금 받고 팔았다면 안 내도 될 돈을 생으로 뜯겨야 하니 짜증이 날 수밖에.

## 카드를 안 쓰는 사람도 수수료를 낸다

돈은 원래 혜택을 본 사람이 내는 법이다. 당연히 신용카드도 카드를 쓰는 사람이 수수료를 무는 게 맞다. 그런데 카드를 쓰는 사람에게 수수료를 부과하는 것은 '법으로' 금지돼 있다. 카드 결제를 거부하면 어떨까? 그것도 '법으로' 금지돼 있다.

여신전문금융업법은 신용카드로 거래한다는 이유로 결제를 거부할 수 없다는 '의무수납제'를 담고 있다. 아예 신용카드 결제 단말기 자체가 없으면 신용카드 결제를 거부할 수 있지만, 결제 금액에 따라 '넌 되고 넌 안 돼' 식으로 차별할 수는 없다. 또 신용카드로 결제한다고 해서 현금으로 결제하는 경우보다 더 내라고 해서도 안 된다. 같은 물건을 살 때 현금과 카드의 가격을 달리할 수 없도록 한 '가격차별금지제도'가 있기 때문이다. 의무수납제와 가격차별금지제도 덕분에 우리나라에서는 언제 어디서나 신용카드를 자유롭게 사용할 수 있으며, 대부분 이를 당연하게 생각한다. 그런데 그로 인해 나타나는 기이한 현상이 한두 가지가 아니다.

한 예로, 저축성 보험을 신용카드로 납부할 수 있다. 저축성 보험은 말 그대로 보험사에 가입한 저축 상품이다. 신용카드는 빚이다. 신용카드로 저축성 보험을 납부한다는 것은 빚을 내서 저축을 한다는 얘기다. 사람들은 보험료를 결제한다는 생각에 저축성 보험을 신용카드로 낸다. 가입자가 보험료를 카드로 결제하면, 보험사는 카드사에 가맹점 수수료를 내야 한다. 그래서 보험사는 그 수수료를 사업비에 반영해 보험 가입자에게 전가한다. 신용카드 결제 때문에 보험료가 올라가는 것이다.

상식적으로는 신용카드로 결제하는 사람의 보험료만 올라가면 된다. 그런데 가격차별금지제도 때문에 신용카드로 결제하는 사람에게만 보험료를 더 받을 수가 없다. 보험사들은 현금으로 보험료를 낸 사람의 사업비에도 가맹점 수수료를 포함시킨다. 가격차별금지제도 때문에 신용카드를 안 쓴 사람도 카드 수수료를 내는 기이한 현상이 나타나는 것이다.

## 대학 등록금은 왜 카드 결제가 안 돼요?

카드 결제가 잘 안 되는 대표적인 곳이 대학교다. 전국 400여 개 대학 중 카드 결제가 가능한 곳은 140여 개에 불과하다. 절반 이상의 대학에 아예 카드 단말기 자체가 없다. 대학교가 카드 결제를 받지 않는 이유는 가맹점 수수료 때문이다. 등록금은 한 번에 거액을 내게 되어 있다. 등록금이 500만 원이고 수수료율이 2%라면 한 번 결제할 때 수수료가 10만 원이다. 1만 명이 등록금을 내면 카드사에 줘야 하는 수수료가 10억 원에 달한다. 학생들 입장에서야 포인트도 받고 할부 결제도 하고 편할 수 있다. 하지만 신용카드 결제를 허용한 대학교는 당연히 수수료만큼 등록금을 올린다. 가격차별이 금지되어 있기 때문에 현금으로 결제하는 학생들도 수수료를 내야 하는 것이다.

현직 대통령 탄핵 논의로 혼란스럽던 2016년 12월, 대학 등록금을 신용카드로 납부할 수 있도록 하는 내용의 고등교육법 개정안이 국회 본회의를 통과했다. 국회의원들은 학생들이 바라는 대로 등록금을 신용카드로 낼 수 있게 해줬다고 잔뜩 생색을 냈다. 그 법안에는 명목상 수수료를 학생들에게 청구할 수 없다는 내용도 포함되어 있다. 그렇지만 대학 등록금에 신용카드 가맹점 수수료가 반영이 됐는지 안 됐는지 구분해낼 수 있는 사람은 없다. 한 가지 분명한 것은 어떤 방법을 쓰건 카드사는 중간에 수수료를 받을 것이고, 그 돈은 대학에서 빠져나간다는 것이다. 대학은 어떤 명목을 붙이든 수수료만큼 등록금을 올릴 것이 분명하다.

## 힘센 가맹점은 수수료를 내지 않는다

세금도 카드로 내는 시대다. 카드 승인액 중 공과금 서비스가 차지하는 비중은 2013년 3.5%에서 2016년 10.9%로 확대됐다. 국세, 지방세, 4대 보험료도 세금으로 낼 수 있다. 월평균 공과금 납부액은 6조 3,900억 원에 달한다. 특히 종합소득세 납부의 달인 5월에는 9조 5,000억 원을 넘어섰다. 납세자들이 카드로 결제를 하면 가맹점인 정부가 카드사에 수수료를 내야 한다. 가맹점이 수수료를 낸다는 것은 신용카드 결제의 불문율이다. 하지만 신용카드로 세금을 내면 카드 사용자가 수수료를 내야 한다. 수수료율 0.8%가 적용된다.

정부는 힘이 세다. 정부가 신용카드로 결제할 때 자기들은 수수료를 내지 않도록 규정을 만들었다. 정부의 해명은 이렇다. 정부가 가맹점 수수료를 내게 되면 신용카드로 결제한 사람 때문에 발생한 수수료를 전 국민이 납부한 세금으로 내게 된다고. 맞는 말이다. 그러면 보험료는? 대학 등록금은? 왜 현금으로 보험료를 낸 사람이, 왜 현금으로 대학 등록금을 낸 학생들이 신용카드 가맹점 수수료를 내야 하나? 정부는 이에 대해서는 설명하지 않는다.

## 신용카드 가맹점은 왜 독박을 쓰고 있을까?

신용카드가 도입된 초기에는 가맹점에도 도움이 됐다. 일단 신용카드로 결제하면 아무래도 더 쓰게 되기 때문이다. 신용카드가 도입돼 전반적인 소비가 늘어났다는 점은 부인할 수 없는 사실이다. 가맹점은 신용카드 도입의 수혜자다. 정부도 수혜자다. 소비를 촉진해 경제를 활성화하는 데 신용카드가 많은 공헌을 했다. 또 음지에서 거래되던 자영업자의 매출 내역을 신용카드 결제를 통해 투명하게 들여다볼 수 있게 됐다. 이는 곧 세금 징수에 이용됐고 세수가 확대됐다. 소비자는 현금을 들고 다니지 않고도 편하게 결제할 수 있어서 좋다. 소비를 촉진하고 자영업자의 거래를 투명하게 보고 싶었던 정부, 불편한 현금보다 사용이 편리한 결제 수단을 찾던 소비자, 더 큰 매출을 일으킬 수 있었던 가맹점. 이 3자 동맹이 결성되면서 신용카드는 급격하게 보급됐다.

가장 먼저 동맹에서 이탈한 것은 가맹점이다. 처음에 현금 대신 카드를 쓸 때는 분명 매출 확대 효과가 있었다. 그런데 신용카드가 보편적인 결제 수단으로 자리를 잡자 매출 확대 효과가 더는 나타나지 않았다. 자영업자들의 살림살이가 팍팍해진 것도 문제다. 1만 원 팔아서 1,000원 남기던 시절에는 200원의 수수료가 아깝지 않았다. 그런데 1만 원 팔아서 500원 남기는 시대에는 200원의 수수료가 치명적이다. 저성장 국면에 들어서면서 자영업자의 이익이 줄어들었다. 게다가 대다수의 사람이 카드 결제를 하게 되면서 가맹점이 떠안는 수수료 부담은 훨씬 더 커졌다.

## 그 많던 카드 제휴 할인은 어디로 갔을까?

자영업자들은 신용카드 가맹점 수수료가 부담스럽다고 호소한다. 정치권은 여야 가리지 않고 이에 화답했다. 새누리당, 더불어민주당, 정의당 등 정파에 상관없이 신용카드 가맹점 수수료율 인하를 20대 총선 공약으로 내세웠다.

그 결과 가맹점 수수료는 줄어들었지만, 그것을 양분으로 삼아 카드 이용자들에게 줬던 무이자 할부나 포인트 적립 등 부가 혜택도 슬그머니 사라졌다. 신용카드를 이용하면 영화관, 놀이공원을 반값에 이용하던 일들이 추억이 됐다. 정치인들은 이에 대해선 입을 다물고, 이용자들은 카드사만 욕한다. 누구를 탓할 필요는 없다. 다만 신용카드를 통해 누가 얼마나 혜택을 받는지 추적해서, 비용을 누가 얼마나 지불해야 할지는 정리할 필요가 있다.

가맹점 수수료는 도대체 얼마가 적정할까? 과거 가맹점 수수료는 주먹구구식으로 책정됐다. 2012년 이전에는 골프장의 수수료율이 1.57%인 데 비해 영세한 미용실은 2.47%였다. 대형 가맹점의 평균 수수료율은 1.3%이고 음식점, 미용실, 문구점 등 서민 생활 업종은 2.4%다. 힘센 가맹점은 수수료를 덜 내고 힘없는 가맹점은 수수료를 더 냈다. 가장 극단적인 사례를 코스트코와 삼성카드의 관계에서 볼 수 있다. 코스트코는 진출한 국가에서 1개 카드사와만 계약을 맺는다. 세계적으로 적용되는 코스트코의 방침이다. 대형 유통업체인 코스트코와 손을 잡기 위해 모든 카드사가 달려드니, 코스트코가 '갑'이다. 코스트코는 삼성카드와 독점계약을 맺은 덕분에 0.7%라는 누구보다 낮은 수수료를 냈다. 앞서 설명했듯 더 센 가맹점인 정부는 수수료를 안 낸다. 이에 비해 유흥주점은 4%가 넘는 가장 많은 수수료를 내는데 못된 일을 하며 돈을 번다는 이유다.

영세 자영업자들에게 불리한 것은 수수료율뿐만이 아니다. 각종 혜택도 대형 가맹점에만 주어진다. 백화점에 가면 6개월 무이자 할부가 흔했다. 소비자들은 비싼 물건을 이자 부담 없이 살 수 있다. 할부 이자는 카드사가 부담했고, 마트 전단도 카드사가 만들어줬다. 카드사는 그 돈을 어디서 충당했을까? 당연히 협상력이 약한 중소 가맹점에서 받은 돈이다. 힘이 약한 영세 가맹점은 자신이 어느 정도 수준의 수수료를 내고 있는지, 다른 가맹점은 어떤 혜택을 받고 있는지도 모르고 지냈다. 사실 중소 가맹점으로부터 수수료를 많이 받았다고 해서 카드사가 돈을 많이 번 것은 아니다. 그 돈은 대부분 카드 고객들에게 부가 서비스를 주는 데 썼고 일부는 대형 가맹점 프로모션해주는 데 썼다. 카드사의 돈벌이 원천은 고금리 현금 서비스와 카드론이었다. 카드를 쓰는 사람이 많으면 아무래도 돈을 빌리는 사람도 많다. 신용카드사 입장에서 결제 사업은 돈을 빌릴 사람을 모집하는 수단이다.

## 정계의 수수료 인하 선심 경쟁

금융당국은 2012년 신용카드 가맹점 수수료율 개편안을 발표했다. 이때 가맹점 수수료율을 책정하는 기본 공식이 만들어졌다. 우선 카드사의 원가와 가맹점별 특성을 반영해 기본 수수료율 산출 공식을 만들고, 그것을 기준으로 가맹점과 신용카드사가 협상을 통해 수수료율 계약을 맺는 방식이다. 이에 따라 평균 수수료율이 2.09%에서 1.91%로 하락했다. 전체 가맹점 중 가맹점 수수료율이 내려간 가맹점 비율은 75%에 달하고 25%는 상승하는 것으로 나타났다. 카드사들의 가맹점 수수료는 연간 7,000억 원 넘게 줄었다.

이처럼 영세 가맹점 우대 수수료율을 결정하면서 정부의 공식적인 시장 개입이 시작됐다. 처음 만들 때는 연 매출 2억 원 이하인 가맹점을 중소 신용 가맹점으로 지정해 1.5%의 우대 수수료율을 적용하기로 했다. 우대 수수료율은 정부의 입맛대로 결정됐다. 어이없게도, 처음 중소 가맹점 우대 수수료율이 공식적으로 발표된 곳은 여의도의 한 호프집이었다. 그날 김석동 금융위원장이 '페이스북 친구들과의 현장 소통' 행사를 열었다. 소위 말하는 '페친 번개'다. 산출된 우대 수수료율이 1.6%였는데 김석동 위원장은 갑자기 1.5%로 하겠다고 말했다. 페친들과 맥주 마시다가 불쑥 결정한 것이다. 그 말 한마디로 150만 개 가맹점의 수수료율이 결정됐다. 시장 가격에 직접 개입하지 않는다는 자유시장의 원칙은 온데간데없다.

선거철이 되자 정부는 여당에 힘을 실어주기 위해 중소 가맹점의 기준을 연 매출 2억 원에서 3억 원으로 올렸다. 연 매출 2억 원 이하는 영세 가맹점으로, 2~3억 원은 중소 가맹점으로 구분해 우대 수수료율을 각각 0.8%, 1.3%로 내렸다. 정치권은 한 번 재미를 보면 가만있지 않는다. 박주민 더불어민주당 의원은 1만 원 이하 결제액은 수수료를 부과하지 않는 법안을 발의했다. 가맹점 입장에서는 1만 원짜리 결제를 하고 수수료를 내면 남는 게 없다고 할 것이다. 하지만 대금을 결제할 때 들어가는 비용은 1만 원이나 100만 원이나 큰 차이가 없다. 비용은 신경 쓰지 않고 수수료만 없애면 그 비용을 결국 누군가는 지불해야 한다.

## 가맹점 수수료율 인하, 피해자는 누구일까?

신용카드사의 주요 수익원이었던 가맹점 수수료가 줄었지만 카드사 실적은 줄지 않았다. 수수료율 인하로 연간 7,000억 원의 손해가 발생했는데도 말이다. 신용카드사들은 고객들에게 제공하던 포인트 등 부가 서비스를 줄였고 고금리 카드론을 엄청나게 늘렸다. 2016년 상반기에만 부가 서비스 축소를 골자로 약관 변경을 신청한 카드가 20여 개에 달한다. 카드론은 25조 9,000억 원으로 11% 늘었다. 가맹점에서 못 번 돈을 카드론 이용자에게서 벌고 있는 것이다.

또 2016년 상반기 카드업계에서 약 1,000여 명의 직원이 회사를 떠났다. 규모가 큰 현대카드가 463명, 신한카드 223명 등이다. 하반기 신입사원 공채 규모도 대폭 줄었다. 즉, 가맹점 수수료 인하로 가맹점은 이익을 봤지만 대신 카드론 이용자, 신용카드 회원, 카드사 직원들은 피해를 봤다.

신용카드를 둘러싼 이해관계는 굉장히 복잡하다. 얽히지 않은 사람이 없다고 할 수 있다. 신용카드 결제는 가장 비싼 결제 방식이며, 이 때문에 발생한 비용은 결국 상품 가격에 반영돼 모든 사람이 지불하는 형태로 녹아 있다. 신용카드시장에는 여전히 힘의 논리가 작용한다. 힘이 센 정부는 가맹점 수수료를 납세자에게 전가할 수 있다. 힘이 센 가맹점은 협상력을 가지고 수수료를 낮추고, 힘이 약한 영세 가맹점은 정부의 권력을 등에 업고 지속적으로 수수료 인하를 요구할 것이다. 대신 카드론 이용자의 금리는 높은 수준에서 유지된다. 또 별생각 없이 현금을 사용하는 사람은 가맹점 수수료를 반영한 '비싼 가격'에 물건을 사게 된다. 언제나 그렇듯 판돈은 약자와 바보가 낸다.

신용카드는 고비용 결제 수단이다. 사람들은 편리하다는 이유로 카드를 쓰지만 대부분의 경우 빌릴 필요가 없는 돈을 빌림으로써 쓸데없는 비용을 발생시키는 격이다. 그 비용은 누군가가 내야 한다. 그동안은 가맹점이 냈다. 비용이 발생하긴 하지만 매출이 늘어나 감당할 수 있었으니까. 하지만 이제는 카드 사용으로 인한 매출 증대 효과가 거의 없다. 비용은 혜택을 받는 사람이 내야 한다. 경제 환경이 변한 만큼 카드 사용자에게만 과도하게 유리하게 만들어진 의무수납제, 가격차별금지제도 개선을 검토할 필요가 있다. 또 신용카드를 대체할 저렴하고 편리한 결제 수단을 만드는 것도 불필요한 사회적 비용을 줄이는 대안이 될 수 있다.

# 04

## 부동산:
## 전세, 월세
## 이것만은 꼭 챙기자

### 우리나라에만 있는 임대 형태, 전세

어릴 적 월세에 살다가 처음 전세로 이사했을 때, 전세와 월세의 차이를 알고 큰 충격을 받았다. 그동안 다달이 집주인에게 월세를 내왔는데, 전세로 내면 임대 기간이 끝나고 전액을 돌려준다는 것이다. 공짜라고 느껴졌다. 그래서 어른들이 "결혼할 때 최소한 전셋집은 가지고 시작해야 한다. 월세 살면 평생 돈 못 모은다"고 말했던 것 같다. 결혼할 때 부모님께 목돈을 물려받은 사람은 전세로 들어가 공짜로 살고, 물려받은 돈이 없는 사람은 평생 월세 신세라니.

대부분 사람은 월세보다 전세를 선호한다. 매월 월세를 내다 보면 돈을 모으기가 힘들기 때문이다. 전세보증금을 마련하고 나면 매월 나가는 지출이 줄어들어 돈을 모으기가 훨씬 수월하다. 월세에서 전세로, 전세에서 자가로 거주 형태를 발전시키는 것은 대한민국 사람들이 걸어왔던 내 집 마련의 꿈을 향한 여정이다. 이 꿈의 길은 평균 7년 정도 걸린다는데, 누군가에게는 말 그대로 꿈같은 일이다.

전세는 우리나라에만 있는 독특한 제도다. 기원을 찾아보자. 수원대학교 도시부동산학과 최창규 교수의 '주택금융 시스템으로서의 전세의 의미'라는 글에 따르면(《부동산 포커스》, 2008년 창간호), 1910년 조선총독부가 작성한 〈관습조사보고서〉에 전세라는 말이 기록돼 있다. 이 보고서에서는 전세를 '조선에서 일반적으로 행해지는 가옥 임대차의 방법으로 집값의 70~80%를 내고 별도의 월세를 내지 않으며, 가옥을 반환할 경우 그 금액을 반환받는 제도'라고 설명했다. 지금의 전세와 완벽하게 같은 제도다.

## 2년마다 미친 듯이 오르는 전셋값

그런데 사랑받는 임대 형태인 전세가 변했다. 전국 평균 전세 가격은 2015년 한 해 동안 평균 1억 4,200만 원에서 1억 6,100만 원으로 2,000만 원 올랐다. 서울만 놓고 보면 2억 5,600만 원에서 2억 9,200만 원으로 3,600만 원이나 올랐다. 국민이 체감하는 전세 가격 상승폭은 훨씬 크다. 다른 물가는 물건을 살 때마다 상승폭을 느끼게 되는데 전세는 2년 동안 높아진 부담을 한 번에 체감하게 되기 때문이다. 예컨대 서울의 전세 세입자가 실제 겪는 전세 가격 인상폭은 2년 치인 7,000만 원이다.

전세 계약이 끝날 즈음이 되면 집주인의 전화가 두렵다. 돈 1,000만 원이 누구네 개 이름도 아니고, 구경도 못 해본 5,000만 원을 어떻게 한 번에 올려주나. 도대체 얼마를 올려줘야 하는 걸까? 대부분 사람은 전세 가격을 얼마나 올려줘야 하는지 기준을 갖고 있지 않다. 집주인도 잘 모른다. 옆집을 기준으로, 부동산 아저씨의 조언에 따라, 집주인의 '착함'의 정도에 따라 전세 가격이 정해진다. 경우에 따라서는 전세금이 없으면 월세로 전환하라고 한다. 전세를 월세로 전환하려면 다달이 얼마를 내야 할까? 미친 듯이 오르는 전세 가격도 부담이지만, 가격 산정 방식의 모호함이 세입자를 더 힘들게 한다.

전세금을 올려주기 위해 빚을 내고, 그나마도 없어서 서울 외곽으로 이사하는 주거 난민의 행렬이 이어진다. 서울은 이제 더는 1,000만 도시가 아니다. 대한민국 인구는 2015년 5,152만 명에서 2016년 5,169만 명으로 늘었다. 그런데 서울시 인구는 1,002만 명에서 993만 명으로 1,000만 명 밑으로 내려왔다. 경기도 인구는 1,252만 명에서 1,271만 명으로 늘었다. 비싼 주거비를 감당하지 못한 사람들이 서울을 떠난 것이다. 세입자는 서럽다.

## 전세 가격에 영향을 미치는 네 가지 요인

### ① 주택 가격 전망

임대 가격이 얼마가 적절한지는 집을 보유하는 것과 임대하는 것의 득과 실 측면에서 살펴볼 수 있다. 집을 보유하려면 일단 사야 한다. 자기 돈으로 산다면 투자에 대한 기회비용이 든다. 집은 노후화되는 자산이다. 보유한 기간만큼 자산가치가 하락하며 유지보수 비용이 든다. 임대를 하면 당장 매입 자금은 필요 없다. 또 유지보수 비용은 집주인의 몫이고, 집값이 오르든 내리든 상관없다. 대신 임대료를 내야 한다.

이론적으로는 그렇지만 대한민국 사회에서 이보다 더 중요한 것은 집값 상승 전망이다. 또 집을 보유하는 이유는 집값이 오를 것 같아서다. 부동산 대세론이 지배하던 대한민국 성장의 역사에서 전세 가격은 항상 집값보다 쌌다. 하지만 부동산시장이 침체되는 시기에는 전세가 더 비싸지는 '전세 역전' 현상이 나타나기도 했다.

### ② 자금 조달 가능성

임대 가격, 특히 전세 가격에 영향을 미치는 또 하나의 요소는 '자금 조달 가능성'이다. 사람들은 전세를 좋아한다. 그럼에도 월세를 내는 이유는 목돈이 없기 때문이다. 월세는 은행에서 대출을 받고 이자를 내는 것보다 비싸게 먹히는 주거 방식이다. 돈을 빌릴 수만 있다면 월세를 내는 것보다 은행에 이자를 내는 편이 유리하다.

우리나라 사정상 과거에는 개인이 돈을 빌리기 힘들었다. 대한민국의 모든 자금은 저축을 통해 은행에 모이고, 그 돈은 기업이 가져다가 산업 발전을 위해 썼다. 대한민국에 자본이 축적되고 은행이 기업 대출 비중을 줄이면서 이제는 개인도 수월하게 돈을 빌릴 수 있게 됐다. 집주인에게 월세를 낼 것인지, 은행에 이자를 낼 것인지가 선택의 문제가 된 것이다.

집주인이 전세금 6,000만 원을 올려달라고 할 때, 그 돈을 떡하니 내놓을 수 있는 사람은 별로 없다. 대부분은 은행에서 빌려서 준다. 같은 6,000만 원이라고 하더라도 금리가 10%일 때는 이자를 월 50만 원씩 내야 한다. 그런데 금리가 5%로 내려가면 월 이자가 25만 원으로 낮아진다. 이는 전세 가격을 올리기에 더 수월한 상황이 됐다는 의미다.

### ③ 시장금리

전세는 본질적으로 개인 간의 돈 거래, 즉 사채의 성격이 있다. 전세는 세입자가 집주인에게 돈을 빌려주는 사금융이다. 금리는 0%다. 전세 만기에 원금은 돌려받지만, 이자는 한 푼도 못 받는다. 대신 집을 이용할 수 있는 권리를 받는다. 그것이 돈을 빌려준 이자인 셈이다.

시장금리가 높을 때는 전세 가격이 내려간다. 반대로 금리가 낮을 때는 전세 가격이 올라간다. 예를 들어 금리가 10%일 때 전세보증금이 1억 2,000만 원이라면 이자가 1년에 1,200만 원이다. 이를 12개월로 나누면 100만 원이다. 그러니까 세입자는 집주인으로부터 이자 100만 원을 받는 대신 임대 서비스를 받는 것이다. 즉 월세 100만 원을 내는 것과 같다. 다른 것은 그대로인데 금리가 5%로 떨어지면 집주인 입장에서는 임대료가 50만 원이 된다. 전세금을 2배로 올려야 하는 상황이 되는 것이다. 세입자 입장에서도 마찬가지다. 금리가 10%일 때 전세금을 은행에서 빌려서 내면 이자가 100만 원이었지만, 금리가 5%가 되면 50만 원이 된다.

가계대출금리는 1998년 15.5%에서 최근 3%대까지 내려왔다. 은행이 개인에게 전세자금 대출을 매우 쉽게 해주는 데다 집값 전망은 매우 불안하다. 구조적으로 전세가 오를 수밖에 없는 상황이다.

### ④ 집주인의 성격

전세 가격에 영향을 미치는 요소는 많지만, 사실 집주인의 성격이 무시 못할 영향을 미친다고 본다. 금리는 시장에서 어느 정도 정해지지만 집값 전망이나 자금 조달 가능성은 개인이 측정하기 힘들다. 또 집주인은 유사 이래 '갑'이었기 때문에 아쉬운 것은 언제나 세입자다.

조선 시대와 지금은 경제 상황이 너무나 다른데도 전세가율이 70~80%로 비슷하다는 것은 솔직히 말이 안 된다. 전세가율은 집값에 비해 전세 가격이 얼마인지를 나타낸 것이다. 예를 들어 집값이 1억 원이고 전세보증금이 8,000만 원이라면 전세가율은 80%다. 그런데 전세의 가격구조와 산정 과정이 매우 비합리적이기 때문에 세입자는 항상 불만을 갖게 된다.

## 전세 가격 대비 월세는 얼마가 적당할까?

월세는 임대료다. 집주인 입장에서는 부동산 투자에 대한 수익률이다. 예금이라면 이자, 주식이라면 배당금이라 할 수 있다. 집은 노후화되는 자산이고 세입자가 안 들어오거나, 세입자가 월세를 제때 내지 않을 수 있으니 예금이자보다는 비싸야 한다.

지금도 대학가 원룸 등에는 '1,000-10 법칙'이 통용된다. 이 법칙은 보증금 1,000만 원과 월세 10만 원을 같이 취급하는 것이다. 전세 가격이 5,000만 원인 집일 때 보증금을 1,000만 원 내면 월세는 40만 원이 되고, 보증금 2,000만 원을 내면 월세가 30만 원이 되는 식이다. 보증금을 5,000만 원 내면 월세는 0원, 즉 전세가 된다.

### [표 1] 대학가 원룸의 1,000–10 법칙

(단위: 만 원)

| 보증금 | 월세 |
|---|---|
| 5,000 | 0 |
| 4,000 | 10 |
| 3,000 | 20 |
| 2,000 | 30 |
| 1,000 | 40 |
| 0 | 50 |

관행처럼 존재하는 '1,000-10 법칙'은 금리가 두 자릿수였던 시절 만들어진, 말도 안 되는 기준이다. 아무리 학생들이 세상 물정 모른

다고 바가지도 이런 바가지가 없다. 이 법칙에 적용되는 금리는 무려 12%다. 예금금리가 1%대인 요즘 같은 시절에 12%를 받다니.

그 학생이 은행에서 돈을 빌려 전세금을 마련했다고 하자. 학생 입장에서는 은행에 이자를 내나 집주인에게 월세를 내나 돈 나가는 것은 똑같다. 요즘 전세자금 대출금리는 약 3%다. 5,000만 원을 빌리면 한 달에 이자가 12만 5,000원이다. 그런데 집주인에게 월세를 내면 50만 원을 내야 한다. 이런 악독한 집주인들이 버젓이 '영업'을 할 수 있는 것은 그만큼 관행에 의존하는 경향이 크다는 것이다. 집주인에게 월세가 너무 비싸다고 따지면 그는 말할 것이다. 옛날부터 원래 그랬다고.

## 임대료를 결정하는 전·월세 전환율

전세 가격을 월세로 전환할 때의 기준을 '전·월세 전환율'이라고 한다. 전·월세 전환율은 1년에 내는 임대료 총액을 보증금으로 나눠서 계산한다. 전세보증금 대신 월세를 얼마나 내느냐는 의미다.

전·월세 전환율 = 연세(월세×12개월)/(전세보증금−월세보증금)×100

'1,000-10 법칙'을 적용해보자. 전세 5,000만 원짜리 주택이 있다.

만약 보증금 4,000만 원에 월세 10만 원을 낸다고 하면 1년에 내는 임대료는 120만 원이다. 120만 원을 보증금 차액(5,000만 원-4,000만 원)으로 나누면 12%다. 최근 전·월세 전환율 평균은 7%대. 시장 평균에 따라 월세를 계산해보면 월 임대료는 5만 8,000원(=7%×(5,000만 원-4,000만 원)/12)이다. 평균 시장 가격이 5만 8,000원밖에 안 되는데, 10만 원을 내라고? 악독한 집주인이다.

전·월세 전환율은 2011년 10%에서 2015년 7.1%로 하락했다. 전·월세 전환율은 일종의 자산 수익률이다. 저금리 기조가 이어지면서 전반적인 자산 수익률이 하락했다. 당연히 부동산 임대수익률도 줄어들 수밖에 없다.

## 강남과 강북의 임대료 비교

강남에 있는 아파트의 실제 사례를 살펴보자. 서울시 서초구 래미안퍼스티지 34평형(113m²)의 네이버 부동산 기준 매매가는 약 16억 원(2015년 12월 기준)이다. 전세는 12억 5,000만 원으로 전세가율은 78%다. 월세는 보증금에 따라 다음과 같다.

[표 2] 서초 래미안퍼스티지 전 · 월세 전환율 예시

| 예시 1 | 예시 2 | 예시 3 |
|---|---|---|
| 보증금: 8억 원<br>월세: 160만 원 | 보증금: 5억 원<br>월세: 250만 원 | 보증금: 1억 원<br>월세: 360만 원 |
| $160 \times 12/(12.5-8) \times 100$<br>$= 4.2\%$ | $250 \times 12/(12.5-5) \times 100$<br>$= 4\%$ | $360 \times 12/(12.5-1) \times 100$<br>$= 3.7\%$ |

대략 4% 내외의 전·월세 전환율을 보인다. 그런데 보증금을 적게 내고 월세를 많이 내는 사람의 전환율이 더 낮다. 다시 말하면 월세 많이 내는 사람이 아파트를 더 싸게 이용하고 있다는 것이다. 그 이유는 단순하다. 세입자가 월세로 내는 것을 싫어하기 때문이다. 그래서 집주인이 보증금에 비해 월세 비중을 높이려고 한다면 월세 수익률을 낮추게 되기 때문인 것으로 보인다. 집주인 입장에서는 어차피 은행 이자보다는 높은 수준이니 수익률이 좀 줄어들더라도 월세를 늘리는 편이 좋다.

그렇다면 강북은 어떨까? 길음 뉴타운 5단지 래미안아파트 33평형(109㎡)의 매매가는 5억 7,000만 원이다. 전세는 5억 원이다. 전세가율은 87%다. 강남의 전세가율이 78%였으므로, 그에 비해 강북 전세가 10%p가량 더 비싸다.

[표 3] 길음 뉴타운 래미안아파트 전 · 월세 전환율 예시

| 예시 1 | 예시 2 | 예시 3 |
|---|---|---|
| 보증금: 1억 원<br>월세: 110만 원 | 보증금: 2억 원<br>월세: 90만 원 | 보증금: 1.3억 원<br>월세: 120만 원 |
| $110 \times 12/(5-1) \times 100$<br>$= 3.3\%$ | $90 \times 12/(5-2) \times 100$<br>$= 3.6\%$ | $120 \times 12/(5-1.3) \times 100$<br>$= 3.8\%$ |

전·월세 전환율은 3.3~3.8%로 강남에 비해 낮다. 그렇다고 강북의 월세가 강남에 비해 싸다는 의미는 아니다. 강북의 전세가격이 비싸다 보니 상대적으로 월세비율이 낮아진 것일 뿐 전세가율이 비슷하다면 4% 중반 정도로 비슷한 수준이다.

집값 대비 전세 가격은 임대에 대한 비용이다. 거기에는 앞에서 설명한 부동산 가격 등락 위험, 집의 감가상각비, 거래비용, 공실 위험 등이 들어간다. 전세 가격 대비 월세는 수익률이다. 그런데 수익률이 4% 남짓이다. 부동산 보유에 따른 비용을 감안하더라도 1%대에 불과한 은행 이자보다는 훨씬 높다.

## 서민들에게 더 잔혹한 월세

월세는 상대적으로 서민들에게 더 잔혹하다. 2016년 8월 현재 전국

의 전·월세 전환율은 6.7%다. 서울은 5.9%로 전국에서 가장 낮고 경북이 9.8%, 충북이 9%로 가장 높다. 월세가 지방으로 갈수록 더 비싸다는 얘기다. 주거 형태로 보더라도 그렇다. 상대적으로 서민이 많이 사는 연립 다세대 주택의 전·월세 전환율이 더 높다. 아파트는 4.9%인데 다세대는 7%, 단독주택은 8.4%다. 요약하면, 지방에서 단독주택 월세 사는 사람이 가장 비싼 값을 지불하고 사는 것이다.

서울에 비해 지방, 아파트에 비해 단독주택의 전·월세 전환율이 높은 것은 정보의 비대칭성이 더 높기 때문으로 보인다. 아파트는 규격화된 주택이기 때문에 가격을 비교하기가 쉽다. 네이버 부동산만 들어가 봐도 내 집과 옆집의 가격을 대략 비교해볼 수 있다. 집주인이 마음대로 임대료를 책정할 수 없다는 얘기다. 그렇지만 가격 비교가 쉽지 않을 때, 집주인은 과거 관행대로 임대료를 받고자 한다. 집주인과 세입자 간 정보의 비대칭성과 힘의 불균형은 임대료 하락 추세가 실제 임대 가격에 반영되는 것을 더디게 한다.

부동산은 전문가와 일반인, 부자와 가난한 자가 뒤섞여 있는 매우 불투명한 시장이다. 그러다 보니 정부의 영향력도 크고 사기꾼도 많다. 이 모든 것을 담아 만들어진 '가격'이라는 것은 참 대단한 지표다. 임대료가 어떻게 형성되는지 더 많은 사람이 고민할 필요가 있다. 그래야 관행에 따라, 또는 정보가 부족하다는 이유로 사회적 약자가 더 비싼 임대료를 내는 일을 줄일 수 있을 것이다.

2014년 이후 건설사들이 쏟아낸 분양 물량이 2017년 하반기쯤 완공되기 시작한다. 이때부터는 전세 가격이 내려갈 가능성이 크다. 분양은 받았지만 자금을 마련하지 못한 사람들이 대거 전세 세입자 유치에 나설 수 있다. 입주를 하지 못하고 아파트를 파는 사람이 많아지면 가격이 눌릴 수도 있다.

그렇다고 부동산시장이 장기적으로 침체되리라고 비관할 필요는 없다. 과거의 부동산 불패 신화가 재현되긴 어렵겠지만, 입지가 좋은 곳에는 항상 사람이 몰리기 마련이다. 꼼꼼하게 체크하며 접근한다면 부동산만 한 투자처도 없을 것이다.

# 세입자를 보호하는
# 세 가지 법

세상에 집은 참 많은데, 내 집은 없습니다. 어쩔 수 없이 세입자가 될 수밖에 없는데요. 세입자를 위한 여러 가지 보호장치가 있습니다. 몇 가지만 알고 있어도 내 소중한 재산을 보호할 수 있습니다.

### 전세권 설정

전세권 설정은 "내가 이 집의 세입자입니다"라고 등기부등본에 올리는 것입니다. 누가 봐도 세입자가 누구인지 알 수 있게 간판을 달아놓는 것입니다. 전세권 설정은 보증금의 0.24% 정도의 비용이 들어갑니다. 집값이 4억 원이면 80~100만 원 정도의 돈이 들어갑니다. 계약 만료 이후에 말소 비용까지도 세입자가 부담해야 하기 때문에 적은 돈은 아닙니다.

확정일자를 받는 것과 전세권 설정은 비슷한 효력을 가지는데, 차이점이 있습니다. 확정일자는 집주인의 동의 없이도 간편하게 받을 수 있는 대신, 임대차 계약을 맺은 그 집에 전입신고를 하고 그 집에 반드시 거주해야 한다는 조건이 붙습니다. 반면 전세권 설정은 반드시 본인이 그 집에 거주할 필요는 없지만, 집주인의 동의가 필요합니다.

세입자가 집주인에게 전세권을 설정하고 싶다고 하면, 익숙하지 않은 집주인분들은 일단 질색합니다. 몰라서 그렇습니다. 뭔가 복잡한 단어가 나오니까 자신에게 손해가 있지 않을까 지레 겁먹는 것인데, 사실 전세권 설정이 집주인에게 손해를 끼치진 않습니다. 집주인에게 나쁠 것이 없다고 설득해도 바쁜 집주인에게 전세권 설정을 위해 함께 가자고 하면 좋아할 주인은 없습니다. 그래서 위임장, 인감도장, 초본 등의 서류를 받아 법무사를 통해 설정하게 됩니다.

전세권 설정은 확정일자를 받는 것과 동일한 효과가 있습니다. 굳이 비싼 비용을 들여서 전세권 설정을 하지 않아도 무방합니다. 다만 전세권 설정을 하는 것이 더 나은 몇 가지 상황은 있습니다. 집주인이 전입신고를 못 하게 할 경우에는 확정일자를 못 받기 때문에 전세권을 설정하는 것이 좋습니다. 또 전세권 설정은 당일 효력이 발생하고 확정일자는 다음날 효력이 발생합니다. 만약 집주인이 계약 당일 추가 대출을 받을 것 같은 분들은 전세권 설정을 하는 것이 마음 편하겠죠. 계약하고 불가피하게 본인이 그 집에 거주하지 못하는 분들도 전세권 설정을 하는 것이 좋습니다. 전입신고를 하면 동사무소에서 그 사람이 실제 그 집에 사는지 사후 확인을 하게 되는데 살지 않을 경우 전입신고 자체가 취소되어버리기 때문입니다. 이런 몇 가지 특별한 사례를 제외하면 확정일자만 받으셔도 우리의 소중한 돈은 지킬 수 있습니다.

### 전세금 보장보험

전세가가 너무 높아서(통상 집값의 80%) 깡통전세가 걱정되는 사람이라면 보험에 들 수 있습니다. 바로 전세금 보장보험입니다. 보험에 가입하면 계약이 만료된 이후 집주인이 보증금을 돌려주지 않거나 경매에 넘어가

보증금을 받지 못하게 됐을 때, 보증 회사가 대신 보증금을 돌려주는 것입니다.

그동안은 집주인의 동의가 있어야 보험에 들 수 있었지만 2017년 5월부터는 집주인에게 앓는 소리 안 해도 됩니다. 두 곳에서 가입이 가능합니다. 하나는 주택도시보증공사이고, 다른 하나는 서울보증보험입니다. 각기 장단점이 있습니다. 주택도시보증공사는 수수료가 낮고, 서울보증보험은 수수료가 비싼 편입니다. 그렇다면 누구나 주택도시보증공사에서 보험을 들고자 하겠지만 가입 조건이 다릅니다. 주택도시보증공사는 전세보증금 한도도 있고, 아파트의 경우 전세금과 대출을 합친 금액이 집값의 90%를 넘지 않아야만 가입할 수 있습니다. 반면 서울보증보험은 수수료가 비싼 대신에 전세보증금 한도가 없고 전세금과 대출을 합친 금액이 집값만 넘지 않으면 가입할 수 있습니다.

### 묵시적 갱신

보증금이 아니라 거주 기간을 제대로 보장받으려면 묵시적 갱신에 대해 잘 알고 있어야 합니다. 묵시적 갱신은 집주인이나 세입자가 계약이 만료되기 6개월에서 1개월 전까지 "재계약하겠습니다" 혹은 "이제 나가겠습니다"라는 특별한 통보가 없다면 이전 계약과 같은 조건으로 계약이 갱신된 것으로 간주하는 것을 말합니다.

다만 모든 세입자에게 묵시적 갱신이 성립하는 것은 아닙니다. 주택임대차보호법(제6조 제3항)에 "월세 2회 이상 연체하거나 임차인으로서의 의무를 현저히 위반할 경우 묵시적 갱신을 할 수 없다"고 쓰여 있습니다. 월세를 내지 않거나 집을 너무 함부로 쓰는 불성실한 세입자는 보호해주지 않겠다는 것입니다. 또, 묵시적 갱신이 성립된 이후에도 반드시 2년을 살아야 하는 것은 아닙니다. 세입자는 언제든지 "나가겠습니다"라고 할 수 있습니다(주택임대차보호법 제4조 제1항 및 제6조 제2항). 다만, 바로 나갈 수 있는 것은 아니고 3개월이라는 유예 기간을 두어야 합니다.

그런데 민법 313조를 보면 "묵시적 갱신된 전세권은 존속기간을 정하지 않은 전세권이기 때문에 소멸을 통고할 수 있고, 통고 후 6개월이 지나면 전세권이 소멸한다"고 적혀 있습니다. 이것만 보면 묵시적 갱신이 성립된 이후에도 6개월의 유예 기간만 둔다면 집주인이 세입자에게 나가달라고 요구할 수 있는 것으로 보입니다. 하지만 주택임대차보호법은 민법에서 세입자를 제대로 보호하지 못하는 부분을 보호한다는 취지에서 특별법으로 만든 것이기 때문에 세입자 입장에서 해석이 가능합니다. 즉, 세입자가 기존 계약과 마찬가지로 2년 더 살겠다고 주장하면 말릴 수 없습니다.

세입자는 묵시적 갱신 이후에도 나갈 수 있는데, 세입자가 중간에 나가겠다고 하면 보증금은 언제 받을 수 있을까요? 주택임대차보호법을 보면 "임차인이 임대차계약을 해지하는 경우 3개월이 지나면 효력이 발생"한다고 적혀 있습니다. 세입자가 나가겠다는 의지를 밝히면 통지한 지 3개월 이후부터 집주인은 보증금을 돌려줘야 할 의무가 생기는 것입니다.

부동산 수수료는 누가 지불해야 할까요? 법이 이에 대해 규정하고 있지는 않습니다. 논리적으로 따져보면 묵시적 갱신이 성립한 이후에는 같은 조건으로 재계약이 성사된 것으로 보는 것입니다. 그렇기 때문에 묵시적 갱신이 성립된 이후에 세입자가 중간에 나간다고 하면 부동산 수수료는 집주인과 다음 세입자가 부담하는 것이 맞습니다.

# 05

## 가계부채:
# 빚 권하는 사회에서
# 살아남는 법

## 가계부채 때문에 잠이 안 온다던 경제 관료

　금융위원장이 집무실에 가계부채 비상 상황판을 설치했다. 그 상황판에는 은행별 주택담보대출 추이가 매일매일 업데이트됐다. 금융당국이 이처럼 세심하게 모니터링을 하는데도 가계대출은 6개월 만에 최대폭으로 늘었다. 당시 김석동 금융위원장은 "가계부채를 생각하면 잠이 안 온다"며 우려의 심경을 토로했다. 가계부채가 800조 원 대이던 2011년의 일이다. 가계부채가 1,300조 원을 넘어선 2017년, 그는 지금 만성 불면증에 시달리고 있을까?

부채는 경제가 성장하면 자연스럽게 늘어난다. 가계부채가 사상 최대치를 기록했다며 호들갑을 떠는 기사는 무식한 기사다. 경제가 성장하는 만큼 부채는 늘어나기 마련이다. 다만, 그 증가 속도가 중요하다. 정부는 가계부채가 지나치게 빠른 속도로 증가하는 것을 두려워했고 관리를 하려고 했다. 부채는 경제 성장을 촉진한다. 돈이 없는 사람도 빚을 내서 쓰면 그 돈이 돌고 돌아 경제 성장을 이끈다. 그러나 과도하게 빚을 내면 부작용이 생긴다. 일단 빚이 많아 돈을 갚느라 소비를 못 하게 되면 돈이 더는 돌지 않는다. 그리고 빚을 못 갚는 사람은 신용불량자가 되어 경제활동을 하지 못하게 되고, 돈을 빌려준 사람도 타격을 입는다. 속도를 적절하게 조절하는 것이 무엇보다 중요한 이유다.

그런데 2014년 8월 최경환 경제부총리가 이끄는 박근혜 정부 2기 경제팀은 가계부채의 봉인을 해제했다. 최후의 보루로 인식되던 담보인정비율(LTV: Loan To Value ratio), 총부채상환비율(DTI: Debt To Income ratio)을 완화한 것이다. 담보인정비율은 앞서 봤듯이 담보를 어느 정도 인정해줄 것이냐이고, 총부채상환비율은 대출을 받으려는 사람의 상환 능력이 어느 정도인가를 점검하는 제도다. 이 두 가지는 부동산 대출에서 큰 역할을 하므로 그 수준을 어떻게 잡느냐에 따라 부동산 정책의 규제가 완화되는지 강화되는지를 알 수 있다.

부동산은 경제에 미치는 파급 효과가 크다. 아파트를 하나 지으면 건설사뿐 아니라 수많은 하청업체, 일용직 노동자, 인테리어업체, 가

구업체 등 돈 버는 곳이 많다. 가장 손쉽게 경제를 성장시키는 방법은 부동산 투기를 부추기는 것이다. 하지만 부동산 경기를 부양하는 불쏘시개는 국민의 가계부채다. 경제를 성장시키겠다고 국민의 호주머니를 털어버린 것이다. 또 부동산 가격이 오르면 새롭게 부동산시장에 진입하는 청년층, 서민층의 주거가 불안해진다. 그런 부작용을 무시하고 최경환 경제팀은 부동산시장에 불을 질렀다. 한국은행도 이에 화답하며 금리를 내렸다. 2015년 1분기 가계부채는 1,098조 3,000억 원으로 전년 대비 75조 9,000억 원이 늘었다. 2016년에는 125조 3,000억 원이 늘었다. 3%도 안 되는 성장률의 절반은 국민이 빚낸 돈으로 먹고사는 건설투자에 의해 만들어진 것이다.

### 빚은 늘어나기 마련이다

한국은행에서 돈을 발행할 때 이자는 발행하지 않는다. 이자를 갚을 화폐를 만들고, 그 화폐에 대한 이자를 갚을 화폐를 만든다. 돈은 늘어나고, 빚도 늘어난다. IMF 이전까지는 가계부채가 거시경제적인 문제를 일으킬 정도로 많진 않았다. 금융권에서 개인에게 돈을 잘 빌려주지도 않았다. IMF 이후 400%에 달하던 기업의 부채비율은 100%대로 내려갔고, 돈을 빌려줄 곳을 잃은 은행들은 개인에게 대출을 해주기 시작했다. 가계에 대한 은행 대출은 1999년 이후 연간 40% 넘게 증가했다. 은행 전체 대출에서 가계대출이 차지하는 비중이 20%대에서 40%로 급격하게 높아졌다. 은행 입장에서 가계대출, 그중에서도 주택담보대출은 매우 좋은 먹거리다. 주택담보대출 연체율은 1%가 안 된다. 기업 대출의 3분의 1 수준이다. 주택담보대출을 안 갚으면 집을 뺏기기 때문에 사람들은 길거리에 나앉지 않기 위해 열심히 빚을 갚는다.

부동산 불패 신화가 이어지고 가계부채는 계속 늘어났다. 수도권 주택 가격이 1년에 24% 급상승했던 2005~2006년 주택담보대출은 연간 10% 이상 늘어났다. 심지어 노무현 전 대통령이 부동산에 대못을 박겠다고 선언했던 2007년 이후에도 5% 이상 증가세가 이어졌다. 가계부채 대부분은 부동산담보대출이다. 집값이 오르면 더 많이 대출을 받아야 한다. 집값이 오르는 걸 보고 대출을 받아 집을 사려는 사람이 늘어나면, 집값은 더 오른다.

## 가계부채 증가율과 경제 성장률

빚이 많으면 어떤 문제가 생길까? 가계부채는 양과 질 측면에서 봐야 한다. 가계부채가 많으면 빚을 갚느라 소비를 줄인다. 이것이 양적 측면이다. 가계가 소비를 줄이면 기업의 매출이 줄고, 나아가 일자리가 줄어드는 악순환에 빠질 수 있다. 개인적으로 보더라도 빚이 많아

빚 갚느라 허덕이며 사는 것은 행복한 삶이 아니다. 질적 측면은 금리 인상, 부동산 가격 하락 등 외부 충격에 버틸 수 있는 맷집이다. 질을 높이려면 상환 능력이 높은 사람이 대출을 받아야 하고, 담보비율은 낮아야 한다. 그래야 부동산 가격이 내려가도, 금리가 좀 올라가도 빚을 갚을 수 있다.

2011년 정부는 가계부채 종합대책을 내놨다. 우선 가계부채 총량 자체가 지나치게 늘어나지 않도록 경상 성장률(경제 성장률+물가 상승률) 수준에서 관리를 하기로 했다. 대출을 해줄 경우 은행이 부담해야 할 충당금을 더 쌓도록 했고, 상환능력평가를 철저히 하고 총부채상환비율 관리도 엄격히 하도록 했다. 질적인 측면에서는 금리 변동에 영향을 받지 않는 고정금리 대출 비중을 확대하기로 했다. 1차 목표는 2016년 말까지 전체 주택담보대출의 30% 수준까지 올리는 것이었다.

우리나라에는 고정금리가 사실상 없었다. 주택담보대출 중 변동금리 비중이 99.5%다. 고정금리 상품이 없는 것은 아니지만 변동금리로 대출받으면 금리가 훨씬 낮기 때문에 굳이 고정금리를 선택하는 사람이 없었다. 은행도 고정금리를 좋아하지 않는다. 고정금리 대출은 금리 변동의 위험을 은행이 떠안는 상품이기 때문이다. 예를 들어 5%에 대출을 해줬는데 금리가 10%로 올랐다고 하자. 금리가 오르면 예금금리도 오른다. 변동금리 대출이라면 이자를 10%로 올리면 되지만, 고정금리 대출은 금리를 올릴 수 없다. 예금금리는 올려줘야 하는데 대출금리는 올려줄 수 없으니 손해를 봐야 한다. 금리 변동 위험을 고객에게 떠넘기고 싶어 하는 은행과 당장 낮은 금리로 대출을 받고 싶어 하는 고객의 이해가 맞아떨어져 대부분 변동금리를 선택한 것이다.

그냥 두면 고정금리 대출 비중이 자연스럽게 높아질 이유가 전혀 없다. 그래서 정부는 비율을 정하고 은행들을 압박했다. 또 주택금융공사를 통해 정부가 보증하는 고정금리 대출 상품을 만들어 낮은 금리로 제공했다. 은행은 울며 겨자 먹기로 정부가 내놓은 상품 수준의 고정금리 상품을 만들고, 영업 현장에서 고정금리 대출을 팔아야 했다.

## 원금 상환을 미루는 대출자, 이를 부추기는 은행

우리나라 대출의 또 한 가지 특징은 빚을 안 갚는다는 점이다. 이자만 갚다가 만기에 한 번에 갚는 일시상환대출, 일정 기간 이자만 내고 그 이후 원금을 상환해가는 거치식 대출 비중이 93%나 됐다. 대부분 주택담보대출은 5년 거치 10년 또는 20년 상환, 이런 식으로 돼 있다. 원금을 갚아야 할 때가 되면 새로 대출을 받는다. 그러고는 다시 이자만 내는 것이다. 일시상환대출이 많은 것도 은행과 소비자의 이해관계가 맞기 때문이다.

은행은 고객이 돈을 갚는 것을 원치 않는다. 100만 원을 빌려주고 금리가 10%면 10만 원의 이자를 받는다. 10년 동안 이자를 받으면 이자만 총 100만 원이다. 그런데 고객이 분할상환대출을 받아 원금 10만 원을 갚으면 원금이 90만 원이 되어 이자가 9만 원으로 줄어든다. 매년 10만 원씩 갚으면 이자는 10만 원, 9만 원, 8만 원으로 줄어 10년간 총 55만 원밖에 안 된다. 대출받은 입장에서는 일시상환 방식으로 하면 이자 10만 원만 내면 되는데, 분할상환을 하면 20만 원, 즉 이자 10만 원과 원금 10만 원을 내야 한다. 당장 원리금 상환 부담이 커지니 분할상환대출을 별로 안 좋아한다.

일시상환대출 비중이 높은 이유는 부동산 가격이 빠르게 올랐던 점과도 관련이 있다. 사람들은 5년 거치 대출을 받고 5년 후에 분할 상환을 하지 않았다. 대출을 갈아타는 사람도 있지만, 꽤 많은 사람이 집을 팔고 이사를 했다. 이사를 할 땐 이왕이면 더 큰 집을 원했다. 부동산 가격은 경제 성장과 함께 꾸준히 올랐고, 사람들은 더 많은 대출을 받았다.

양적, 질적으로 가계부채를 통제하는 정책이 시행된 후 효과는 분명하게 나타났다. 2005~2010년 연평균 9.3%씩 늘어났던 가계부채 증가율은 대책 발표 이후 5% 내외로 감소했다. IMF는 우리나라에 대해 주택 가격 하락, 금리 상승 등 충격이 발생할 경우 부실이 확대될 가능성이 매우 낮다고 평가했다.

## 정부가 내놓은 대출 미끼 상품

정부는 고정금리, 분할상환대출 조건의 대출을 늘리도록 은행을 압박하는 한편 적격대출, 보금자리론, 디딤돌대출 등 금리가 낮은 정책 대출 상품을 출시했다. 이 대출들은 당연히 정부의 목표에 맞춘 고정금리, 분할상환 구조다. 가장 획기적인 정책은 '안심전환대출'이다.

2015년 2월 금융위원회는 기존에 받은 변동금리, 일시상환대출을 고정금리, 분할상환대출로 전환해주는 '안심전환대출' 정책을 시행했다. 이 대출은 은행이 가지고 있는 대출채권을 주택금융공사가 사가는 구조로 되어 있다. 사실상 은행은 이자를 받을 수 있는 대출채권을 정부에 빼앗긴 것이다. 많은 사람이 전환을 신청한 이유는 무엇보다 2.65%의 낮은 금리 때문이었다. 당시 시중은행의 변동금리가 3.5% 내외였다. 통상 변동금리는 고정금리보다 낮기 마련인데, 변동금리보다 1%p나 낮은 고정금리 상품이 나오자 너도나도 안심전환대출을 신청했다.

2억 원을 2.8% 금리로 20년간 빌린 사람이 만기까지 내는 이자는 약 1억 4,000만 원이다. 이 사람이 안심전환대출로 바꾸면 만기까지 내는 이자가 6,000만 원으로 내려간다. 이자를 8,000만 원이나 아낄 수 있다. 또 안심전환대출이자로 낸 돈은 소득공제도 받을 수 있다. 그 세제혜택도 1,000만 원이나 된다. 안심전환대출은 출시 3일 만에 애초 목표로 했던 20조 원을 모두 소진됐다. 그래서 다시 20조 원을 조성해 2차 안심전환대출까지 시행했다.

## 헌신짝처럼 버려진 가계부채 인하 목표

대출이 늘어나는 속도를 조절하고 구조를 바꾸는 일도 중요하지만 가계부채에서 가장 중요한 일은 '갚는' 것이다. 갚으려면 소득이 있어야 한다. 대출의 증가 속도를 조절하면서 잘 갚을 수 있도록 가계소득을 증대시키는 일은 가계부채 대책의 알파요 오메가다. 그동안 경상 성장률을 기준으로 가계부채 증가 속도에만 집중했던 정부는 소득에도 눈을 돌렸다. 2014년 2월 박근혜 정부는 '경제혁신 3개년 계획'을 마련하며 가계부채의 핵심 관리 지표로 '가처분소득 대비 가계부채 비율'을 설정했다. 가계부채를 줄이든 소득을 늘리든 실제 상환 능력에 방점을 두겠다는 의미다. 2013년 말 기준 160.7%를 기록하고 있는 '가계부채/가처분소득'의 비율을 2017년 말까지 5%p 인하하는 것이 목표다.

이 비율을 낮추는 방법은 두 가지다. 분자인 가계부채를 줄이든지, 분모인 가처분소득을 늘리는 것이다. 부채관리는 그동안 추진해온 양적·질적 가계부채 관리 정책을 지속하면 된다. 그리고 소득을 늘리기 위해서는 일자리 활성화, 사회안전망 강화, 사교육비 부담 완화, 저소득층 자산형성 지원 등을 하겠다고 밝혔다. 정말 합리적인 정책이었다.

하지만 '가처분소득 대비 가계부채 비율' 목표치는 헌신짝처럼 버려졌다. 최경환 경제부총리는 '초이노믹스'를 운운하며 부동산 경기 부양책을 썼다. 부동산 가격에 불을 질렀고, 그 불쏘시개는 가계빚이었다. 반대로 가계소득을 늘려주겠다는 약속은 지켜지지 않았다. 원래 빚을 늘리기는 쉽지만 소득을 늘리기는 어렵다. 평균적인 소득이 늘어나도 양극화가 심해지면 헛일이다. 어차피 부실은 한계가구에서부터 시작된다. 가처분소득 대비 가계부채 비율을 5%p 낮추겠다고? 목표치를 설정한 지 2년 만에 이 비율은 174%로 도리어 14%p가 높아졌다. 한번 늘어난 빚은 쉽게 줄어들지 않는다. 초이노믹스 2년 동안 늘어난 가계부채는 대한민국 경제와 가계 재무제표를 최소 10년 이상 억누를 것이다.

## 7년 걸리던 일을 2년 반 만에 해치운 지난 정부

가계부채 종합대책을 내놓은 김석동 금융위원장은 2012년 7월 21일 휴가를 떠났다. 여름이고 하니 휴가를 가는 것 자체는 문제가 없다. 문제는 시점이었다. 이명박 대통령은 이날 '내수활성화를 위한 민관합동 집중토론회'를 개최했다. 발언 시간 무제한으로 진행된 이날 '끝장토론'은 무려 9시간 45분 동안 이어졌다. 그날 회의에서는 최종적으로 부동산 경기 부양을 위해 총부채상환비율(DTI)을 완화한다는 결정이 나왔다.

총부채상환비율은 가계빚을 갚을 수 있는 소득을 기준으로 부채의 양을 통제하는 강력한 가계부채 대책이다. 경제 성장률을 끌어올리고 싶어 하는 기획재정부, 부동산 경기를 활성화하고 싶어 하는 국토부는 끊임없이 총부채상환비율 규제 완화를 주장했다. 금융회사의 건전성을 책임지는 금융당국은 규제 완화 요구를 몸으로 막으며 버텼다. 문제의 2014년 8월 최경환 경제팀은 총부채상환비율을 50%에서 60%로 완화했다. 담보인정비율도 50% 내외에서 70%로 확대했다. 부동산 경기 부양을 위한 거침없는 행보를 막아설 수 있는 사람은 아무도 없었다. 한국은행도 이에 동조해 금리를 내렸다. 금리는 내려가고, 대출 조건은 완화되고 가계부채는 눈덩이처럼 불어났다. 그들은 빚에 허덕이는 가계의 재무 상황은 거들떠보지도 않았다. 빚을 내서 집을 사라는 박근혜 정부의 외침은 부동산시장에 불을 붙였다. 낮은 금리는 가계가 빚의 부담을 체감하지 못하게 했다.

총부채상환비율과 담보인정비율 규제가 완화된 지 2년이 지난 2016년, 가계부채는 1,300조 원을 넘어섰다. 2년여 만에 무려 300조 원이 늘었다. 가계부채 통계가 집계되기 시작한 2002년 말 이후 300조 원이 늘어나는 데 7년이 걸렸다. 이후 300조 원이 늘어나는 데 또다시 5년이 걸렸다. 그런데 박근혜 정부는 이를 2년 반 만에 달성했다. 가계부채는 늘리기는 쉽지만 줄이는 것은 거의 불가능에 가깝다. 대부분의 가계부채는 집을 살 때 발생한다. 수천만 원에서 수억 원 빚을 내고 나면 짧게는 10년, 길게는 30년 동안 빚을 갚는다. 박근혜 정부가 임기 절반 동안 늘려놓은 가계빚이 앞으로 정권이 여섯 번은 바뀌어야 해소된다는 의미다. 그 가계빚은 부동산 가격을 올리는 데 쓰였다. 사람들은 더 비싸진 집을 사기 위해 또다시 빚을 내야 한다.

미국이 금리를 올렸다. 돈은 금리가 낮은 곳에서 높은 곳으로 옮겨 간다. 미국이 자꾸 금리를 올리고 돈이 우리나라에서 미국으로 옮겨 가면 우리도 금리를 올려야 하는 날이 온다. 가계부채가 늘어나던 3년 동안 우리나라는 금리를 계속해서 내렸다. 내려간 금리 덕에 잊고 지냈던 빚의 무게가 점차 느껴지고 있다. 가계부채가 늘어나는 동안 부동산 가격도 많이 올랐다. 금리가 오르고 대출 상환 부담이 커지면 빚을 내서 산 집이 매물로 나올 수 있다. 부동산 가격이 하락해 담보의 가치가 내려가면 금융회사들은 대출 상환을 요구할 것이다.

가계부채는 이미 알려진 위험이다. 가계부채를 너무 급하게 조여 부동산 가격이 빠르게 하락하면 매물이 쏟아져 나오는 최악의 상황이 발생할 수 있다. 은퇴 세대가 보유한 주택을 당장 처분하지 않고도 노후 자금을 마련할 수 있도록 주택연금을 활성화해야 한다. 또 일시적으로 채무 상환 능력이 약해지는 사람은 그에 맞춰 채무 상환을 유예해주거나 조건을 조정해줄 필요가 있다. 빚을 못 갚게 된 사람이 일상적인 경제활동에서 쫓겨나지 않도록 배려해줘야 한다. 가계부채는 대출을 통제하는 것도 중요하지만, 결국은 대출을 갚을 수 있도록 소득을 늘려서 해결해야 한다. 정답은 분명한데 부동산 경기로 먹고사는 정치꾼들이 정답대로 우리 경제를 이끌어갈지, 우려된다.

· 2장 ·

# 알고 보면
# '우리 판'

우리나라 주력 산업은 대부분 정체되어 있다.
새로운 수출 활로를 개척하든지 새로운 주력 제품을
마련하든지 해결책이 필요한 시점이다.
현재의 위기를 극복하기 위해 각 기업이 내놓는 여러 정보를
과거의 상황과 비교해 살펴본다면 이들의 미래를
어느 정도 전망할 수 있을 것이다.
거기에 우리의 수익률을 높일 수 있는 투자 포인트가 숨어 있다.

# 01

## 대한민국 구조조정 1편:
## 일본의 사례를 통해
## 해답을 찾다

### 일본의 전철을 밟고 있는 우리 산업

최근 우리나라 경제에서 가장 중요한 이슈 중 하나는 조선과 해운 업 등 우리나라를 이끌어왔던 주력 산업들의 '구조조정'이다. 이미 국 내 1위, 세계 7위의 해운사였던 한진해운이 파산 선고를 받아 청산절 차를 진행 중이다. 세계 선박 수주를 싹쓸이하던 우리 조선업체들은 심각한 유동성 위기에 직면해 있다. 다른 산업들 역시 저조한 성장세 가 지속되면서 일본식 장기 불황에 대한 우려가 커지고 있다.

일본은 1990년대 이른바 '버블 붕괴'가 발생했고, 그 여파로 지금까지 불황을 겪고 있다. 불황을 극복하기 위해 일본 정부와 기업이 30여 년간 구조조정을 진행하고 있지만 구조조정은 아직도 끝나지 않았다. 장기 불황 초기에 문제의 핵심을 파악하지 못하고 구조조정을 과감하게 추진하지 못했기 때문이다.

일본과 유사한 성장 경로를 거쳐온 우리나라는 구조조정 역시 일본의 전철을 밟고 있다. 특히 정권이 바뀔 때마다 새로운 성장 전략이 제시되는 등 일본의 실패 사례를 그대로 답습하고 있어 불안감을 키운다.

현재 우리나라가 직면하고 있는 기업 구조조정은 지난 1997년 외환위기와는 다른 상황이다. 외환위기 당시 기업 대부분은 사업 경쟁력이 훼손되지 않은 상황이었고, 위기의 원인이 환율과 부채 등 산업과는 다른 외부 환경에 있었다. 다시 말해, 외부 충격에 의한 일시적 유동성 위기였다. 그런데 최근 구조조정의 대상이 된 기업의 부실은 그 원인이 세계 경기 침체에 따른 사업 경쟁력 약화에 있다.

이 때문에 사업 자체의 경쟁력을 높일 수 있는 구조조정이 필요한데도 현재 진행하고 있는 구조조정은 과거 외환위기 때 수준을 크게 벗어나지 못하고 있다. 여기에 저출산과 인구 고령화, 불안한 환율까지 다양한 요인이 겹쳤다. 따라서 비슷한 산업구조와 사회 현상을 가진 일본을 잘 살펴볼 필요가 있다([그림 1], [그림 2] 참조).

[그림 1] 한국/일본 인구증가율 추이 및 장래 추계

자료: 각국 통계청, 한국투자증권

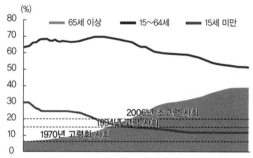

[그림 2] 일본 연령별 인구 비중 추이 및 장래 추계

자료: 일본 통계청, 한국투자증권

## 일본 경제가 30년 동안 살아나지 못한 이유

1990년대부터 장기 불황을 겪은 일본은 여러 가지 방법을 통해 기업의 수익구조 개선을 시도했다. 최근엔 '아베노믹스'로 불리는 경기 부양책까지 선보이며 눈에 보이는 실적 개선도 이뤘다. 하지만 불황의 여파가 너무 컸던 탓인지 일본 기업들은 여전히 눈에 띄는 변화를 보

여주지 못하고 있다. 결국, 일본의 대표 IT기업인 샤프가 대만의 홍하이에 매각됐고, 그 충격 속에 일본 기업의 구조조정이 진행되고 있다.

한때 세계를 호령하던 일본 경제가 30년 가까이 살아나지 못하는 이유는 무엇일까? 대부분의 전문가는 장기 불황 초기 일본 정부와 기업이 당시 경제 상황을 제대로 인식하지 못한 결과로 분석하고 있다. 이 때문에 불황을 극복하기 위한 여러 경제 정책이 일정한 방향성 없이 시행되었고, 그러다 보니 오히려 정책적 혼란만 일어났다. 초기 전략의 실패는 결국 경제 회생의 '골든타임'을 놓치는 원인이 됐고 그 후유증이 지금껏 이어지고 있는 것이다.

일본의 장기 불황은 소위 버블 붕괴로 시작된다. 1990년 주식시장에서 먼저 거품이 꺼지면서 이듬해인 1991년 부동산시장마저 버블 붕괴를 겪는다. 그런데 당시만 해도 일본 경제의 성장률이 3.4%에 달했기 때문에 정부와 기업은 문제를 심각하게 받아들이지 않았다. 대부분의 일본인은 버블 붕괴가 부동산, 건설, 금융 산업의 문제 때문이며 일본 제조업은 건실하다고 평가했다.

하지만 1992년이 되면서 상황이 달라졌다. 경제 성장률이 0%대로 급락했고, 이와 함께 기업의 재무구조가 급격히 악화됐다([그림 3] 참조). 기업들은 주력 산업의 본원 경쟁력을 살리면 불황을 극복할 수 있을 것으로 판단하고 '본업'을 강화하는 전략을 고수했다. 과잉설비와 과잉인력, 과잉채무라는 3대 과잉 문제를 해결하기 위해 원가절감, 경비 삭감 등 통상적인 불황 대책인 비용절감에만 치중했다. 하지만 이 같

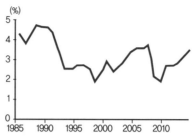

[그림 3] 일본 기업의 총자본영업이익률

* 금융업 제외 기준
자료: 일본 재무성, 법인기업통계조사

은 전략은 한계를 맞이했다. 2000년대 초반에는 일본 기업 전반에 걸쳐 부실이 확대됐고, 이들을 지원해왔던 대형 은행들의 경영도 악화됐다. 대형 은행 중 하나인 홋카이도 타크쇼크은행은 파산에까지 이르렀다.

지금의 우리나라 산업도 이때 일본의 상황과 크게 다르지 않아 보인다. 예컨대 대우조선해양 사태가 일어나면서 수출입은행은 파산 위기가 임박했다는 얘기가 돌았고, 시중은행의 부담도 증가하지 않았던가.

## 일본의 구조조정은 어떻게 진행됐나

은행마저 파산할 만큼 일본 기업의 상황은 좋지 않았다. 아무리 경비를 감축해도 수익이 늘지 않았기 때문이다. 이때부터 일본 기업의 기조가 조금씩 변하기 시작했다. 장기적인 계획을 가지고 조금씩 변화하던 기업들이 분기별 수익에 초점을 맞춘 것이다.

장기적인 관점에서 기술과 제품 개발에 투자하는 대신 경쟁사 간 사업통합이나 기업합병을 통해 과잉설비 문제를 해결하려는 구조조정 전략으로 바뀌었다. 2000년대 초반에는 은행, 철강, 석유화학, 전기·전자 등 주요 산업에서 대형 기업 간 통합이 이뤄졌다.

일본 그룹들의 특징 중 하나는 그룹 중심에 은행이 있다는 점이다. 제2차 세계대전에서 패망한 후 미국이 기존 재벌들을 해체했는데 해당 그룹에 있던 은행들을 중심으로 그룹사가 다시 모였기 때문이다. 한마디로, 우리나라에서는 그룹사 중심에 가문이 있다면 일본은 은행이 있다는 것이다. 그런데 2000년대 초반 20개 이상이던 시중은행이 3대 메가뱅크가 주도하는 체제로 재편됐다. 이 과정에서 대형 그

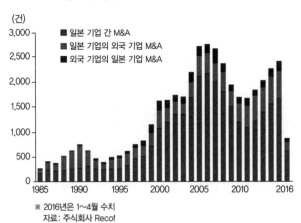

[그림 4] 일본 기업 간 M&A 추이

※ 2016년은 1~4월 수치
자료: 주식회사 Recof

룹들의 유대 관계는 급격히 느슨해졌고, 대기업 간 통합 작업이 활발히 이뤄졌다. 이는 1990년대 후반에서 2000년대 초에 걸쳐 급격히 늘어난 M&A 건수로 증명된다([그림 4] 참조).

최근 우리나라에서도 대기업을 중심으로 계열사를 사고파는 소위 '빅딜'이 일어나고 있다. 특정 가문이 중심인 국내 그룹사의 특성상 매우 이례적으로 평가받고 있다. 이는 일본에서 은행의 역할을 줄이면서 통합이 이뤄졌던 것처럼 우리나라에서도 가문의 영향력이 어느 정도 감소했기에 이런 현상이 나타나는 게 아닌가 평가된다. 특히 재벌 3~4세가 그룹 경영을 맡으면서 아버지나 할아버지 세대가 일군 성과에 집착하지 않고, 그룹사 규모를 줄이며 효율화하는 모습도 보인다. 그 중심은 달라도 우리나라 구조조정 과정이 일본과 비슷하게 진행되고 있음을 알 수 있다.


## 일본과 우리나라의 산업별 구조조정 비교

### ① 조선 산업

우선 최근 가장 문제가 되고 있는 조선 산업부터 살펴보자. 조선업은 전형적인 사이클 산업이다. 이 때문에 사이클이 반복될 때마다 조선업의 최강자 자리가 바뀌곤 했다.

지금까지 조선업은 세 번의 큰 사이클을 경험했다. 첫 번째 사이클은 제2차 세계대전 전후인데, 이 시기에는 영국이 패권을 쥐고 있었다. 이후 1950년대에 이르러서 용접블록공법을 개발한 일본이 서서히 조선시장을 잠식했고, 1973년경 세계 조선시장의 패권을 차지했다. 1차 오일 쇼크로 폭증하던 유조선 수요를 사실상 싹쓸이했다고 할 수 있다. 그러나 그 지위는 오래가지 못했다. 1978년 2차 오일 쇼크가 오자 세계 경기가 하강 곡선을 그리기 시작했다. 이때부터 일본 조선소들은 정부 주도하의 경영합리화 조치로 설비 감축에 돌입했다. 당시의 조선시장 불황은 10년 가까이 이어져 1987년경까지 영향을 줬다. 그때쯤 세계 경기가 회복되면서 선박 수요가 증가했는데, 이미 구조조정을 통해 많은 인력이 빠져나간 일본 조선소들은 결국 우리나라에 패권을 넘겨줘야 했다([그림 5] 참조).

[그림 5] 일본의 조선 산업 합리화 조치와 한국의 부상

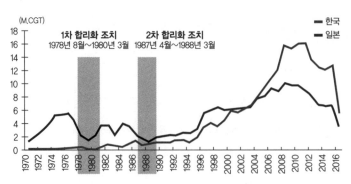

* 건조량 기준
  자료: Clarkson, 교보증권 리서치센터

우리나라 기업에 밀린 일본 조선업체들은 실적이 개선되지 않아 2000년대에 들어서도 계속해서 구조조정을 단행했다. 이 때문에 한때 세계 최강을 자랑하던 일본 조선소들은 중소형으로 규모가 확 줄었다. 결국 조선소끼리 합병이나 전략적 제휴를 적극적으로 추진하면서 생산성 향상 등 수익구조 개선에 나섰지만, 자국 내수 산업 이외에 지금까지 별다른 성과를 내지 못하고 있다.

실제 지난 2002년에 히타치조선과 JFE가 조선 사업을 통합해 유니버설을 설립했다. 이후 IHI, 스미토모중기계가 통합해서 설립된 IHI 마린유나이티드가 유니버설과 2013년에 다시 합병해 저팬마린유나이티드를 탄생시켰다.

이와 함께 일본 조선사들은 경쟁사와의 사업통합과 함께 LNG선(액화천연가스를 수송하는 선박) 등 고부가가치 선박과 선박의 설계 분야를 확대하고, 연비성능을 높이고 에코십(eco-ship)으로서의 경쟁력을 향상시키는 등 차별화 전략을 강화했다. 일본의 중형 조선사는 단가는 낮지만 선주들의 특수한 요구에 철저하게 대응하는 노하우와 기술을 축적하면서 안정적인 수익 기반을 구축하기 위해 벌크캐리어 등 특정 선박 분야에 집중해왔다.

여기까지 보면 현재 우리나라 조선업체들이 보여주는 양상과 굉장히 유사하다는 것을 알 수 있다. 일본 업체들의 구조조정인 소위 '합리화 과정'은 대부분 인력 감축과 시설 감축으로 요약할 수 있다. 과잉설비와 과잉인력이 문제가 됐기 때문에 이를 줄이는 것이다. 하지만 이는 조선업 자체의 경쟁력 약화를 불러왔고 결국 일본 조선업은 아직도 과거의 영광을 재현하지 못하고 있다. 대형 조선소 간의 합병도, 중소형 조선사의 특정 선박 집중 전력도 우리나라와 중국 업체들의 도전을 이겨내지 못하고 사실상 제자리걸음을 하고 있다.

**[표 1] 나라별 조선업 구조조정 주요 내용**

| 구분 | 구조조정 시기 | 구조조정 주요 내용 |
|---|---|---|
| 한국 | 2016년~ | – 개별 기업 주도 후 채권단과 협의<br>– 기업별 자구계획 발표(대부분 설비·인원 감축 및 원가절감에 초점)<br>– 조선업 특별 고용지원업종 선정 등 |
| 중국 | 2013년 말~ | – 정부 주도<br>– 노후선박 교체 시 장려금 지원(~2015)<br>– 해외선주 금융 지원<br>– 신규 생산시설 인허가 금지<br>– 국영 조선소 중심으로 중소형 조선소 인수·통폐합 및 설비 임차 |
| 일본 | 1978~1980년<br>1987~1988년 | – 정부 주도<br>– 설비 및 인원 감축<br>– 신규 사업(항공, 철도, 방산 등) 진출<br>– 과거 보수적 투자를 했기 때문에 현시점의 추가적인<br>　구조조정 없을 것 |

자료: 교보증권 리서치센터

## ② 철강 산업

다음은 선제적 구조조정 이야기가 계속해서 나오고 있는 철강 분야를 살펴보자. 이 산업은 일본 구조조정 역사에서도 과거의 영광을 넘어선 성과를 달성한 분야로 꼽힌다. 조선업과 비슷한 사이클 산업이지만 고부가가치에 철저히 집중하면서 성과를 낸 것이다.

일본 철강 산업은 60년의 역사를 가지고 있다. 1950년 한국전쟁을 통해 급성장했으며 1980년대 버블 붕괴와 함께 쇠퇴기를 맞았다. 이후 품질 향상과 인력 구조조정을 통해 경쟁력 향상에 집중했다. 이 과정에서 경쟁사 간 통폐합이 있었는데, 포스코와 같은 형태의 기존 대형 고로(용광로) 5개사 체제가 3개사 체제로 통합됐다. 3개사는 신닛테츠스미킨과 JFE 등 대형 2개사와 중견 고베제강소다. 이를 통해 수익성 제고 효과를 거두었다.

기업통합 과정에서 인력 감축이 이루어지면서 근로자 1인당 조강 생산량이 1990년부터 2014년 사이에 72%나 증가했다([그림 6] 참조). 그러나 과도한 인원 감축으로 2000년대에 들어서면서부터는 한국과

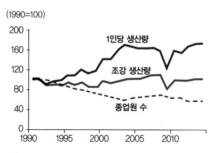

**[그림 6] 일본 철강 산업의 구조조정**

(1990=100)

* 종업원 수는 후생노동성의 5인 이상 사업장 노동자 기준
자료: World Steel Association, Crude steel production, 1980-2014, 일본 후생노동성

중국의 추격을 받게 됐다.

리먼 쇼크 이후의 세계 경제 부진 속에 일본 철강기업들은 에너지 절약, IT 기술 적용 등을 통해 생산성과 품질 향상을 꾀했다. 이와 더불어 고부가가치 특수 철강 부문을 강화했다. 특히 부가가치가 높은 자동차용 철강 분야에서는 고강도에 경량이면서 녹슬지 않는 신소재의 개발에 주력했다. 이런 신소재는 탄소섬유, 알루미늄 등의 기존 소재보다 월등한 경쟁력을 갖췄다. 또한 사물인터넷(IoT) 기술을 활용하여 품질개선과 자동제어 비중 확대 등을 통한 효율화에 주력했다.

그 결과 일본 주요 철강회사의 자기자본이익률(ROE)이 2012~2014년에 크게 개선됐다. 신닛테츠스미킨이 -6%에서 8%로, JFE가 3%에서 8%로, 고베제강소가 -5%에서 10%로 개선되는 놀라운 성과였다.

일본 철강업체들의 구조조정은 사실상 성공적이라고 평가받고 있다. 다행인 건 포스코의 구조조정 과정이 이와 거의 동일하다는 점이다. 지금까지는 포스코의 구조조정도 수치상으로는 일본 업체들의 루트를 그대로 따라가고 있다.

### ③ 석유화학 산업

석유화학 역시 일본이 성공적으로 구조조정을 마친 분야로 평가되고 있다. 범용 화학 제품을 제조하는 대형 종합화학회사들이 장기 불황을 겪으면서 수익이 악화됐는데, 이 점은 우리나라 석유화학기업들도 상황이 정확히 같다.

일본 업체들의 구조조정은 투 트랙으로 진행됐다. 범용 제품은 경쟁사 간 합병을 통해 몸집을 키우고, 다른 한편으로 첨단 소재 개발을 통해 전문성을 키우는 것이다. 미쓰이와 미쓰비시 등의 종합화학기업들이 잇달아 석유화학 부문을 통합함으로써 설비 난립으로 인한 과잉공급 문제를 해결했다. 이 두 회사의 합병을 통해 만들어진 미쓰비시케미컬HD는 탄생 이후 매출액이 1조 3,500억 엔이나 증가했다. 이를 통해 범용 제품의 R&D를 더욱 확대해 품질 측면에서도 어느 정도 진입장벽을 만드는 데 성공했다.

다른 한편으로는 도레이처럼 고부가가치 제품에 집중하는 방식도 취했다. 도레이는 섬유에서 출발하여 탄소섬유 등 고부가가치 소재 분야로 다각화하는 데 성공한 대표적 기업으로 평가받고 있다. 특히 고객(기업고객)과의 협업을 통해 성과를 거뒀는데, 유니클로의 히트텍이 대표적인 상품이다. 유니클로에 히트텍 전용 실을 공급하는 조건으로 두 회사가 공동으로 R&D를 진행했고, 그 결과 수익성 악화에 시달리던 도레이는 회생의 발판을 마련했다.

우리나라 석유화학기업들도 이와 비슷한 방법으로 구조조정을 진행하고 있다. 삼성과 한화의 '빅딜'을 시작으로 경쟁사 간 통폐합 작업이 시작됐고, 각사는 주력하고 있는 고부가가치 제품의 시장 확대와 품질개선에 집중하고 있다. 하지만 이미 일본 업체들이 장악한 시장을 빠르게 뒤따라가고만 있는 상황이라 우리 기업들이 펼치고 있는 구조조정이 어떤 성과를 낼지는 미지수다. 지금까지 성적표만 놓고 보면 2016년 최대 실적을 거두는 등 성과를 내고 있는데, 이는 합병 등을 통한 일시적인 매출과 영업익 증대로도 볼 수 있기 때문에 안심하긴 이르다.

### ④ 반도체 산업

마지막으로 살펴볼 산업군은 바로 우리나라가 선도하고 있는 반도체 부분이다. 기술력은 있지만 가격 경쟁력 등에서 밀리면서 일본이 우리나라에 패권을 내준 분야다. 삼성전자와 SK하이닉스를 필두로 한국이 반도체 부분 세계 최강 자리를 유지하고 있는데, 최근에는 중국의 거센 도전을 받고 있다. 일본의 반도체 산업은 우리나라에 반도체 패권을 넘기면서 쇠퇴의 길을 겪으면서 고강도 구조조정에 돌입했다. 우리나라 역시 중국과 일전을 피할 수 없을 것으로 보이기 때문에 일본의 사례를 잘 분석할 필요가 있다.

일본 메모리 반도체 산업은 한국, 대만 기업과의 경쟁에서 밀리면서 주요 기업끼리 통합됐다. 그 과정에서 정책적인 지원도 받았지만 성공하지 못하고 외국 기업에 매각되는 실패를 겪었다.

1980년대 말에는 일본 기업이 세계 DRAM 반도체시장의 80% 이상을 차지했고, 1990년대 초까지만 해도 세계 시장을 석권했다. 이후 1999년에 히타치와 NEC의 메모리 반도체 부문이 통합돼 NEC히타치메모리가 설립됐는데 세계 최강의 반도체회사가 탄생했다는 평가를 받았다. 하지만 통합법인의 세계 시장 점유율은 발족 당시의 17%

수준에서 2002년에는 4% 정도까지 급락했다. 첨단 기술력을 자랑했지만 두 회사 간 기술 규격이 달라 시너지가 발생하지 않았고, 오히려 의사결정 과정에서 혼선만 빚어진 탓이다.

NEC히타치메모리는 2000년에 회사명을 엘피다메모리로 바꾸고 2002년에는 텍사스인스트루먼트(TI) 출신의 전문경영자인 사카모토 유키오 사장을 발탁해 개혁을 시도했다. 그렇지만 2008년 금융위기를 기점으로 경영을 정상화하지 못하고 2012년에 결국 미국의 마이크론테크놀로지에 매각되고 말았다.

결국 경쟁사 간 재무적인 측면만 보고 사업을 통합했을 때 어떤 결과를 얻게 되는지를 보여주는 가장 대표적인 실패 사례로 남게 됐다. 산업의 기술 트렌드 변화나 기술적인 시너지에 대한 고려가 부족했기 때문에 아무리 추진력이 있는 전문경영인을 발탁해도 구조조정이 성과를 내지 못한 것이다. 구조조정을 진행 중인 우리 정부와 기업이 반드시 염두에 둬야 할 부분이다.


일본은 고성장 시대를 겪으면서 발생한 부작용으로 지금까지도 가혹한 구조조정 시기를 겪고 있다. 빠른 성장을 위해 과도하게 투입한 인력과 설비가 불황을 맞으면서 독으로 작용했기 때문이다. 그 과정에서 어떤 분야는 재무적인 판단으로 인한 구조조정이 한때 세계적으로 1위를 차지하던 산업 분야를 완전히 사장시킬 수도 있음을 보여주었다. 우리나라도 이미 한진해운을 청산하면서 해운업에 막대한 손

실을 일으키지 않았는가. 과거 일본이 단행했거나 진행 중인 구조조
정 과정을 통해 우리 산업이 어떤 구조조정 과정을 거쳐야 하며 어떤
결과를 가져올지를 예측하고 대비해야 할 것이다.

# 02

## 대한민국 구조조정 2편:
## 누구를 죽이고
## 누구를 살릴 것인가

### 한진해운은 최순실 때문에 죽었나?

"다른 대기업처럼 조공을 하지 않았다는 이유로 평창 위원장도 잘리고, 국내 유일 해운회사가 침몰했네요. 팔선녀인 현정은 회장이 있는 현대상선은 살아나고. 모든 것이 퍼즐처럼 맞춰지네요." 한 인터넷 게시판의 글이다.

조양호 한진그룹 회장이 평창동계올림픽 조직위원장에서 물러난 이유가 최순실 때문이라는 의혹이 제기됐다. 조양호 회장이 최순실 씨가 원하는 업체와의 계약을 반대했기 때문이라는 보도가 이어졌다. 사람들의 관심은 파산한 한진해운으로 향했다. 한진해운이 퇴출당한 것도 최순실 씨에게 밉보였기 때문인가?

이상하게 생각할 법도 하다. 최순실을 둘러싸고 벌어진 일 중에 이상하지 않은 일은 별로 없다. 한진해운의 퇴출 과정은 상식으로는 이해하기 힘들었다. 국내 1위 해운사를 죽이고 2위인 현대상선은 살린 셈이니 말이다. 신규 자금을 지원할 수 없기 때문이라고 하는데, 현대상선에는 1조 원 가까운 돈을 지원했다. 반년 전 대우조선에도 무려 4조 2,000억 원을 지원했다. 도대체 무슨 기준으로 기업을 살리고 죽이는 것일까?

## 살아날 기업은 살리는 것이 이익이다

구조조정 제도는 기본적으로 빚을 조정하는 과정이다. 개인이 빚을 갚을 수 없을 때는 신용회복위원회나 법원에 개인회생을 신청한다. 빚을 갚을 수 없는 사람에게 갚으라고 독촉하는 것은 의미가 없다. 한 달에 100만 원 버는 사람에게 200만 원씩 갚으라고 하면 절대 받아낼 수 없을 것이다. 100만 원 벌어봐야 채권자에게 몽땅 뺏길 상황이라면 그 100만 원도 벌려고 하지 않을 테니까. 채권자 입장에서는 200만 원 다 받으려다가 한 푼도 못 받으니 차라리 50만 원씩이라도 갚게 하는 편이 낫다. 기업의 경우도 이와 같다. 다 받으려고 하면 한 푼도 못 받을 수 있다. 사람은 어찌 됐든 목숨은 이어가겠지만 기업은 파산해버리면 사라진다.

지금 당장 빚을 갚을 돈은 없지만 앞으로 돈을 잘 벌 수 있는 경쟁력 있는 기업은 살려서 장기간 상환을 받는 것이 이익이다. '흑자부도'라는 말이 있다. 돈을 잘 버는 기업일지라도 자금 상환 스케줄이 꼬여 일시적으로 부도상태가 될 수 있다. 내일 1,000만 원이 들어오는데 오늘 100만 원 빚에 대응하지 못해 부도가 나는 경우다. 흑자부도 기업은 채권 만기를 연장해 살려두는 편이 낫다. 문제는 살아날 기업을 평가하기가 어렵다는 점이다. 또 나는 만기를 연장해줬는데 다른 채권자가 회수를 고집하는 바람에 기업이 부도가 날 수도 있다.

## 채권자로부터 기업을 보호하는 구조조정 제도

채무 재조정을 할 때 중요한 변수는 빚의 구성이다. 채권자가 여러 명일 때 다 같이 상환을 중지하면 기업은 살 수 있다. 그런데 일부는 유예를 했지만 그중 누군가가 상환을 고수해서 부도가 나면 유예했던 채권자들은 손해를 본다. 신규 자금을 지원하는 경우 상황이 더 복잡해진다. 신규 자금을 지원하는 목적은 기업이 생산을 해서 돈을 벌고 그 돈으로 빚을 갚으라는 것이다. 그런데 신규 자금을 지원했더니 그 돈이 회사의 운영에 쓰이지 않고 다른 채권자 손으로 홀랑 넘어가 버리면 기업도 결국 부도가 나고 신규 자금을 지원한 사람도 피해를 본다. 채권자 전체가 상환을 멈추고 기업을 지원해야만 다 같이 살 수 있다.

이는 너무나 상식적인 판단이지만 현실은 복잡하다. 예를 들어 구조조정 기업에 재료를 납품하는 협력업체는 외상값이나 상거래채권을 가진 채권자다. 그 기업이 외상값을 받지 못해 도산을 할 수도 있다. 외상값을 받지 못하는 것만으로도 망할 판이니, 신규로 자금을 지원할 여력이 있을 턱이 없다. 여력이 있더라도 불안한 기업에 신규 자금을 지원하기는 싫을 것이다.

또 다른 예로, 채권자가 많으면 합의가 쉽지 않다. 법정관리 제도는 통합도산법에 근거해 모든 채권자의 재산권을 제한하여 기업을 보호하기 위해 만들어졌다. 은행은 영세한 하청업체와는 사정이 다르다. 그 돈을 못 받는다고 당장 망하는 것도 아니고 추가로 대출을 해줄 여력도 있다. 게다가 보통 기업이 가지고 있는 채권 대부분은 은행의 대출채권이기 때문에 은행 대출만 탕감해줘도 살아날 수 있는 기업이 많다.

1998년 외환위기를 겪으면서 수많은 기업이 어려움에 처하자 기업 구조조정의 효율성을 높이기 위해 '기업 구조조정 촉진법(기촉법)'이 만들어졌다. 은행 대출만 제한하는 구조조정, 즉 워크아웃(workout)이다. 워크아웃이란 부도로 쓰러질 위기에 처해 있는 기업 중에서 회생시킬 가치가 있는 기업을 살려내는 작업을 말한다. 이때는 일반 상거래채권은 정상적으로 상환이 되기 때문에 협력업체나 하청업체의 연쇄적인 도산을 막을 수 있다. 은행은 자금 여력이 있으니 신규 자금을 지원할 수 있다. 워크아웃은 효율적인 구조조정 방식이긴 하지만 은행만 부담을 지게 되는 부당한 법이기 때문에 한시법으로 만들어졌다. 하지만 현실적인 이유로 매번 재개정을 통해 연장됐고 현재는 2018년까지 유효한 형태로 남아 있다.

## 누구를 살리고 누구를 죽일 것인가

IMF 외환위기가 닥치자 수많은 국내 대기업의 자금줄이 막혔다. 본질적으로 경쟁력이 없는 기업도 있지만, 단기적으로 자금 사정이 어려워진 기업도 있었다. 많은 기업이 파산을 했지만 경쟁력이 있는 기업은 구조조정 절차를 거쳐 다른 기업에 인수됐다. 한보철강과 기아자동차는 현대차에 인수돼 지금의 현대제철, 기아차가 됐다. 대우인터내셔널은 포스코에 인수돼 포스코대우가 됐다. 2003년 신용카드 사태로 위기에 처한 LG카드는 은행들의 전방위적인 지원으로 살아남아 지금 업계 1위 신한카드가 됐다.

반대로 기본적인 경쟁력을 상실한 기업에 대한 지원은 밑 빠진 독에 물 붓기다. 고 성완종 회장의 경남기업은 워크아웃을 무려 세 번이나 진행했다. 경남기업이 자금난에 빠지자 은행에 추가 여신을 요청했고, 은행은 300억 원 가까운 돈을 지원했다. 경남기업이 워크아웃 대상이 되어 은행에 들락날락하며 지원을 받을 수 있었던 데에는 '권력'이라는 뒷배경이 있었기 때문이다. 당시 국회의원, 그중에서도 금융을 담당하는 정무위원이었던 성 회장은 금융당국과 금융권에 압력을 행사했다. 이처럼 권력에 의해 잘못된 판단이 내려지면 기업도 죽고 채권자들도 피해를 본다.

대책 없이 지원했지만 성공한 경우도 있다. 하이닉스는 글로벌 반도체업체들과 몇 차례 치킨게임을 벌였다. 반도체 가격이 계속 내려가서 팔면 팔수록 손해를 보는 상황이었다. 2008년 3분기 하이닉스의 영업이익률은 -28%였다. 100만 원어치 팔면 28만 원 손해를 보는 상황이다. 가격이 내려가면 생산량을 줄여야 한다. 그런데 반도체는 생산 공정의 특성상 공장을 멈출 수가 없다. 전 세계 모든 반도체업체가 손해를 보면서도 계속 생산을 하니 가격은 더 내려갔다. 누군가 망해야만 끝나는 게임이었다. 결국 2008년 세계 5위 반도체업체였던 독일의 키몬다가 파산했고 2012년에는 3위인 일본의 엘피다도 파산했다. 반도체 생산량이 줄어들자 가격이 올랐다. 살아남은 하이닉스는 엄청난 돈을 벌었다. 하이닉스가 버틸 수 있도록 정부와 채권단이 자금줄이 되어준 결과다. 국가 기간산업인 반도체를 포기할 수 없었던 정부와 채권단은 하이닉스가 손실을 볼 때마다 돈을 투입해 도산을 막았다. 하이닉스가 치킨게임의 승자가 되면서 채권단도 막대한 돈을 벌었다.

결국 망할 줄 알면서도 지원을 하게 되는 경우도 있다. 대우조선에 대해 산업은행과 수출입은행은 4조 2,000억 원을 투입했다. 자금을 지원하면 살릴 수 있다고 큰소리를 쳤지만 솔직히 장담할 수 없다는 것을 알 만한 사람은 다 안다. 확신도 없으면서 대우조선을 지원한 이유는 조선업의 특성상 당장 문을 닫으면 더 큰 손실을 보기 때문이다. 조선은 수주 산업이다. 한 번 주문을 받으면 2~3년 동안 배를 만든다. 배를 만들다가 조선사가 망하면 건조가 진행 중인 선박은 모두 고철이 된다. 이 배를 만들기 위해 투입한 재료비, 인건비가 모두 날아가는 것이다. 조선사가 망하면 은행도 피해를 본다. 배를 주문한 선주들은 배를 만드는 데 필요한 자금 일부를 미리 준다. 이를 선수금이라고 한다. 조선사가 망하면 배를 받지 못함은 물론 선수금도 떼일 수 있다. 이런 상황을 대비해 선주들은 금융사의 보증을 요구한다. 이를 선수금환급보증(RG: refund guarantee)이라고 한다. 조선사가 문을 닫으면 은행이 선주에게 선수금을 지급해야 한다. 대우조선의 경우 건조 중인 선박에 투입된 원가가 약 9조 원이고 은행이 보증한 선수금이 약 3조 원이다. 당시 문을 닫았다면 9조 원은 고철이 되고 은행은 선주에게 3조 원을 물어줘야 했다. 자금 지원 후 1년 동안 대우조선이 무사히 만들어 인도하고 받은 선박 대금이 약 20조 원이다. 4조 원을 투입해 1년 만에 20조 원을 받을 수 있다면 지원을 할 수밖에 없다.

가장 모호한 경우는 국가 경제적인 차원에서 판단을 하는 경우다.

대우조선은 20조 원의 건조대금을 받았지만 계속해서 자금난에 시달리고 있다. 예를 들어 20조 원을 벌고 21조 원을 쓰면 자금난을 겪게 된다. 20조 원은 해외 선주들로부터 받을 돈이고 21조 원은 선박을 짓는 과정에서 국내 노동자와 협력업체, 은행에 줘야 하는 돈이다. 대우조선이 망하면 4만여 명이 일자리를 잃고, 1,000여 개 협력업체가 타격을 입는다. 은행도 그동안 빌려줬던 19조 원을 날리게 된다. 거제 지역에서 한순간에 4만여 명이 일자리를 잃으면 그 지역 경제는 초토화되고 정치인들은 살벌한 정치적 책임을 추궁당하게 될 것이다. 재무적 관점에서 보면 20조 원을 벌고 21조 원을 쓰는 회사는 퇴출돼야 한다. 하지만 그렇게 하면 20조 원의 경제적 효과가 사라진다. 정부는 차라리 1조 원을 지원해 21조 원의 경제 효과를 내는 것이 국가 경제에 유리하다고 판단할 수 있다. 대우조선을 당장 죽이지 못하는 이유다.

대우조선과 한진해운의 운명을 가른 결정적인 이유가 무엇인지를 이제 이해했으리라 본다. 대우조선은 부실 덩어리가 되긴 했지만 그래도 세계 수주 잔고 1위 조선사다. 주문받은 선박을 만들기만 해도 앞으로 40조 원 이상의 외화가 국내로 유입된다. 그 돈은 1,000여 개 협력업체의 매출이 되고 4만여 명 임직원의 월급이 된다. 한진해운이 퇴출되면 화주들은 다른 해운사를 이용한다. 임직원도 1,000여 명으로 대우조선에 비해 훨씬 적다. 은행 대출도 별로 없어서 금융권에 미치는 영향도 적다. 한진해운이 그동안 갈고닦은 해운 인프라가 아깝기는 하지만 대우조선에 비하면 퇴출을 결정하기가 상대적으로 쉬운 상황이었다.


## 무기력한 법정관리, 힘을 잃은 워크아웃

통합도산법(법정관리)이라는 보다 원칙이 되는 법이 있는데 은행의 재산권을 침해하는 기촉법(워크아웃)을 더 많이 이용하는 이유는 신규 자금 때문이다. 법정관리에 돌입한 기업에 돈을 빌려줄 주체는 아무도 없다. 아무리 은행이라 하더라도 망해가는 기업에 신규 자금을 지원하고 싶어 하진 않는다. 이때 경제 관료들은 유무형의 압력을 넣어 은행으로 하여금 신규 자금을 대출해주도록 한다.

우리나라가 고도 성장기에 있을 때 이 같은 구조조정 방식은 매우 효과적이었다. 기업 채권 대부분을 은행이 가지고 있었고, 대부분 기업은 일시적인 자금 상황만 해결해주면 더 성장할 수 있었다. 법정관리는 은행뿐 아니라 모든 채권자의 권리를 조정할 수 있는 강력한 권한을 행사할 수 있지만 부실기업에 신규 자금을 지원하게 할 힘은 없다. 그래서 일반적으로 '기업이 법정관리를 신청한다'고 하면 '기업이 망했다'는 의미로 인식된다. 신규 자금 지원 없이 회생할 수 있는 기업은 많지 않기 때문이다. '법정관리 = 파산'으로 인식되는 이유다.

그런데 기촉법에 근거한 워크아웃도 점차 유명무실해지고 있다. 워크아웃은 기본적으로 은행 대출만 가지고 구조조정을 하는 제도다. 금융시장이 선진화되면서 기업들은 은행 대출 외에도 회사채, 기업어음 등을 통해 많은 자금을 조달한다. 동양그룹의 경우 은행대출보다 계열사인 동양증권을 통해 기업어음을 발행해 자금을 조달했다. 기업어음 규모만 4조 원에 달했고 투자자도 4만 6,000여 명이나 됐다. 은행이 자금을 지원해봐야 그 돈은 기업을 살리는 데 쓰이지 않고 고스란히 기업어음 투자자에게 흘러가는 상황이었다. 결국 동양그룹은 워크아웃을 거치지 않고 법정관리로 갔다.

한진해운 역시 마찬가지다. 한진해운의 발목을 잡은 것은 용선료였다. 용선료는 선박을 빌린 대금, 곧 상거래채권이다. 한진해운이 앞으로 갚아야 할 용선료는 5조 5,000억 원에 달했다. 은행이 빚을 모두 탕감해줘도 회생이 불가능하다. 정부와 채권단은 신규 자금을 지원하지 않겠다고 선을 그었다. 한진해운은 부족한 자금을 스스로 해결하지 못했고 결국 법정관리를 거쳐 파산했다. 신규 자금을 지원할 수 없는 법정관리, 은행 대출 외에는 해결할 수 없는 워크아웃이 그 한계를 드러내고 있다.

## 구조조정을 지연시키는 오너 경영

구조조정의 핵심은 적시성이다. 기업이 스스로 판단해 수익성이 낮은 비대한 사업부를 제때 정리해야 한다. 만약 과도한 채무 때문에 도저히 돈을 갚을 수 없다면 신속하게 워크아웃이나 법정관리를 신청해 채권자로부터 기업을 보호해야 한다. 있는 돈 다 쓰고 빈털터리가 돼서 구조조정 절차에 들어가면 회생할 수 없다.

그런데 대부분 기업은 망하기 직전까지 구조조정 절차를 신청하지 않는다. 구조조정이 늦어지는 가장 큰 이유는 구조조정 제도를 '오너'가 원치 않기 때문이다. 구조조정 절차에 들어가면 채권단이나 법원이 기업의 장부를 들여다본다. 이 과정에서 불법 행위가 적발되면 처벌을 받는다. 또 부실에 대한 책임을 물어 대주주의 지분을 소각하거나 사재 출연을 요구받기도 한다. 기업의 생존을 위해서는 구조조정 제도를 이용해야 하지만, 오너 입장에서는 어차피 기업을 뺏길 것이라면 그 시점을 최대한 늦추려 한다. 기업의 최고 의사결정기구인 이사회는 경영진이나 대주주가 원치 않더라도 적시에 구조조정 절차를 진행해야 한다. 하지만 대부분 기업의 이사회는 대주주의 영향력 하에 있다. 감히 오너에게 법정관리가 필요하다고 보고하는 경영진, 이사회는 거의 없다.

오너의 제왕적 경영구조는 시장 중심의 구조조정을 저해하는 측면도 있다. 대주주가 여력이 없어 기업을 회생시키지 못하면 다른 주인을 찾아줘야 한다. 자금력이 있는 새로운 대주주는 신규 자금을 투입해 기업을 회생시킬 수 있다. 그런데 구조조정이 지연돼 껍데기만 남아 있다면 누구도 그 기업을 사려 하지 않을 것이다. 이미 회생 가능성이 없기 때문이다. 구조조정은 고통스러운 일이다. 기업이 망하면 대주주든 소액주주든, 경영자든 직원이든, 회사채 투자자든 은행이든 큰 피해를 본다. 기업을 살려 피해를 최소화려면 이해관계자들이 고통을 분담하며 신속하게 구조조정을 해야 한다. 저성장 국면에 접어들면서 점점 더 많은 기업의 경쟁력이 약해지고 있다. 구조조정을 해야 할 기업은 점차 늘어나는데 구조조정을 대하는 대한민국의 인식은 여전히 과거에 머물러 있다.

# 03
## 위기에 처한 주력 산업:
# 한국수출의
# 문제점과 해결책은?

최근 경제 뉴스에 빠지지 않고 등장하는 말이 있다. 바로 "수출로 먹고사는 우리나라의 수출이 위기에 처했다"는 것이다. 2016년 12월까지 56개월 흑자를 기록했고, 2017년에도 흑자행진을 이어가고 있는 수출 성적표와는 어울리지 않는 말이라고 생각할 수 있다.

하지만 그 내용을 자세히 살펴보면 '위기에 처했다'는 표현으로도 위기감을 나타내기에는 다소 수위가 낮다고 할 정도다. 기저 효과, 즉 비교 대상 시점과 현 상황의 차이가 커서 결과가 왜곡되어 나타난 것일 뿐 사실상 수출은 계속해서 감소하고 있다. 불황으로 수출이 줄었지만 수입이 더 많이 줄어드는 바람에 무역수지 흑자가 커진 소위 불황형 흑자가 지속되고 있는 상황이다. 다시 말해 수출이 잘돼서 성적표가 잘 나온 것이 아니라 쓸 돈이 없어서 수입이 더 줄어들었다는 얘기다.

## 수출 주력 산업의 정체 또는 후퇴

여기에 우리나라 주력 산업인 반도체, 자동차, 스마트폰, 선박, 철강 등 13개 주력 산업은 성장이 정체하거나 후퇴하고 있다. 그렇다고 새

[그림 1] 우리나라 주력 산업의 수출 추이

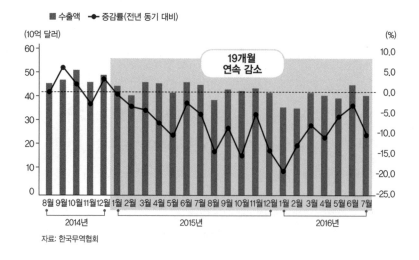

자료: 한국무역협회

로운 먹거리 사업이 세계 시장에서 두각을 나타내는 것도 아니다. 이 때문에 2016년에는 우리나라 수출 역사상 최장 기간인 19개월 연속 수출 감소를 기록하기도 했다([그림 1] 참조).

불황형 흑자를 제외하면 우리나라 수출에는 큰 문제가 없을까? 결론부터 말하자면 '그렇지 않다'는 것이다. 문제점은 크게 세 가지로 꼽을 수 있다.


## 특정 품목 쏠림 현상

첫 번째 문제는 주요 수출이 특정 품목에만 지나치게 쏠려 있다는 점이다. 이 때문에 국내 몇몇 대기업에 문제가 발생하면 수출에 비상이 걸린다. 2016년 10월 한국은행이 발표한 수출입 관련 내용을 유심히 살펴보면 특정 품목에 쏠린 수출 때문에 우리 경제가 대기업에 얼마나 휘둘리는지 알 수 있다.

현대자동차 노조의 파업이 장기화되면 우리나라 수출은 그 즉시 악화된다. 2016년 현대차 노조는 5개월간 27차례 파업을 진행했다. 파업은 2016년 10월에 종료됐다. 비슷한 시기 삼성전자의 갤럭시 노트7의 발화 사건이 있었다. 삼성전자가 야심 차게 선보였지만 배터리 결함에 따른 발화가 잇따르면서 한 달 만에 판매가 중단됐다.

공교롭게도, 2016년 9월 우리나라 대표 기업인 삼성전자와 현대차에서 동시에 악재가 터졌고, 이에 따라 수출이 6% 가까이 줄었다. 당시 반도체와 컴퓨터, 평판디스플레이, 가전, 화장품 등 다른 수출 품목들은 모두 사상 최대치를 기록했다. 그렇지만 수출 비중이 큰 스마트폰과 자동차에서 악재가 터지자 우리나라 수출은 오히려 크게 감소했다.

우리나라의 주력 수출 품목은 반도체, 컴퓨터, 석유 제품, 평판디스플레이, 석유화학, 일반기계, 철강, 섬유, 무선통신기기, 자동차 부품, 자동차, 선박, 가전 등 모두 13개다. 이들 13개 품목이 수출에서 차지하는 비중이 무려 80%에 육박한다([그림 2] 참조). 정확히 파악하기는 힘들지만, 2015년에 우리나라가 미국과 교역한 수출 품목 수는 6,081개다. 13개 품목의 세부 품목 수가 100여 개임을 고려하면 2% 남짓

**[그림 2] 주요 13대 수출 품목 비중**

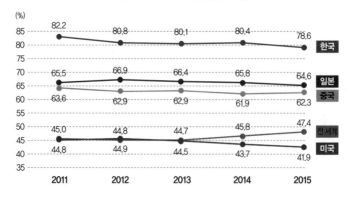

자료: 국제무역연구원

한 주력 제품의 비중이 너무 크다.

미국과 중국, 일본 등과 비교해도 주력 제품들에 대한 쏠림 현상이 유독 크다는 걸 알 수 있다. 수출액을 기준으로 봤을 때 13개 수출 주력 품목의 비중은 미국 41.9%, 중국 62.3%, 일본 64.6%다. 전 세계 국가들의 이들 품목 비중은 평균 47.4%에 불과하다.


## 늙어버린 주력 산업

두 번째는 우리나라의 주력 수출 제품들의 나이가 너무 많다는 것이다. 전 세계 산업은 급변하고 있다. 기존 산업에서 신흥국이 무섭게 추격하고 있기에 선진국은 새로운 먹거리 산업에 집중해 기존 산업의 비중을 줄이면서 산업구조를 변화시키고 있다. 소위 '국가 산업의 패러다임'을 바꾸고 있다는 것이다. 하지만 우리나라는 기존 산업의 경쟁력을 강화하는 데에만 힘을 쏟고 있다.

이는 우리나라 주력 산업의 나이를 살펴보면 잘 알 수 있다. 우리나라의 대표 수출 품목인 휘발유와 경유 등 석유 제품과 반도체, 자동차, 조선, 철강 등 5대 품목의 주력 산업 편입 기간이 평균 36년이다. 즉, 지난 36년 동안 이 산업들이 우리 경제를 이끌어왔다는 뜻이다.

문제는 이들 산업이 대부분 중국의 거센 추격을 받으며 국제 시장에서 입지가 좁아지고 있다는 것이다. 디스플레이(액정화면)와 석유화학, 섬유, 철강은 2011년경 중국에 1위 자리를 내줬다. 글로벌 1위 자리가 아니더라도 중국이 한국을 추월하는 품목 수는 2008년 4개에서 2010년 7개, 2011년 12개로 해마다 증가하고 있으며 최근에는 TV마저 중국 업체에 추월당했다. 새로운 주력 산업을 발굴하지 못한다면 우리 주력 산업 전체가 중국 등 신흥국에 추월당할 가능성도 있다.

## 특정 국가 집중 현상

마지막으로는 특정 국가에 수출이 집중되어 있다는 것이다. 2000년대 초반까지는 미국에 집중되어 있던 수출이 최근엔 중국으로 집중되고 있다. 중국이 우리나라 전체 수출에서 차지하는 비중은 2016년 기준 20%에 육박한다. 현재 중국이 우리나라 최대 수출 시장이다.

국민총생산에 대한 수출액의 비율인 수출 의존도를 살펴보면 중국의 비중은 더욱 높아진다. 대중 수출 의존도가 32%로, 이는 미국과 일본, 독일 등 주요 나라의 2배 수준이다([그림 3] 참조). 바꾸어 말해 중국에 대한 수출 의존도가 커서 중국과 무역 분쟁이 발생하면 우리 경제가 '직격탄'을 맞을 수 있다는 것이다. 사드 배치 등으로 인한 중국과의 통상마찰이 심상치 않은 이유다.

이런 이유들 때문인지 수출이 우리 경제에 기여하는 비중은 계속해서 줄고 있다. 금융위기 이후 우리 경제 최대 호황기였던 2011년에

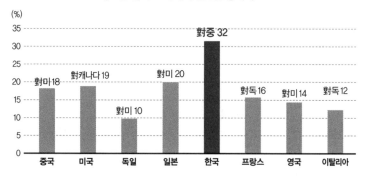

[그림 3] 주요국의 수출 1위 상대국

對馬 18　對캐나다 19　對미 10　對미 20　對중 32　對독 16　對미 14　對독 12

중국　미국　독일　일본　한국　프랑스　영국　이탈리아

* 중국은 홍콩 포함, 2015년 기준
자료: KITA

는 수출의 경제기여율이 202.7%를 기록했다. 이때만 하더라도 중국의 기술 수준이 낮아 자동차와 정유, 석유화학 산업을 중심으로 수출이 급증했다. 하지만 이후 급감해 2015년 기준 수출의 경제기여율은 15.4%에 그쳤다. 사실상 불황이 시작되면서 우리나라도 이제 더는 수출로 먹고사는 나라가 아니게 됐다.

## 위기에 처한 산업을 되살릴 두 가지 방법

우리나라는 인구 규모상 내수만으로 경제 규모를 이끌어가기 힘들다. 이 때문에 지속적인 성장을 위해서라도 수출 산업을 육성해야만 한다. 그렇다면 주력 산업들이 위기에 처한 우리나라는 어디에 공을

들이고 있을까? 크게 두 가지로 나누어 살펴볼 필요가 있다.

### ① 수출 활로 개척

우선 중국과 미국에 집중된 수출 지역을 다변화하는 데 집중해야한다([그림 4] 참조). 우리나라 수출은 중국과 미국에 절반 가까이 집중되어 있다. 이를 다변화하기 위해 최근 떠오르는 시장이 베트남과 인도다. 기업들도 이 두 지역에 수출을 늘리기 위해 현지 공장을 건설하고 수출 품목을 다변화하고 있지만 현지 사정상 아직까지 증가폭은 크지 않다. 특히 일본과 미국, 유럽 등 주요 선진국에 비해 진출이 늦은 탓에 현지화에도 어려움을 겪고 있다.

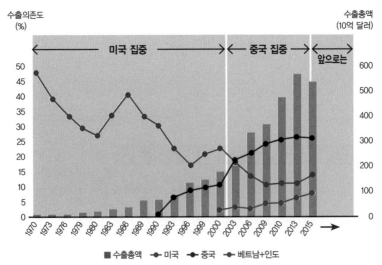

[그림 4] 우리나라의 수출국 집중도 변화

삼성, 현대차, LG, SK 등 대기업을 필두로 중소·중견기업들은 베트남에 1,300여 개, 인도에는 300여 개가량 진출해 현지 투자를 늘리고 있다. 인도에는 특히 인프라 관련 시설을 수주하는 중공업 기업의 진출이 늘어나고 있다.

두 나라가 해외 투자를 유치하는 경제 정책을 추진하고 있어서 진출하는 기업에 유리한 환경이다. 기업을 설립할 때 현지 기업과 합작사를 만들어야 하는 중국과는 달리 단독 법인을 만들 수 있으며, 법인세와 저렴한 공장부지 가격 등 각종 혜택을 제공받는다.

중국의 절반 수준인 인건비 역시 장점으로 꼽히며 인구의 중위 연령이 20대 초반(베트남 26세, 인도 19세)이어서 중국(35세)보다 10년 정도 젊기에 소비성향도 높다. 이 때문에 국내 기업뿐만 아니라 전 세계 기업의 투자가 몰리고 있다. 특히 베트남은 2000년대 초반 중국의 급성장 때와 비슷한 추이를 보이고 있다. 이런 점을 고려하면 당시 중국 투자로 어떻게 수익을 거뒀는지를 잘 상기해볼 필요가 있다.

## ② 새로운 주력 제품 마련

두 번째는 기존 산업에서 탈피해 새로운 먹거리 산업을 육성하는 것이다. 즉 산업 패러다임을 바꿔야 한다는 의미다.

최근 4차 산업혁명과 관련된 산업 육성이 필요하단 이야기가 자주 언급되고 있다. 4차 산업혁명을 한마디로 정리하긴 힘들지만, 산업 측면에서는 '효율의 극대화'로 볼 수 있다(이에 대해서는 4장에서 자세히 다룰 예정이다).

그렇다면 세부적으로는 어떤 산업들이 주목받을까?

우선 과거를 좀 살펴보자. 지난 2008년 삼성전자는 현재 스마트폰의 전신인 옴니아를 출시했다. 당시 옴니아는 '옴레기(옴니아+쓰레기)'로 불렸지만 오늘날 삼성전자 무선사업부의 기틀을 만들어준 제품으로 평가받고 있다. 이같이 당장 기대는 크지 않지만 미래 우리 생활에 큰 영향을 줄 만한 산업을 잘 선택하다면 기업의 미래는 물론 그 기업에 투자한 투자자들의 수익에도 큰 영향을 줄 수 있다.

## 초연결사회에 수익률을 높일 수 있는 투자 포인트

지금까지의 상황만 놓고 유추해보면 우리 기업들이 미래를 준비하는 모습에는 크게 세 가지 특징이 있다. 첫 번째는 그 기업이 가장 잘하는 제품을 발전시키는 것이다. 두 번째는 전도유망한 사업을 인수해 기존 사업과 시너지를 일으키는 것이다. 세 번째는 자발적인 M&A를 통해 기존 사업을 강화하는 것이다.

세 번째 특징을 제외하면 대부분 기업은 4차 산업혁명의 핵심인 '초연결사회(hyper-connected society)'에 집중돼 있다.

초연결사회는 세계경제포럼(다보스포럼)의 의장 겸 4차 산업혁명 이론의 창시자인 클라우드 슈밥이 예측 불가능한 미래를 헤쳐나갈 힘으로 제시한 개념이다. 사람·사물·공간 등 모든 것이 인터넷으로 서로 연결되어 정보가 생성·수집되고 공유·활용되는 사회를 의미한다.

특히 인건비 문제로 심각한 위기를 맞고 있는 제조업에서는 스마트 공장의 보편화가 해결책으로 급부상하면서 GE, 인텔, 지멘스 등 세계적 기업을 중심으로 급속히 확산되고 있다. 우리나라 역시 스마트공장 건설을 위해 대대적인 투자를 하고 있다. 국내 기업 가운데 이 산업 분야에 투자를 많이 하는 곳으로는 LS와 효성 등이 있다. 물론 SK 텔레콤이나 KT, LG유플러스 같은 통신업체들은 두말할 필요도 없다.

스마트공장의 장점은 소비자가 제품 제작에 참여하는 등 피드백을 통해 제품의 완성도를 높이는 메이커운동(Maker Movement)을 벌일 수 있다는 점이 있다. 지금까지 기업의 대량 생산 제품을 선택해야만 했던 소비자들이 자신이 원하는 제품을 스스로 제시할 수 있게 된 것이다. 이 때문에 소비자들의 요구에 능동적으로 대응하는 기업이 있다면 조만간 다가올 미래 사회에서 두각을 나타낼 가능성이 무척 클 것이다.

이와 비슷하게 주목받고 있는 분야가 자동차 등 교통 산업 분야다. 초연결사회의 사물인터넷을 기반으로 도로시설 및 공간의 지능화에 따른 교통체증을 해소해주는 지능형 교통 시스템(ITS)이 바로 그 주인공이다. 2020년경이면 이 산업에 대한 투자가 전 세계적으로 339억 달러에 달하고 연평균 성장률이 약 12%에 이를 것으로 전망된다. 나아가 정보통신 기술과 자동차를 연결하여 양방향 소통이 가능한 커넥티드카(connected car)의 상용화도 주목되고 있다. 최근의 추이를 고려할 때 성장률이 두 자릿수로 전망되고 있으므로 이 분야에도 주목할 필요가 있다.

우리나라 주력 산업은 대부분 정체되어 있다. 새로운 수출 활로를 개척하든지 새로운 주력 제품을 마련하든지 해결책이 필요한 시점이다. 현재의 위기를 극복하기 위해 각 기업이 내놓는 여러 정보를 과거의 상황과 비교해 살펴본다면 이들의 미래를 어느 정도 전망할 수 있을 것이다. 거기에 우리의 수익률을 높일 수 있는 투자 포인트가 숨어 있다.

# 환율을
# 가장 쉽게 보는 방법

경제방송사에 입사한 이후 상당히 오래도록 애를 먹은 것이 환율에 대한 개념이었습니다. 누구는 '환율이 올랐다(내렸다)'고 표현하고, 누구는 '가치가 올랐다(내렸다)'고 말합니다. 또 누구는 '평가절하(평가절상)됐다'고 합니다. 또 어디서는 '원/달러'라 하고 어디서는 '달러-원'이라 합니다. 한때는 알아듣지 못하게 하려고 일부러 저러나 싶기도 했습니다.

어쨌든 경제의 흐름을 이해하기 위해 환율은 필수적으로 알아야 합니다. 고심 끝에 찾아낸, 환율을 가장 쉽게 이해하는 방법을 소개합니다.

우리나라에서 관행적으로 쓰이는 표기법을 기준으로 하면 다음과 같습니다.

- 원/달러: 달러로 원화를 살 때
- 원/엔: 엔화로 원화를 살 때
- 달러/유로: 유로화로 달러를 살 때
- 엔/달러: 달러로 엔화를 살 때

환율은 어떤 통화로 다른 통화를 살 때 필요한 개념입니다. 이것 한 가지만 기억하면 됩니다. '뒤에 있는 것으로 앞에 있는 것을 살 때'라는 점입니다.

엔/달러 환율에 대입해봅시다. 트럼프가 미국 대통령으로 당선되면서 엔/달러 환율이 102엔에서 118엔까지 크게 올랐습니다. 환율은 '뒤에 있는 것으로 앞에 있는 것을 살 때'라고 했습니다. 엔/달러 환율은 달러로 엔화를 살 때를 말합니다. 트럼프가 당선되기 전에는 1달러로 102개의 엔화를 살 수 있습니다. 그런데 트럼프 당선 이후 1달러로 118개의 엔화를 살 수 있게 된 것입니다.

상식적으로 생각해봅시다. 같은 액수라고 할 때 가치가 높은 것은 많이 살 수 없지만 가치가 낮은 것은 많이 살 수 있습니다. 예전에는 엔화를 102개밖에 못 샀지만 이제 118개나 살 수 있게 된것입니다. 즉, 엔화 가치가 하락해 더 많은 엔화를 살 수 있게 된 것입니다. 그래서 이렇게 표현할 수 있습니다.

- 엔/달러 환율이 상승했다.
- 엔화 가치가 하락했다.
- 엔화가 평가절하됐다.
- 엔화 약세
- 엔저

이 모든 것이 같은 의미입니다.

반대로 내가 가진 것의 가치가 높으면 더 많은 금액을 받을 수 있습니다. 엔/달러는 달러로 엔화를 살 때라고 했습니다. 그러므로 달러 가치가 올라서 더 많은 엔화를 사게 된 것으로 볼 수도 있습니다. '(엔화 대비) 달러 가치가 상승했다'고 할 수 있습니다. 그래프로는 [그림 1]과 같이 이렇게 표시됩니다.

엔/달러 환율 그래프가 그림에서처럼 올라가면 1달러로 살 수 있는 엔화의 개수가 늘어남을 나타냅니다. 저렴한 물건일수록 같은 돈으로 많이 살 수 있습니다. 엔화 가치가 하락해서 더 많은 엔화를 살 수 있게 됐습니다. 그래서 엔화가 약세일 때 엔/달러 환율 그래프는 상승하게 됩니다. 엔화 자리에 원화 또는 위안화를 넣으면 같은 맥락으로 해당 통화의 환율을 이해할 수 있습니다.

국내에서는 대부분 통화를 달러를 기준으로 표기합니다. 그래서 엔/달러, 원/달러처럼 달러가 뒤에 붙습니다. 그런데 유로화는 유로화를 기준으로

**[그림 1] 엔/달러 그래프 예**

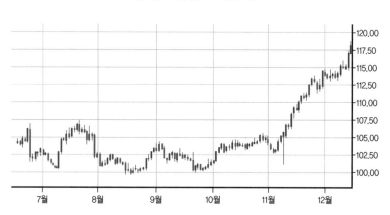

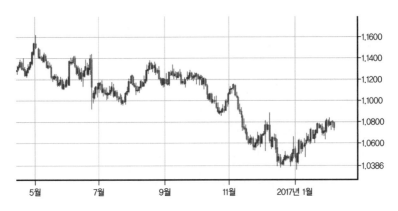

[그림 2] 달러/유로 그래프 예

달러화의 가치를 표기합니다. 쉽게 말하면, 달러/유로로 표기한다는 것입니다.

여기서도 다르지 않습니다. '뒤에 있는 것으로 앞에 있는 것을 살 때'라는 것만 기억하면 됩니다. 즉 달러/유로는 유로화로 달러를 살 때를 말합니다. [그림 2]에서 보면, 5월에는 1유로로 1.15개의 달러화를 살 수 있었는데, 12월이 되자 1유로로 1.03개의 달러화를 사게 됐습니다. 즉, 유로화의 가치가 하락해 더 적은 개수의 달러화밖에 사지 못하게 된 것입니다. 그래서 이렇게 하락하는 유로 환율 그래프를 보고 '유로 환율 하락' '유로화 가치 하락', '유로화 약세'라고 표현합니다.

정리하면, '환율 그래프의 상승이나 하락은 뒤에 있는 것의 가치를 의미한다'는 것입니다. 엔/달러(엔화 환율) 그래프가 상승하면 뒤에 붙는 달러 가치가 올라간 것이고, 이는 곧 엔화 가치가 하락한 것을 의미합니다. 달러/유로 환율 그래프가 하락하면 뒤에 붙는 유로화의 가치가 하락한 것이고, 이는 곧 달러 가치가 상승한 것을 의미합니다. 원/엔이든 원/위안이든 위안/달러든 상관없이 환율 그래프가 오르고 내리는 것은 '뒤에 있는 것의 가치'를 의미한다고 생각하면 됩니다. 바로 이것이 환율을 보는 가장 쉬운 방법입니다.

### 달러인덱스

환율은 통화의 교환 비율입니다. 어떤 통화도 절대가치를 가지지 않으며 특정 통화에 대한 다른 통화의 상대가치만이 있을 뿐입니다. 그러다 보니 기준을 잡기 어려웠기에 기준으로 삼을 수 있는 지표를 만들었습니다. 그것이 달러인덱스입니다. 주요 6개국 통화에 대비한 달러화의 가치를 나타냅니다. 따라서 달러인덱스는 고민할 것 없이 지수가 올라가면 달러 가치 상승, 지수가 내려가면 달러 가치 하락이라 보면 됩니다.

### 환율 표기법

우리나라에서는 통상적으로 기준이 되는 통화를 뒤에 표기합니다. 원/달러, 엔/달러 등입니다. 지금까지 해온 관행이 이어지고 있는 것일 뿐입니다. 하지만 국제 금융시장에서는 '외국 통화/자국 통화' 표기를 사용하기로 약속되어 있으며 그렇게 통용되고 있습니다. USD/KRW, USD/JPY, EUR/USD 등으로 표기합니다. 앞서 기술한 환율 쉽게 보는 방법은 국내의 관행적 표기법을 기준으로 한 것입니다.

# 04

## 에너지:
# 에너지 산업의 판은
# 어떻게 움직이는가?

2016년 여름 사상 최악의 폭염이 지속됐다. 온열 질환자가 급증했는데 온열 질환으로 응급실을 찾은 환자가 2011년 이후 가장 높은 수치를 기록할 정도로 심각한 상황이었다. 하지만 가정에서는 요금 폭탄이 두려워 에어컨조차 마음대로 켜지 못했다. 전기 쓰면서 왜 요금 폭탄을 걱정해야 할까?

## 주택용 요금에만 적용되는 누진제

주택용 요금에만 누진제가 적용되는 탓이다. 전기 사용을 줄이기 위해서라고 하는데, 우리나라 전체 전기소비량의 13%밖에 차지하지 않는 주택용에만 적용한다는 데 문제가 있다. 또 산업용보다 주택용의 판매단가가 비싸다는 점도 있다. 그래서 이처럼 차별적인 전기요금 체계를 개편해야 한다는 여론이 꾸준히 있었으며, 지난여름 그 목소리가 더욱 높아졌다.

정부가 한시적으로 누진제를 완화했지만 참다못한 소비자들의 누진제 개편 요구에 정부는 결국 누진제 전기요금 체계를 12년 만에 개편했다([표 1] 참조). 전기요금 누진제를 6단계 11.7배수의 누진구조에서 3단계 3배수로 완화하고 누진율도 2배 내외로 줄였다. 요금이 오른 1구간은 4,000원의 지원금을 통해 요금 부담을 줄여준다. 개편된 누진제가 적용되면 일반 가정에서는 연평균 11.6%의 요금 인하 효과가 나타날 것으로 보인다.

**[표 1] 개편된 전기요금 체계**

| | 구 간 | 기본요금 (원/호) | 전력량 요금 (원/kWh) |
|---|---|---|---|
| 1 | 100kWh 이하 | 410 | 60.7 |
| 2 | 101~200kWh | 910 | 125.9 |
| 3 | 201~300kWh | 1,600 | 187.9 |
| 4 | 301~400kWh | 3,850 | 280.6 |
| 5 | 401~500kWh | 7,300 | 417.7 |
| 6 | 500kWh 초과 | 12,940 | 709.5 |

| | 구 간 | 기본요금 (원/호) | 전력량 요금 (원/kWh) |
|---|---|---|---|
| 1 | 200kWh 이하 | 910 | 93.3 |
| 2 | 201~400kWh | 1,600 | 187.9 |
| 3 | 400kWh 초과 | 7,300 | 280.6 |

정부는 누진제 개편 후속 작업으로 전체 전기요금에 대한 재검토도 계획 중이다. 현 전기요금의 현실 반영 정도와 적정성, 시장 가격 연동제 등도 분석할 방침이다. 2020년에는 전국에 지능형 검침 인프라를 구축해 주택용 수요자가 누진제와 시간별·계절별 요금제를 선택하도록 할 예정이다.

하지만 정부는 그동안 누진제 개편에 줄곧 난색을 표해왔다. 이렇게 충분히 개편이 가능한 일이었는데도, 누진제가 완화되면 최소예비율 확보 등에 문제가 발생할 것이라며 완강하게 거부한 것이다. 정부는 단순히 전력 낭비 때문에 누진제 완화나 폐지에 반대했을까? 그 진짜 속내가 따로 있는 건 아닐까?

## 누진제 개편으로 시작된 전력 민영화 작업

2017년 남동발전과 동서발전을 시작으로 한국전력공사의 5개 발전 자회사가 2019년까지 차례로 상장된다. 한국수력원자력과 한전KDN, 한국가스기술공사 등 3개 에너지 공공기관도 2020년까지 상장이 추진될 예정이다. 상장을 통해 공기업 경영의 투명성과 효율성을 높이고 증시에 우량 공기업을 투입해 자본시장에 활력도 북돋겠다는 취지다. 다만 '우회 민영화' 논란을 의식해 지분의 최대 30%만 상장하고, 정부와 공공기관이 51% 이상의 지분을 유지하겠다고 밝혔다. 상장 예정인

5개 발전 자회사와 한국수력원자력, 한전KDN은 한전이 100% 지분을 갖고 있고 상장사인 한전 역시 정부와 산업은행이 지분의 51.1%를 보유하고 있다.

그렇다면 국민적으로 민영화 논란이 불거지고 있음에도 정부가 전력회사들을 상장하는 이유는 무엇일까? 공식 발표는 아니지만 누진제 개편으로 인한 한전의 수익 감소가 상당 부분 작용한 것으로 보인다. 한전이 이번에 누진제를 개편하면서 감소한 수익은 매년 1조 원이 넘는다. 수입이 줄어드니 정부가 야심 차게 진행하고 있는 신에너지 사업을 진행하는 데에도 어느 정도 차질이 빚어질 수밖에 없다. 이 때문에 일각에서는 사업 진행 자금과 감소한 수입을 만회하기 위한 '꼼수'란 지적도 나오고 있다.

정부는 우선 발전 자회사 중 재무구조와 수익성이 상대적으로 탄탄한 남동발전과 동서발전 중 1개사를 2017년 상반기 중에 상장한다. 2015년 말 기준으로 남동발전은 자기자본이 4조 5,000억 원, 동서발전은 4조 원이다. 3년 평균 당기순이익은 남동이 약 4,000억 원, 동서가 약 2,000억 원 규모다. 대표적 수익성 지표인 자기자본이익률(ROE)은 각각 14%, 11.9%를 기록했다.

정부는 이들 발전사 지분 100% 중 한전이 보유한 15%를 민간에 매각하고, 같은 비율대로 신주를 발행해 30%를 채워 상장할 계획이다. 발전사 지분을 30% 개방할 때 민간투자자에게 10년간 1조 7,100억 원이 배당될 것으로 예상된다. 만약 지분 매각률을 49%까지 높인다면 10년간 2조 7,900억 원이 배당될 것으로 보인다.

정치권에서는 이들 공기업의 부채비율을 고려하면 굳이 상장을 통해 자본을 조달할 이유가 없는 상황이기 때문에 국민자산이 민간 자본가에게 빠져나간다는 '우회 민영화'라고 비판하고 있다.

실제 이들 공기업의 부채비율을 따져보면 발전 5사 모두 정부가 제시한 공기업 최소 부채비율 180%를 크게 밑돌고 있다. IPO 1순위로 꼽히는 남동은 88.62%에 불과하고, 동서는 100.75%에 그친다.

**[표 2] 상장 대상 에너지 공공기관 부채비율**

(단위: %)

| 기업명 | 부채비율 |
|---|---|
| 한국중부발전 | 147.90 |
| 한국서부발전 | 145.61 |
| 한국남부발전 | 136.36 |
| 한국수력원자력 | 109.84 |
| 한국동서발전 | 100.75 |
| 한국남동발전 | 88.62 |

* 2016년 3분기 보고서 기준.
한전KDN, 한국가스기술공사는 재무제표 미공시
자료: 금융감독원 전자공시시스템

사실상 민영화를 통해 공기업의 자산이 민간에 유출되는 건 사실이지만, 이미 진행되고 있는 작업인 만큼 우리는 한국전력 자회사들의 기업공개에 주목할 필요가 있다. 부채비율도 낮고 계속해서 수익이 발생하는 회사이므로 그냥 보내긴 아까운 투자 기회란 생각도 들기 때문이다. 또 정치권에서 제기된 막대한 배당금은 정부의 배당 확대 정책에 따른 것이기 때문에 배당도 거의 확실히 이행될 가능성이 크다. 민영화가 진행되면 전기요금 인상이 불가피하다. 현재 전기요금만으로는 기업을 운영할 만큼 수익이 나지 않기 때문이다. 반면 투자자의 입장에서 보면 전기요금 인상은 기업의 수익성 향상으로 연결되기 때문에 주가 상승 또는 배당으로 손실을 만회할 수도 있다.

어찌 됐건 누진제 축소로 인한 수입 감소가 사실상 민영화로까지 이어지고 있지만, 개별 전기 사용자 입장에선 무엇보다 전기요금을 더 줄이는 것이 더 이득이 될 것이다. 그렇다면 전기요금을 줄이기 위해 반드시 챙겨야 할 것이 무엇일까?

무의식적으로 전력 소비가 큰 가정용 전자 제품의 사용을 줄여야 한다. 전력 소비가 가장 많은 제품은 IPTV 셋톱박스인데, 이 제품을 온종일 켜놓을 경우 전자레인지를 온종일 돌리는 것과 비슷한 전력을 소모한다. TV를 보지 않을 때는 셋톱박스 전원만 뽑아도 눈에 띄는 전기요금 절감 효과를 볼 수 있다.

## 신에너지 산업을 잡아라

최근 에너지 산업의 판이 이동하고 있다. 중동 중심의 '석유 패권'은 미국으로 중심축이 이동하고 있고, 석유와 천연가스 등 전통 에너지원 대신 태양광과 풍력 등 청정에너지가 주목받고 있다. 또 다양한 IT 기술을 통해 전력 손실을 최소화하여 에너지를 알뜰살뜰 사용하며, 2차전지를 이용한 에너지저장 시스템(ESS)을 통해 남는 에너지를 저장하여 원할 때 꺼내 쓸 수 있다. 이런 에너지 산업의 변화는 다양한 산업을 발전시키고 있다.

특히 신재생에너지 분야의 성장이 가장 두드러진다. 우리나라만으로 한정해 살펴보면 2016년 신재생에너지 분야의 수출은 45억 달러를 기록했다. 1년 전보다 45%나 증가했는데 그 중심에는 태양광이 있다. 태양광 분야의 2016년 수출액은 33억 6,000만 달러를 기록했고, 2017년은 38억 달러를 기록할 전망이다. 에너지저장 시스템과 전기차 역시 급격히 성장하고 있다([그림 1] 참조).

관련 사업에도 2020년까지 총 42조 원이 투자될 예정인데 2017년에만 13조 8,000억 원이 투입된다. 민간 기업의 투자금만 해도 7조 원이 넘는다. 우리나라 신재생에너지 부분의 대표적인 산업은 크게 태양광과 에너지저장장치(ESS), 전기차 등 세 가지다. 관련 기업은 한화케미칼, OCI, LG화학, 효성, LS, 현대차, 기아차 등인데 이들 기업도

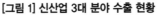

**[그림 1] 신산업 3대 분야 수출 현황**

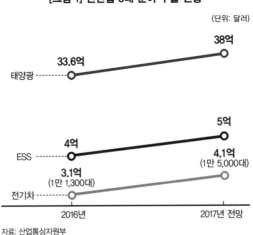

(단위: 달러)

태양광 ......... 33.6억 → 38억

ESS ......... 4억 → 5억

전기차 ......... 3.1억 (1만 1,300대) → 4.1억 (1만 5,000대)

2016년      2017년 전망

자료: 산업통상자원부

관련 신재생에너지 부분에 대대적인 투자를 진행할 예정이다. 한국전력이 사업 방향의 키를 쥐고 신재생에너지 사업을 이끌고 정부가 밀어주는 만큼 다른 어떤 산업보다 전망이 나쁘지 않다. 또 민간과 정부가 공동으로 육성하는 사업 분야에는 항상 투자 기회가 많다. 반드시 육성해야 할 산업인 경우가 대부분이기 때문이다. 더욱이 신재생에너지 분야는 아직 본격적인 시장이 열리지 않은 만큼 민관합동 투자가 결실을 본다면 이 분야를 선도할 기회도 존재한다.

## 원전 해체 산업을 눈여겨보자

신재생에너지 분야와 함께 주목해야 할 또 다른 분야가 있다. 원자력발전소와 관련된 산업으로, 원전 수출이 아닌 '원전 해체' 산업이다. 원자력발전의 사업 전개 방향은 2011년 이후 나라마다 크게 달라졌다. 독일은 원전을 전부 없애기로 한 반면, 미국과 우리나라는 원전을 여전히 늘리고 있다. 2011년 대지진으로 후쿠시마 원전 피해를 본 일본은 2011년 직후 원전 축소를 발표했지만, 전기요금 급상승 등의 문제로 원전 정책을 다시 이어가기로 했다.

하지만 세계적인 추세로 볼 때 원전이 과거로부터 이어진 상승세를 이어가긴 힘들 것으로 전망된다. 경제적이라는 점은 분명하지만, 2011년 후쿠시마 사례와 같이 큰 재앙을 가져올 수 있는 위험한 에너지이기 때문이다.

이 때문에 원자력발전소 해체 산업이 주목받고 있다. 전 세계적으로 총 588기의 원전이 건설되어 있는데 현재 가동 중인 원전은 438기이며 다양한 사유로 영구 폐쇄된 원전이 150기다([그림 2] 참조). 가동

[그림 2] 전 세계 원자력발전소 현황(2014년 말 기준)

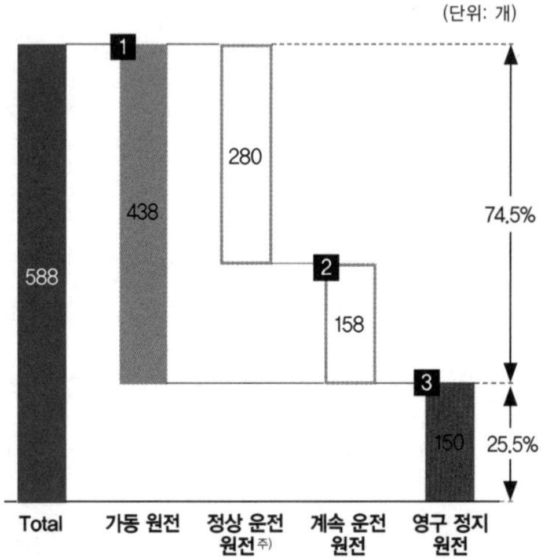

(단위: 개)

| 1. 가동 원전 | 전 세계에는 현재 438개의 원전이 가동 중이며, 이는 전 세계 발전 용량의 약 11%를 차지함 |
| --- | --- |
| 2. 계속 운전 원전 | 계속 운전은 주로 선진국에서 시행하고 있는 제도로 운영허가 기간이 만료되어가는 원전에 대해, 관련 기준에 따른 안전성을 평가하여 라이선스 연장을 통해 계속 가동하고 있음 |
| 3. 영구 정지 원전 | 설계 수명의 만료, 사고, 기타 경제적 · 정치적 사유로 영구 정지된 원전이며 현재 해체 중이거나 예정인 원전을 포함함 |

주) 최초 설계수명의 만료시기가 도래하지 않은 원자력 발전소
자료: IAEA-PRIS, 한국수력원자력; Deloitte Analysis

중인 원전 438기 중 가동연수가 30년 이상 된 원전이 224기인 것으로 분석되고 있다. 노후 원전 비중이 무려 51%나 된다. 가동연수가 30년이 넘은 노후 원전은 정치적, 경제적 사유 등에 의해 언제라도 해체 결정이 내려질 수 있다. 이 때문에 앞으로 20~30년간 전 세계 원전 보유국에서는 원전 해체가 동시다발적으로 시작될 것으로 예상된다.

현재 영구 폐쇄 상태에 있는 전 세계 150기의 원전 중 해체가 완료된 것은 19기에 불과하다. 나머지 131기는 해체가 진행 중이거나 해체 예정인 것으로 파악되고 있다. 그렇다면 원전 해체 시장의 규모는 얼마나 될까?

글로벌 경영컨설팅업체인 딜로이트는 원전 해체 시장 규모를 368조 원가량으로 추정했다. 2015년에서부터 2110년까지 95년 동안 368조 원가량의 시장을 형성하며 매년 4조 원 가까운 시장이 창출될 것으로 전망했다([그림 3] 참조). 특히 전 세계 원전 해체 시장은 2025년경부터 급속도로 성장할 것으로 분석했다. 2025년부터 50년간 180조 원의 원전 해체 시장이 형성될 것으로 예상하며 이 기간에 기업들 간의 치열한 경쟁이 이뤄질 것으로 봤다.

그러면 현재 원전 해체 기술을 이끌고 있는 나라는 어디일까? 전 세계에서 상업용 원전을 해체해본 경험을 보유하고 있는 국가는 미국, 독일, 일본 3개국뿐이다. 이 가운데 미국이 총 15기의 원전을 해체해 경험이 가장 많다.

우리나라는 2017년 8월 고리원전 1호기를 영구 폐쇄해야 하는데

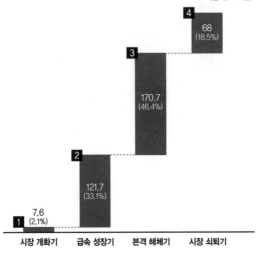

**[그림 3] 시기별 원전 해체 시장규모 전망**(2015~2110)

(단위: 조 원)

**4** 68 (18.5%)

**3** 170.7 (46.4%)

**2** 121.7 (33.1%)

**1** 7.6 (2.1%)

시장 개화기　급속 성장기　본격 해체기　시장 쇠퇴기

| 1. 시장 개화기 (2015~2024) | – 전 세계 31개 원전 보유국 중 2/3에 해당하는 20개국의 128개 원전 해체가 시작되는시기<br>– 우리나라 역시 이 시기에 최초 원전 해체에 돌입할 것으로 전망됨 |
|---|---|
| 2. 급속 성장기 (2025~2036) | – 전 세계 221개 원전이 해당 기간에 해체에 돌입할 것으로 예상되며, 시장 규모는 65조 원으로 전체 시장의 29%를 차지할 것으로 전망됨<br>– 글로벌 원전 해체 기업들은 향후 원전 해체 시장 선점을 위하여 치열한 경쟁을 펼칠 것으로 예상됨 |
| 3. 본격 해체기 (2040~2074) | – 급속 성장기에 해체를 시작한 원전들의 본격적인 해체가 진행될 것으로 예상되며, 상대적으로 최초 가동을 늦게 시작한 89개 원전이 해체를 시작하는 시기<br>– 전체의 약 52%인 119조 원의 시장을 형성할 전망임 |
| 4. 시장 쇠퇴기 (2075~2110) | – 대부분 국가에서 성장기 및 본격 해체기에 시작한 원전 해체가 마무리되는 시기로 신규 발생하는 수요는 없으며, 시장은 점차 쇠퇴하여 약 41조 원의 시장을 형성할 것으로 예상됨 |

*현재 건설 중이거나 계획된 원전의 건설은 고려하지 않았음

자료: IAEA-PRIS, OECD/NEA, NRC, NDA, 각국 원전 운영사 공식 홈페이지와 보도자료, 언론 보도; Deloitte Analysis

관련 경험이 전무하다. 한국수력원자력을 필두로 원전 해체 기술을 개발하고 여러 해외 사례를 통해 연구하고 있지만 아직까진 미흡하단 것이 전문가들의 공통된 의견이다.

이는 고리원전 해체비용 산정만 보더라도 알 수 있는데 현재 고리 원전 1호기의 해체비용은 1조 원 가까이 될 것으로 추산되고 있다. 이는 과거 미국과 독일, 일본 등에서 고리원전 1호기와 비슷한 규모의 원전을 해체할 때 소요된 비용을 바탕으로 추산한 수치다. 따라서 실 제 해체비용은 1조 원이 훨씬 넘을 것으로 분석되고 있다.

그렇다면 각종 사회적 비용이 발생하는 원전 건설보다는 앞으로 유망한 원전 해체 기술에 국가적 역량을 집중해야 할 것이란 생각이 다. 국가의 정책적 방향이 이렇게 잡힌다면, 원전 해체를 위해서는 어 떤 장비가 필요하고 어떤 산업이 이 시장에서 가장 큰 혜택을 받을 수 있을지 살펴볼 필요가 있다.

누군가는 일찍 일어난 새는 굶는다고도 말한다. 하지만 단순히 일 찍 일어나 돌아다니는 것이 아니라 먹이를 구하려고 준비하는 새는 아무런 대비도 하지 않는 새보다 최소한 먹이를 구할 확률이 높을 것 이다.

# 05

## 먹거리 산업:
# 우리 농업이 나아갈 방향은
# 무엇인가?

우리가 먹거리를 걱정할 때는 양이 아닌 질의 문제를 생각할 때가 많다. 안심하고 먹을 수 있는 먹거리가 없다는 의미로 주로 쓰이는데, 알고 보면 먹거리 자체도 충분치 않다. 음식물 쓰레기로 몸살을 앓고 있는 점을 생각하면 우리와는 다소 동떨어진 문제라고 생각할 수 있지만 실상은 다르다.

농림축산식품부에 따르면 2014년 우리나라의 곡물 자급률은 24.1%에 그쳤다. 곡물 자급률은 가축 사료용 곡물을 포함한 각종 곡물의 국내 소비량 중 국내 생산량이 차지하는 비율을 말한다. 자급률이 24.1%라는 얘기는 쌀, 밀, 보리 등 우리 국민이 소비하는 식량과 소, 돼지 등 가축이 먹는 사료를 합쳐 국내 생산량이 4분의 1도 되지 않는다는 것이다.

그렇다면 가축이 소비하는 사료를 제외한 곡물의 자급률은 얼마나 될까? 농림식품부가 발표한 자료에 따르면 우리나라의 식량 자급률(가축 사료용 곡물을 제외한 사람이 먹는 곡물의 자급률)은 49.7%다([그림 1] 참조). 매년 '쌀 파동'이란 말이 나올 정도로 곡물이 넘쳐나는 것처럼 보이지만 실제 '쌀'을 제외한 대부분의 곡물을 수입에 의존하고 있다.

**[그림 1] 우리나라의 식량·칼로리·곡물 자급률**

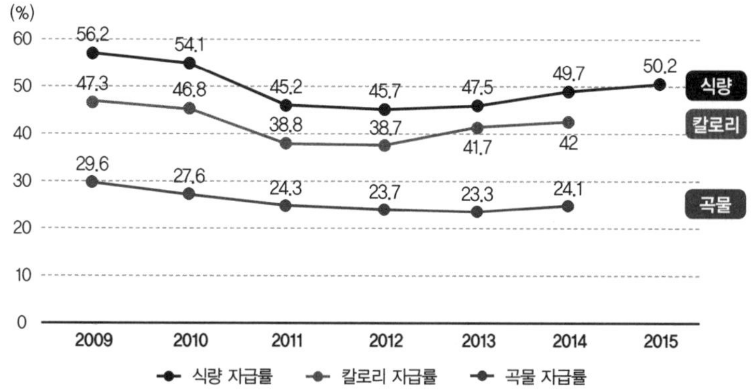

| | 2009 | 2010 | 2011 | 2012 | 2013 | 2014 | 2015 |
|---|---|---|---|---|---|---|---|
| **식량 자급률** | 56.2 | 54.1 | 45.2 | 45.7 | 47.5 | 49.7 | 50.2(잠정) |
| **칼로리 자급률** | 47.3 | 46.8 | 38.8 | 38.7 | 41.7 | 42.0 | 미발표 |
| **곡물 자급률** | 29.6 | 27.6 | 24.3 | 23.7 | 23.3 | 24.1 | 미발표 |

음식 자급률에 대한 재미있는 통계자료는 또 있다. '칼로리 자급률'이란 조사 결과가 있는데 이는 곡물, 육류, 채소, 과일 등의 모든 음식물을 통해 얻는 에너지를 칼로리로 환산했을 때 그중 국내 생산량이 차지하는 비율이다. 한국농촌경제연구원에 따르면 2014년 기준 우리나라의 칼로리 자급률은 42%에 그친다.

## 애그플레이션, 위기의 먹거리 산업

앞서 살펴본 것처럼 우리나라가 자급하는 먹거리의 양은 충분치 않다. 그럼에도 먹거리가 부족하다고 느끼지 못하는 것은 주식인 '쌀'을 자급하고 있기 때문이다.

이 때문에 지난 2007년 하반기부터 2008년 상반기까지 있었던 '글로벌 먹거리 부족 사태'를 몇몇 관계자를 제외하고는 대부분 체감하지 못했다. 이 기간에 전 세계는 농산물 가격 폭등으로 골머리를 앓았다. 심지어 애그플레이션이란 신조어도 이때 만들어졌다. 애그플레이션은 농업(agriculture)과 인플레이션(inflation)의 합성어로 농산물 가격이 폭등하여 인플레이션이 발생하는 현상을 말한다. 일례로 2004년 톤당 400달러 하던 쌀의 가격이 2009년에는 1,200달러로 3배가량 폭등했다.

이 시기에 식량 확보에 대한 다양한 연구 결과가 나왔는데, 대부분 식량 생산량이 인구 증가율을 따라잡지 못할 것이란 내용이었다. 미국의 비영리 인구통계연구소인 인구조회국은 오는 2053년 전 세계 인구가 100억 명에 달할 것이란 전망을 내놓았다. 인구가 100억 명에 육박하면 식량 생산량이 지금보다 60% 이상 늘어나야 한다. 그런데 국제연합식량농업기구(FAO)는 전 세계가 경지면적을 추가로 확보할 수 있는 부분은 최대 20%에 불과하다는 조사 결과를 발표했다. 이 숫자들만 놓고 계산해보면 35년 뒤 전 세계는 필요 식량의 40% 정도가 부족해진다.

[그림 2] 세계 인구 증가와 1ha당 부양인 수 추이

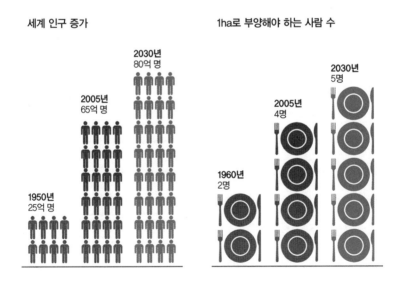

세계 인구 증가

2030년
80억 명

2005년
65억 명

1950년
25억 명

1ha로 부양해야 하는 사람 수

2030년
5명

2005년
4명

1960년
2명

## 식량 부족의 세 가지 원인

식량 부족 문제는 아프리카와 동남아시아 몇몇 국가에나 있는 문제로 생각됐지만, 머지않은 미래에 우리에게도 닥칠 수 있는 심각한 상황인 것이다. 그렇다면 식량이 이렇게 부족해진 원인은 무엇일까?

식량이 부족해진 원인은 크게 세 가지로 요약할 수 있다.

우선 앞서 살펴본 것처럼 식량 생산 증가율이 인구 증가율을 따라잡지 못하기 때문이다. 지구의 경지면적은 제한되어 있다. 이미 가용 면적의 90%가량을 곡물 등의 재배에 이용하고 있기 때문에 경지면적을 늘리는 데에는 한계가 있다. 경지의 효율성을 높이는 것도 이미 한계 수준에 이르렀다. 효율성을 높이기 위해서는 농약 등을 이용해야 하는데 최근 세계적 추세인 유기농 바람으로 이마저도 녹록지 않다. 결국 생산성의 한계를 극복하기 위해서는 인식의 전환이 필요하지만, 아직 체감하지 못하는 문제여서 이 역시 쉽지 않아 보인다.

두 번째 원인은 소득 증대에 따라 육류 소비가 증가했다는 점이다. 아시아를 비롯한 신흥 개발도상국의 경제가 성장하면서 이들 국가의 가처분소득도 늘어났다. 이에 따라 곡물 중심의 식단이 육류로 변화하기 시작했다. 문제는 육류를 만들기 위해서는 막대한 양의 곡물이 필요하단 점이다. 일반적으로 육류 1kg을 생산하기 위해선 7kg의 곡물이 필요하다. 육류 섭취가 늘수록 곡물 소비량이 7배 정도 늘어난다는 계산이 나온다.

마지막으로는 곡물이 에너지원으로 주목받으면서 에너지원으로서의 곡물 수요가 급증하고 있다는 점이다. 바이오에너지는 생물체 내에 저장된 화학 에너지를 활용하는 신재생 에너지인데 여기에 옥수수, 사탕수수 등의 곡물이 쓰인다. 석유와 석탄보다 친환경 에너지이면서 생산단가가 비싸지 않다는 장점을 가지고 있어 각국의 개발 경쟁이 이뤄졌다.

바이오에너지 중 가장 수요가 많은 제품은 옥수수를 주 원료로 하는 바이오에탄올이다. 실제로 유가가 100달러를 넘었던 2008년에는 옥수수를 이용한 바이오에탄올 생산이 급증해 옥수숫값 폭등으로 이어지기도 했다. 앞으로 만약 국제유가가 70달러 이상으로 상승한다면 바이오에너지 역시 새로운 에너지원으로 다시 주목받을 것이다. 그러면 식량 부족 문제는 생각보다 더 일찍 현실화될 수도 있다.

## 줄어드는 경지면적, 낮아지는 식량안보지수

식량을 두고 돌아가는 상황이 심상치가 않다. 그렇다면 우리나라는 이런 식량 부족 문제에 잘 대비하고 있을까? 결론부터 말하면 그렇지 못하다는 것이다. 2016년 발생한 AI와 구제역 등으로 그나마 있는 식량 자원을 낭비했고, 쌀 중심의 곡물 정책은 좀처럼 변하지 않고 있다.

더 심각한 건 쌀 중심의 식량 정책도 제 기능을 하지 못하고 있다는 것이다. 한국농촌경제연구원에 따르면 우리나라의 경지면적은 해마다 감소하고 있는 것으로 나타났다([표 1] 참조). 감소 추세도 계속해서 빨라지고 있다. 그나마 자급되는 유일한 곡물인 쌀도 개방한 터이므로, 우리나라의 농업 경쟁력 약화는 불 보듯 뻔하다고 할 수 있다. 경쟁력 강화를 위해 최소한의 생산 기반시설을 유지해야 하는데 이마저도 힘들어 보이기 때문이다.

**[표 1] 경지면적과 경지이용률 전망**

| | 2014 | 2015 | 2016 | 2020 | 2025 | 연평균 변화율(%) | | |
| | | | | | | 15/14 | 16/15 | 25/15 |
|---|---|---|---|---|---|---|---|---|
| 경지면적(천ha) | 1,730 | 1,711 | 1,695 | 1,657 | 1,623 | −1.1 | −0.9 | −0.5 |
| 농가 호당 경지면적(ha) | 1.54 | 1.59 | 1.60 | 1.65 | 1.71 | 3.3 | 0.2 | 0.7 |
| 농가 인구당 경지면적(a) | 62.9 | 65.7 | 66.7 | 72.8 | 80.6 | 4.4 | 1.6 | 2.1 |
| 국민 1인당 경지면적(a) | 3.43 | 3.38 | 3.34 | 3.22 | 3.12 | −1.5 | −1.3 | −0.8 |
| 재배면적(천ha) | 1,754 | 1,693 | 1,683 | 1,616 | 1,562 | −3.4 | −0.6 | −0.8 |
| 경지이용률(%) | 104.2 | 101.7 | 102.0 | 100.2 | 98.9 | −2.5%p | 0.3%p | −2.8%p |

자료: 통계청, 한국농촌경제연구원 KASMO(Korea Agricultural Simulation Model)

이 때문인지 우리나라의 식량안보지수는 갈수록 하락하고 있다. 영국 경제정보분석기관인 이코노미스트 인텔리전스 유닛이 조사한 '2015년 세계식량안보지수' 분석 결과를 보면, 우리나라는 109개 국

[그림 3] 2015년 세계 식량안보지수

| 2015년 (2014년) | | |
|---|---|---|
| 1위 (1위) | 미국 | 89.0 |
| 2위 (5위) | 싱가포르 | 88.2 |
| 3위 (7위) | 아일랜드 | 85.4 |
| 4위 (2위) | 오스트리아 | 85.1 |
| 5위 (3위) | 네덜란드 | 85.0 |
| 9위 (15위) | 호주 | 83.8 |
| 15위 (16위) | 영국 | 81.6 |
| 21위 (21위) | 일본 | 77.4 |
| 26위 (25위) | 한국 | 74.8 |
| 42위 (42위) | 중국 | 64.2 |

가 중 26위를 기록하고 있다([그림 3] 참조). 경제 규모에 비해 순위가 다소 낮은 측면이 있는데, 더욱 심각한 건 이 순위마저 갈수록 하락하고 있다는 점이다. 역대 순위를 보면 2012년 21위에서 2013년 24위, 2014년 25위로 점차 내려왔다.

우리나라뿐만 아니라 아시아 국가들 역시 대부분 식량으로 골머리를 앓고 있다. 전 세계에서 인구가 가장 많은 10개 국가 중 6개가 아시아에 있고, 전 세계 영양실조 인구의 60%도 아시아에 거주하고 있다. 최근 경제가 급속도로 발전하면서 경작지를 공업지대로 바꾸는 바람에 각국의 식량 생산량은 더욱 줄어들고 있다.

## 버려지는 음식만 관리해도 기아 문제를 해결할 수 있다

급속히 늘어나는 인구를 먹이기 위해선 농경지를 확대해야 한다. 하지만 이미 쓸 수 있는 농경지는 대부분 사용하고 있는 만큼 효율성을 높이는 법이 대안으로 제시되고 있다.

농업의 효율성을 높이는 대안을 제시하기 전에, 우리가 얼마나 많은 음식을 낭비하는지 살펴볼 필요가 있다. 식량을 아무리 많이 생산해도 버려지는 양이 많다면 식량 문제를 해결하기는 어려울 수밖에 없다.

FAO에서는 식량 손실(food loss)이란 개념을 사용한다. 이는 사람들이 섭취하기 위해 생산하거나 채취한 농수산물이 품질 저하나 수량 감소로 소비되지 못하는 것을 뜻한다. 쉽게 말해 과수원의 썩은 과일이나 구제역 등으로 죽어간 가축들을 생각하면 된다.

FAO에 따르면 곡물의 30%, 육류 및 유제품의 20%, 채소 및 과일류의 45%, 수산물의 35%가 여러 단계를 거치면서 손실된다([그림 4] 참조). 이를 숫자로 환산하면 전체 농수산물 생산량의 30%인 13억 톤에 달한다.

**[그림 4] 농산물이 손실되거나 낭비되는 비율**

30% 곡물  20% 유제품  35% 수산물  45% 과일,채소

20% 육류  20% 유지작물  45% 덩이줄기·뿌리 작물

만약 이 농수산물이 전부 유통됐다고 가정하면 8억 명이 먹을 수 있는 양이다.

현재 음식물 낭비가 가장 심한 나라는 중국과 미국으로 추정되고 있다. 중국에서 1년 동안 버려지는 음식을 돈으로 환산하면 약 2,000억 위안, 우리 돈으로 35조 원에 달하는 것으로 추산된다. 미국에서는 구입한 식료품의 25%가 쓰레기로 변하고 있다. 이는 4인 가정 기준으로 가구당 매년 150~200만 원가량을 버리는 것과 같다.

버려지는 음식만 잘 관리하더라도 전 세계 기아 문제를 어느 정도 해결할 수 있다. 하지만 미래 식량 부족의 근본적인 해결책은 되지 않는다. 미래 식량 문제를 해결하기 위해서는 무엇보다 농업의 효율성을 획기적으로 높여야 한다. 앞서 살펴본 것처럼 2050년경 인구가 100억 명에 달한다고 할 때 식량 생산량이 지금보다 60%가량 높아져야 하기 때문이다.

## 농업을 지키는 것은 식량 주권을 지키는 것이다

먹거리의 안전성을 높이면서 동시에 효율성까지 향상시키는 방법은 없을까? 전문가들은 이에 대한 해법으로 '생물농약 기술'을 제시한다. 화학물질로 만들던 기존 농약의 패러다임을 바꾸는 것이다.

생물농약은 곰팡이, 박테리아, 동물, 식물 등과 같이 살아 있는 유기체에서 파생되어 만들어지는 자연적인 방어물질이다. 감기에 걸리면 우리 몸은 자연스럽게 면역반응을 한다. 감기약을 먹어 직접 치료하는 방법도 있지만, 몸이 스스로 치료할 수 있는 상태를 만들어주는 것이 더 좋은 방법이다. 생물농약 역시 이와 같은 방식을 사용한다. 예컨대 논에 해충을 잡아먹는 오리를 키우는 것도 생물농약의 하나라고 할 수 있다.

시장도 급성장하고 있다. 2008년 14억 달러였던 생물농약의 규모는 연평균 11% 넘게 성장하여 2017년에는 35억 달러 규모에 이를 것으로 전망된다. 특히 친환경 농업을 중시하는 유럽에서 괄목할 만한 성장세를 보이고 있다. 우리 정부 역시 2017년까지 미생물농약의 기술 개발을 추진하고 2022년까지는 상용화할 계획이다.

가까운 중국에서도 농업에 대한 투자를 아끼지 않고 있다. 2016년 2월 중국 국영회사인 켐차이나는 세계 최대 농약업체이자 종자생명 공학 분야 3위 기업인 스위스의 신젠타를 인수했다. 인수금액은 무려 430억 달러, 우리 돈으로 53조 원에 이른다. 중국 기업의 해외 기업 인수합병으로는 사상 최대 규모다. 신젠타를 인수한 켐차이나는 농약과 종자 사업에서 2016년 180억 달러에 이르는 매출을 기록했다. 중국은 막대한 투자를 통해 종자생명 부분의 기반을 마련하고 농화학 기술의 원천기술을 확보하면서 한순간에 소비국에서 농업 생산 강자로 탈바꿈했다.

우리나라는 한·중 FTA를 통해 중국에 이미 농수산물시장을 개방했다. 따라서 우리나라 역시 미래 가장 중요한 문제로 대두될 식량 문제에 대해 더욱 깊이 있는 대책을 마련해야 한다. 우리나라는 현재 매년 1조 원가량을 농수산물 분야의 기술 개발에 투자하고 있다. 우리는 국가 차원에서 1조 원을 투자하고 있는데, 글로벌 농업 기업들은 한 회사 차원에서 연간 투자하는 R&D 규모가 평균 1조 4,000억 원에 달한다. 단순히 투자만 늘린다고 해결될 문제는 아니지만, 최소한 예산의 효율적인 배분을 통해 시장에서 원하는 원천기술을 확보하는 데 더욱 관심을 기울여야 할 것이다.

농업은 산업 자체로도 의미가 있지만 식량 주권을 확보한다는 더 큰 의미가 있음을 잊어선 안 될 것이다. 바야흐로 농업이라는 산업의 판이 이동하고 있는 것이다.

ECONOMY

· 3장 ·

# 감춰진
## '판'

우리나라 10대 재벌의 평균 투자 수익률은 5,512%다.
그 비결은 뭘까?
크게 두 가지인데 하나는 일감 몰아주기로
우회적인 증여를 한다는 것이고,
다른 하나는 재단을 이용해 합법적인 승계의 초석을
마련한다는 것이다.
재벌가들이 얻은 이익만큼 일반 주주들은
손실을 본다는 사실을 주목해야 한다.

# 01

공매도:

# 공매도 세력을 잡자는 사람이 범인이다

**공매도 때문에 회사를 팔겠다는 코스닥 시총 1위 회사**

서정진 셀트리온 회장은 돌연 기자회견을 열고 '불법 공매도(short stock selling) 세력을 잡아달라'고 금융당국에 촉구했다. 서 회장은 공매도 세력의 공격을 견딜 수 없다며 다국적 제약회사에 회사를 팔겠다고 밝혔다. 셀트리온은 코스닥 시가총액 1위, 우리나라에 몇 안 되는 중견 바이오·제약회사다. 공매도 세력의 공격이 얼마나 힘겨웠으면 회사를 팔겠다는 말까지 했을까. 셀트리온은 분식회계설, 임상시험 실패설, 해외 도피설 등 많은 루머에 시달렸다. 공매도 물량도 엄청 많았다. 주가가 내려가야 돈을 버는 공매도 세력이 악성 루머의 진원지로 지목됐다.

## 주가가 내려가면 돈을 버는 공매도

공매도는 주가가 하락하면 수익을 얻는 투자 방식이다. 예를 들어 10만 원짜리 주식을 10주 샀는데 10%가 오르면 10만 원의 이익을 본다. 공매도는 10만 원짜리 주식 10주를 빌려서 파는 행위다. 그러면 그 사람은 100만 원의 현금을 손에 쥐게 된다. 이후 주가가 10% 내려가면 9만 원이 된 주식 10주를 90만 원에 다시 살 수 있다. 그리고 원주인에게 10주를 돌려주면, 그 사람은 10만 원을 번다.

주가가 오를 때 돈을 버는 사람이 있고, 방금 이야기한 것처럼 주가가 내릴 때 돈을 버는 사람도 있다. 주가가 올라서 돈을 버는 것은 익숙하다. 주가가 오른다는 것은 기업이 잘되고 있다는 의미다. 기업도 좋고 투자자에게도 좋은 일이다. 공매도 투자자는 남들이 우울해할 때 돈을 버는 사람이다. 남들 울 때 웃으니 욕을 먹는다. 사실 공매도와 매수는 전망에 차이가 있을 뿐이다. 오를 것 같으면 매수하고 내릴 것 같으면 공매도를 하는 것뿐이다.

그런데도 누군가 내 주식을 빌려 공매도를 한다면 기분이 썩 좋진 않다. 내 주식의 가격이 내려갈 것이라고 전망하는 사람이 나타났기 때문이다. 하지만 나는 주가가 오를 것이라고 전망했을 뿐이고, 그는 주가가 내릴 것으로 전망했을 뿐이다. 나는 주식을 빌려줌으로써 수수료를 받는다. 그리고 그는 일정 기간이 지나면 그 주식을 사서 나에게 갚아야 하기 때문에 다시 매수 세력이 될 수밖에 없다. 그 사람들 때문에 주가가 내릴 것 같다는 확신이 들면 자신도 공매도 대열에 동참하면 된다.

## 공매도의 적정 주가 발견 기능

공매도는 주가가 과도하게 상승해 버블이 생길 경우 또는 기업에 대한 전망이 부정적일 경우 나타난다. 주가가 오를 것으로 전망하면 주식을 사듯이 주가가 내릴 것으로 전망하면 공매도를 한다. 주가가 오를 것이라고 생각하는 사람이 많으면 매수가 늘어나듯, 내릴 것으로 전망하는 사람이 많으면 공매도가 많아진다. 주가가 오르길 바라는 사람만 있고 내리길 바라는 사람이 없으면 주가 하락은 제한된다. 기초 체력에 비해 과도하게 오른 주가는 다시 내려가기 마련이다. 이때 공매도 세력이 나타나면 적당한 선에서 공방이 일어난다. 공매도 물량이 늘어나면 현재 주가가 적정한 수준인지에 대해 자신이 전망한 바를 되돌아볼 수 있다. 공매도가 부정적인 정보를 시장에 녹여 적정 가격을 발견하는 데 도움을 주는 것이다.

## 개인에게는 불리한 공매도 제도

공매도는 매수에 비해 위험한 투자다. 2000년 우풍상호신용금고는 성도이엔지 주가가 3,000원일 때 34만 주를 빌려 공매도를 했다. 그런데 예상과 반대로 주가가 연속 상한가를 기록했다. 우풍은 10억 원 규모의 주식을 빌려 투자했는데, 이를 다시 사서 갚으려면 40억 원이 필요했다. 우풍이 막대한 손실을 보게 됐다는 소식이 전해졌고 그곳에 돈을 예금한 사람들은 너도나도 돈을 인출하러 몰려들었다. 결국 우풍은 공매도 투자 손실과 뱅크런을 버티지 못하고 부도가 됐다.

공매도는 주식 대여 기간이 정해져 있고 그 기간에 대여 수수료를 내야 한다. 주식을 샀는데 주가가 하락한다면 그냥 버티면 된다. 하지만 공매도는 투자 기간 내내 주식을 빌린 수수료를 내야 한다. 매수에 비해 투자 위험이 크기 때문에 공매도에서 개인은 불리한 거래 조건을 감수해야 한다.

우리나라의 공매도 방식은 대차거래와 대주거래 두 가지다. 대차거래는 기관투자자들끼리 주식을 빌리는 방식이다. 대주거래는 증권사가 개인에게 주식을 빌려주는 방식이다. 돈을 빌려주는 것과 마찬가지로 주식을 빌려주는 것도 떼일 위험이 있다. 기관투자자들은 신용도가 높기 때문에 자기들끼리는 직거래를 하고, 수수료도 낮다. 개인은 상대적으로 신용도가 낮기 때문에 빌릴 수 있는 기간과 주식의 규모, 종류가 제한적이다. 일각에서는 개인이 공매도를 할 때 수수료가 더 비싸고 대여 기간이 짧은 것에 대한 비판의 목소리가 있다. 외국인과 기관이 더 좋은 조건에서 공매도를 하는 것은 형평성에 어긋난다는 이유다. 공매도 조건이 개인에게 불리한 것은 신용도가 낮기 때문이다. 이를 무시하고 개인과 기관에게 똑같은 공매도 조건을 적용해야 하는가는 고민해봐야 할 문제다.

## 악성 루머의 전파자로 지목되는 공매도 세력

공매도 세력은 악성 루머의 진원지이자 유포자로 지목되고 있다. 주가가 하락하면 돈을 버는 것이 공매도 투자자이기 때문에 주가가 하락하길 기대하고 악성 루머를 퍼트린다는 것이다. 물론 주가를 떨어뜨리기 위해 거짓말을 하는 것은 불법이다. 그런데 주가를 떨어뜨리는 것뿐만 아니라 주가를 올리기 위해서나 주가를 유지하기 위해서 거짓말을 하는 것도 불법이다. 매수자든 공매도 투자자든 동일하다. 악성 루머가 문제라면 처벌을 하면 된다. 그것을 이유로 공매도를 금지하라고 주장할 수는 없다. 분명히 다른 차원의 문제이기 때문이다.

그럼에도 공매도가 공식적으로 금지될 때가 있다. 2008년 글로벌 금융위기가 닥쳤을 때 전 종목에 대한 공매도가 금지된 것이 그 예다. 호재에 비해 악재는 전파 속도가 빠르고 주가에 미치는 영향이 더 크다. 이는 '손실회피 심리'와 관련이 있다. 같은 금액이라고 하더라도 이익을 얻었을 때 느끼는 만족감보다 손실을 봤을 때 느끼는 고통이 더 크다는 의미다.

이는 통계적으로도 입증된다. 가격의 변동성을 표시하는 변동성지수(VIX: Volatility Index)가 있는데, 변동폭이 클수록 지수가 높아진다. 주가가 오를 때는 이 지수가 낮은 반면, 주가가 내려갈 때는 이 지수가 올라간다. 주가가 내릴 때 감정의 진폭이 더 크다는 뜻이다. 그런 연유로 VIX는 주가와 반대로 움직이는 경향이 있다. 주가가 오를 때는 낮아지다가 내릴 때는 높아진다. 그래서 VIX를 '공포지수'라고도 부른다. 변동성지수가 극히 높을 때, 즉 시장이 과도한 공포에 휩싸여 적정 시장 가격을 형성하기가 힘든 상황이 되면 공매도를 일정 기간 제한한다. 이는 전 세계적으로 통용되는 제도다.

## 공매도의 악용을 막는 장치들

우리나라에는 '업틱룰'이라는 것이 있다. 업틱룰은 공매도를 할 때 거래 가격보다 낮은 가격으로 호가를 내지 못하게 하는 규정이다. 주식을 팔고자 하는데 거래 가격보다 낮은 가격에 주문을 내면 누군가 더 싸게 사려는 사람이 생길 테고, 계속 거래 가격 아래로 매도 가격을 내면 주가 하락을 가속화할 수 있다. 그래서 공매도를 할 때는 거래 가격 이상으로 주문을 내라는 것이 업틱룰의 취지다.

공매도가 계속 욕을 먹다 보니 공시 규제도 만들어졌다. 금융당국은 0.5% 이상 공매도 잔고를 가진 사람은 의무적으로 공시를 하도록 했다. 공매도 거래에 대한 투명성을 높여 시장 정보로 활용하기 위해서다. 공매도가 많다는 것은 주가를 어둡게 보는 사람이 많다는 것이고, 이를 투명하게 하면 좋지 않겠느냐는 취지다.

하지만 우리나라 현실에서 공매도 공시는 매우 위협적인 규제다. 마녀사냥을 당할 수 있기 때문이다. 한 자산운용사 관계자는 "국내 자산운용사가 공매도를 했다고 공시를 하면 투자자들이 와서 시위를 할 것"이라고 말했다. 실제로 공매도 공시가 시행되자 해당 투자자들이 언론에 거론되며 비난을 받았다. 운용사로 몰려가 시위를 하는 일은 없었지만.

## 공매도 세력을 비난하며 돈을 버는 사람들

2016년, 한미약품이 대형 악재를 숨기고 있다가 늑장 공시를 해서 원성을 샀다. 그런데 악재가 알려지기 전에 공매도 거래가 많이 이뤄졌다. 공매도 세력이 미공개 정보를 이용해 주식을 거래했다는 비판의 목소리가 높았다. 급기야 김태흠 당시 새누리당 의원은 개인투자자 비중이 큰 코스닥시장에서는 공매도를 전면 금지하자는 법안을 발의하기도 했다.

하지만 이는 핵심을 잘못 짚은 것이다. 분명한 것은 한미약품의 미공개 정보를 이용한 불법 거래가 공매도의 문제도, 외국인의 문제도 아니었다는 점이다. 한미약품 미공개 정보 이용 사건으로 적발된 사람은 한미사이언스 임원 황모 씨와 그의 지인 보령제약 법무팀 김모 씨, 한미사이언스 직원 김모 씨와 한미약품 직원 20여 명이었다. 이들은 미공개 정보를 얻어 주식을 팔아 손실을 회피했다. 사람들은 공매도 세력을 잡아야 한다고 목소리를 높였지만, 정작 불법 행위를 한 것은 그 회사 임직원과 지인이었다.

공매도와의 전쟁 후 셀트리온은 어떻게 됐을까. 셀트리온은 공매도 세력이 자주 들러붙는 기업이다. 매출을 대부분 계열사를 통해 일으키는 구조도 불안하고 의약품 인증은 제대로 받을지, 판로는 열릴지, 실제 기술력은 인정받고 있는지 많은 사람이 의구심을 가졌다. 특히 취약한 부분이 지배구조였다. 셀트리온의 모회사인 셀트리온GSC는 셀트리온 주식을 담보로 많은 대출을 받았다.

주식을 담보로 대출을 받을 경우 주가가 하락하면 반대매매를 당할 위험이 있다. 반대매매는 담보로 잡은 주식의 가치가 하락했을 때 증권사가 강제로 처분하는 것을 말한다. 예를 들어 시가 100만 원 규모의 주식을 담보로 50만 원의 대출을 받았다고 하자. 통상적인 담보 인정비율(LTV)이 약 50%다. 그런데 주가가 하락해 80만 원이 됐다면 이 사람이 받을 수 있는 대출은 40만 원이 한계다. 10만 원만큼 담보가 부족하니 추가 담보를 제공해야 한다. 그렇지 않으면 담보로 맡긴 주식이 팔려나간다.

대주주의 주식이 팔려나가면 지배구조가 흔들린다. 자금 여력이 부족했던 셀트리온은 금융회사로부터 돈을 빌리는 것만으로는 모자라 개인 주주들에게도 주식을 담보로 맡기고 돈을 빌렸다. 주가가 하락하면 큰일이 나는 구조다.

서정진 회장은 주주가치를 높이기 위해 자사주를 매입하겠다고 선언했지만, 주가가 하락할 때 가장 위험한 사람은 그 자신이었을 것으로 보인다. 주가 부양을 위해 서 회장은 자사주를 매입했고 이후 회사를 매각한다고 공언하며 주가를 끌어올렸다. 이후 주가가 상승하자 매입했던 자사주를 매각해 차익을 얻었다. 그 규모가 2,000억 원 가까이 된다. 투자자들을 위해 공매도와의 전쟁을 벌인다더니 자신이 어마어마한 돈을 벌어들인 것이다.

같은 기간 셀트리온의 주식담보대출은 3,900억 원에서 1,300억 원으로 줄었다. 반대매매를 당할 위험도 대폭 감소했다. 회사는 어디서 돈이 생겨서 대출을 갚았을까? '자사주 매입 → 회사 매각 공언 → 주가 상승 → 자사주 매각'이라는 과정을 통해 갚은 것은 아닐까? 작전이라면 매우 성공적인 작전이었지만, 만약 똑같은 일을 개인이 했다면 부정거래로 처벌받았을 것이다.

실제로, 이후 반전이 있었다. 셀트리온을 조사하던 금융당국은 공매도 세력이 아니라 셀트리온 서정진 회장을 주가 조작 혐의로 검찰에 고발했다. 금감원은 자사주 매입 과정에서 증권사 사장과 짜고 시세조종을 한 것으로 봤다. 여기에는 지주회사, 계열사, 우리사주조합,

주주동호회 등 다수의 계좌가 동원됐다. 개인 투자자를 대변한다면서 서 회장의 편에 섰던 주주동호회 회장 역시 서 회장으로부터 미공개 정보를 얻어 거래를 한 것으로 드러났다. 이 사람은 셀트리온 주식을 담보로 잡고 셀트리온에 돈을 빌려준 사람이기도 하다. 행위만 보자면 악질적인 시세조종 행위다. 검찰은 이를 두고 13억 원의 벌금을 부과하는 약식기소로 결론을 내렸다. 시세차익을 노리는 일반적인 주가조작과 달리 주가 하락을 막기 위해 주식을 매집했기 때문이라고 검찰은 설명했다. 공매도의 93%가 외국인에 의한 것이어서 공매도 세력에 대한 대응이 불가피했다는 점도 고려됐다.

도대체 불법 공매도 세력은 어디에 있는 걸까? 금융당국과 검찰이 탈탈 털었지만 그런 세력은 없었다. 공매도와의 전쟁을 치른다며 한바탕을 소동을 일으켜서 가장 이익을 본 사람은 누구일까? 바로 서정진 회장 본인이다.

## 상승만이 유일한 답인 왜곡된 한국 자본시장

골드만삭스는 세계적인 전기차회사 테슬라모터스의 목표주가를 100달러에서 105달러로 올린다고 보고서를 냈다. 당시 테슬라의 주가는 150달러였다. 목표주가가 현재 주가보다 30%나 낮다는 것은 주식을 팔라는 의미다. 만약 우리나라에서 삼성전자의 주가가 190만 원인데, 목표주가를 120만 원으로 낸 리포트가 나온다면 어떤 일이 일어날까? 그 애널리스트는 투자자와 회사 양쪽에서 맹비난을 받을 것이고, 심지어는 시장에서 퇴출당할 수도 있다. 애널리스트들은 부정적인 리포트를 내야 한다면 차라리 아무것도 내지 않는 쪽을 택한다.

최근 집계에 따르면 국내 증권사가 발간한 리포트 6만 5,000여 건 중 매도 의견은 126건으로 0.2%에 불과했다. 주식을 사라고 부추기더니 언제 팔아야 하는지는 알려주지 않는다고 비난을 받았다. 급기야 금융감독원이 나서서 증권사 사장들을 소집하여 애널리스트들이 매도 의견을 내도록 하자고 말하기까지 했다.

만약 애널리스트가 매도 의견을 내서 주가가 내려가면, 주주들이 가만히 있을까? 매수만이 선이고 주가 상승만이 답인 우리나라 시장에서는 매도 의견을 내기가 쉽지 않다. 냉정한 평가를 통해 주가가 하락할 때도 안전하게 수익을 올릴 수 있는 투자 주체가 자리를 잡아야 증권사 매도 의견도 자연스럽게 나올 수 있다. 공매도가 투자자들에게 손해를 끼친다는 근거는 없다. 반대로 공매도를 '악'으로 규정하고 이를 처단하겠다며 나선 누군가는 대부분 자기 잇속을 챙겼다. 주가가 내려가는 것을 '악'으로 규정하다 보니 시장의 정당한 평가도 볼 수 없게 됐다. 당신의 주머니를 털어가는 사람이 누구인지 곰곰이 생각해볼 문제다.

# 개미도 하락에
# 투자할 수 있다

공매도 챕터에서 확인한 것처럼 상승만 바라보면 시장은 왜곡됩니다. 그렇다고 하락에 투자할 수 있는 공매도를 직접 하자니 개인이 하기에는 현실적으로 불가능합니다. 물론 국내 선물 투자를 하면 상승과 하락 모두에 투자할 수 있지만 최소 3,000만 원 이상이 있어야 합니다. 또 수십 시간의 교육과 모의투자를 이수해야 하는데, 이런 진입장벽을 뚫고 선물 투자를 시작해도, 단 몇 분 만에 3,000만 원이 모조리 날아갈 수도 있습니다. 그런데 위험이 이렇게 크지 않고, 진입장벽도 없으며 상승과 하락에 모두 투자할 수 있는 상품이 있습니다. 바로 상장지수펀드(ETF)와 상장지수증권(ETN)입니다. 둘은 엄연히 차이가 있지만 구조적으로 매우 비슷한 특성을 갖고 있기 때문에 ETF로 대표해 설명하겠습니다.

혹시 지금 1~2만 원을 들고 있습니까? 그렇다면 ETF와 ETN에 투자할 자금이 있는 것입니다. 주식 거래를 한 적이 있습니까? 즉, 주식 계좌를 갖고 있나요? 그렇다면 투자할 준비가 된 것입니다. 매우 간단합니다.

기본 구조는 이렇습니다. 상장지수펀드(ETF)는 이 종목 저 종목을 한 바구니에 담아 만든 펀드입니다. 그런데 그 펀드를 아주 잘게 쪼개놨습니다. 1주당 약 1~2만 원짜리로 잘게 쪼갠 후, 주식처럼 거래가 가능하도록 거래소에 상장해놓은 것입니다. 대형마트에서 박스째 파는 초코파이가 펀드라면, 동네 슈퍼 사장님이 낱개로 팔 수 있게 초코파이 상자를 뜯어 진열해놓은 것이 ETF입니다.

주식시장에서 삼성전자 1주를 사봅시다. 안 먹고 안 쓰고 월급 아껴서 겨우 200만 원 모았는데, 1주밖에 못 삽니다. 돈 모아 겨우 1주를 샀는데 결국 몰빵입니다. 투자의 제1 원칙, 계란은 한 바구니에 담지 말라고요? 돈이 부족한데 어쩝니까. 하지만 ETF를 이용하면 코스피시장의 주요 200개 기업을 사는 데 단돈 1만 원 정도밖에 들지 않습니다. 단돈 1만 원으로도 200개 기업에 분산투자하는 효과를 누릴 수 있는 것이 바로 ETF입니다.

기본 원리는 이렇습니다. 모든 ETF와 ETN은 수익률을 따라가는 기초자산이 있습니다. 예를 들어, 코스피200지수를 기초자산으로 하는 ETF의 경우 코스피200지수가 1% 오르면, ETF 수익률도 1%가 됩니다. 좋은 점은 레버리지ETF가 있다는 것입니다. 코스피200을 기초자산으로 하는 레버리지 ETF는 코스피200지수가 1% 오를 때, 2%의 수익을 내는 거지요.

개미도 하락에 투자할 수 있다고 했습니다. ETF와 ETN은 인버스 상품이 있기 때문입니다. 코스피200지수가 1% 하락하면 인버스ETF는 1% 수익이 납니다. 인버스에도 레버리지 상품이 있습니다. 코스피200지수가 1% 하락하면 2% 수익이 나는 상품입니다.

이런 수익률은 누가 맞출까요? 저절로 맞춰지는 것은 아닙니다. 유동성 공급자(LP)라는 존재가 있습니다. 계속 돈을 넣었다 뺐다 하면서 기초자산과 비슷한 수익률을 맞추는 존재들입니다. 이들은 초과 수익을 낼 필요가 없습니다. 초과수익은 오히려 감점 사유입니다. 원유가 1% 올랐는데, 해당 ETN이 유동성공급자의 실수로 4~5% 올랐다면, 평가에서 감점됩니다. 나중에 상품과 기초자산의 수익률 괴리가 더 커지고 오래 지속되면 유동성공급자 자격을 잃게 됩니다. 그러니 ETF나 ETN이 기초자산의 수익률을 못 따라가면 어쩌나 하는 걱정은 안 해도 됩니다.

기초자산이 참 다양하다는 장점도 있습니다. 코스피·코스닥지수뿐만 아니라 중국 상해종합지수, 달러, 원유, 천연가스, 구리, 금, 옥수수, 각종 통화 등. 흔히 유가가 내리면 항공주에 투자하고 유가가 오르면 석유화학주에 투자하라고 합니다. 유가가 오르면 WTI ETF에 투자하고 유가가 내리면 WTI 인버스 ETF에 투자해야 맞는 거 아닌가요? 미국이 금리를 인상하면 금리 인상 기대감에 국내 금융주에 투자하라 합니다. 미국 금리가 올라가면 미국 금융주를 기초자산으로 만든 ETF(국내에는 없고 해외에 있습니다)에 투자하는 것이 맞고, 달러 가치가 상승하므로 달러를 기초자산으로 만든 ETF에 투자하는 것이 맞습니다. 내 친구의 아버지의 형의 사촌동생이 아무리 재벌 3세면 뭐합니까. 나와는 전혀 무관합니다. 적어도 내 친구가 재벌 3세여야 콩고물이라도 있을 게 아닙니까. ETF·ETN은 유가가 오를 때 원유의 수익을 투자자가 그대로(혹은 그 이상) 가져가고 유가가 하락할 때에도 수익을 그대로(혹은 그 이상) 가져갈 수 있는 상품입니다.

해외에서는 ETF와 ETN 거래가 활발해 많은 상품이 내가 원하는 가격에 내가 원하는 시점에 사고팔기 수월합니다. 하지만 우리나라에서는 아직 ETF와 ETN이 그리 많이 알려져 있지 않아 몇몇 상품을 제외하면 거래량이 많은 것을 찾기 어렵습니다. 그래서 거래량 많은 상품 위주로 마치 주식처럼 투자해본다면 상승장이든 하락장이든 주식처럼 간단하게 아주

소액(적게는 1만 원 이하)으로도 투자가 가능합니다.

한 가지 위험성을 짚어보자면, ETF와 ETN의 차이에서 기인하는 문제가 있습니다. ETF는 자산운용사가 만들고 고객이 투자한 돈을 신탁재산으로 별도로 보관합니다. 쉽게 말하면, 자산운용사가 망해도 투자자의 재산은 그대로 남아 있다는 것입니다. 반대로 ETN은 증권사가 만드는데, 만기가 있을 뿐만 아니라 증권사가 망하면 투자자의 재산도 함께 사라질 수 있습니다. 물론 증권사가 망할 때 조용히 사라지지는 않습니다. 이러한 일말의 위험도 감수하기 어렵다면 ETN이 아닌 ETF만 선택해 투자해보는 것도 나쁘지 않습니다.

# 02

## 서브프라임 모기지 사건:
# 현대판 연금술의 몰락에도 배울 것은 있다

영화 〈빅쇼트〉는 2007년 미국 서브프라임 모기지 사태를 다룬 영화다. 괴짜 천재들이 세계 경제를 걸고 은행을 상대로 베팅하는 장면이 매우 흥미진진하다. 모두가 "Yes"를 외칠 때 자신의 모든 것을 걸고 "No"를 외친 그들은 전 세계가 천문학적인 손실을 볼 때 천문학적인 부자가 됐다. 그런데 영화를 다 봐도 그들이 어디에 돈을 걸었는지 이해하기 힘들다. 글로벌 금융위기의 원인은 비우량 주택담보대출, 그러니까 서브프라임 모기지 때문이라고 알려져 있다. 신용등급 낮은 사람이 돈을 빌려 집을 샀다가 빚을 못 갚아서 글로벌 금융위기가 일어났다는 얘기다. 상당히 황당한 소리다. 바다에 조약돌을 던졌더니 해일이 일어났다는 말처럼 느껴지기도 한다.

글로벌 금융위기는 금융의 최첨단을 달리는 미국에서 일어난 일이다. 글로벌 금융위기는 세계 최고의 금융 천재들이 '금융의 꿈'을 향해 달리며 만들어낸 괴물이다. 그들이 꾼 꿈은 무엇이었을까? 우리는 글로벌 금융위기를 보며 아무 생각 없이 '역시 신용등급이 낮은 사람에게는 돈을 빌려주면 안 돼'라든지 '역시 금융은 나쁜 것이니 규제를 해야 해'가 아니라 '미국의 금융 수준은 저렇게까지 발전했구나'를 배워야 한다.

금융의 본질적인 역할은 돈이 남는 사람과 돈이 부족한 사람을 연결해주는 것이다. 돈이 필요한 사람에게는 가장 저렴한 비용으로 돈을 쓸 수 있게 해주고, 돈을 투자하려는 사람에게는 적은 위험과 높은 수익을 제공해야 한다. 하이리스크-하이리턴은 자연계의 물리 법칙에 버금갈 정도로 깨지지 않는 진리다. 미국의 금융 천재들은 여기에 도전했다. 저신용자들도 집을 살 수 있을 정도로 낮은 금리, 국공채와 비슷한 수준으로 위험이 낮은 고금리 채권. 그들이 만들어낸 연금술이다. 그들의 연금술은 무엇이었는지, 조금은 복잡한 이야기를 시작한다.

## 미국의 천재들, 쓰레기를 금으로 만들다

누군가 집을 담보로 은행에서 돈을 빌리면 은행은 주택담보대출채권을 갖게 된다. 그 채권에는 누가 언제 얼마를 갚겠다는 내용이 담겨 있다. 채권은 남에게 팔 수 있다. 내가 A은행에서 돈을 빌렸는데 A은행이 B은행에 대출채권을 팔면 나는 B은행에 돈을 갚아야 한다. 우리나라에서 은행은 주택금융공사에 대출채권을 판다. 나는 은행에 돈을 갚고 있지만 사실 그 돈은 최종적으로 주택금융공사로 간다. 이 과정에서 은행은 수수료를 받는다.

대출채권을 개별적으로 팔기란 쉽지 않다. 한 사람이 빌린 채권은 그 사람이 돈을 갚지 않으면 전액 손실이다. 은행의 경우 수만, 수십만 개의 대출채권을 가지고 있다. 1명의 채권은 위험하지만 수만 명의 채권이 한 덩어리가 되면 덜 위험하다. 빚을 갚지 않는 사람이 그중 한두 명 나온다 해도 버틸 여력이 있다. 수만 명의 대출채권을 모아서 만든 채권이 모기지채권(MBS: Mortgage Backed Securities), 즉 자산유동화증권이다.

MBS는 여러 개의 대출채권을 모은 다음 다시 쪼개서 파는 채권이다. 예를 들어 100만 원짜리 대출채권 100개를 모아 1억 원짜리 MBS를 만든다. 그런 다음 이 MBS를 100개로 쪼개서 판다. 그러므로 1개의 MBS에는 100개의 대출채권이 100분의 1씩 들어 있다. 원래의 대출채권 1개는 1명이 안 갚으면 그 채권을 가지고 있는 사람이 100만 원을 모두 손해 본다. 위험이 매우 크다. 이에 비해 MBS는 1명이 안 갚으면 100명이 1만 원씩 손해를 본다. 위험이 100분의 1로 줄어드는 셈이다. MBS는 통상 정책금융기관이 보증을 한다. 위험이 분산된 상태에서 공기업의 보증까지 들어가면 매우 안전한 채권이 된다.

위험이 줄어들면 더 많은 곳에 채권을 팔 수 있다. 연기금, 보험사 등 큰손들은 위험을 극도로 싫어한다. 큰돈을 안전하게 운용해야 하기 때문에 수익률이 낮아도 국공채 같은 상품을 좋아한다. 이런 채권은 수익률이 낮고 수량도 한정된다. 이에 투자은행들은 좀 더 수익률이 높으면서 큰손들이 살 수 있는 상품을 개발했다. 부채담보부증권(CDO: Collateralized Debt Obligation)이다.

## 서민들에게 집을, 투자자에게 고수익을

대출채권을 모아 모기지채권(MBS)을 만들었던 방식처럼, 이 MBS를 모아 만든 것이 부채담보부증권(CDO)이다. 여기서는 부실이 나면 손해를 보는 구간을 3단계로 나눴다. 많은 사람이 주택담보대출을 갚지 않아 CDO에 대한 원금과 이자를 갚지 못했을 때 손실이 발생하는 순서에 따른 것이다. 가장 먼저 손실을 보는 구간이 C등급, 그다음이 B등급, 그다음이 A등급이다. C등급은 위험이 큰 대신 수익률도 높다. A등급은 B, C등급이 모두 부실이 된 후부터 손실 구간에 들어간다. A등급 CDO는 대출채권, MBS보다 더 안전하다. 신용평가사들도 높은 등급을 줬다.

저신용자의 대출채권은 기관투자자들이 거들떠보지도 않는 상품이다. 그런데 저신용자들의 대출채권을 모아 MBS를 만들고 이를 다시 한 번 조합해 CDO를 만들자, 신용평가사들은 높은 신용등급을 줬다. 큰손들은 국채 수준의 신용등급을 받은 CDO를 대거 사들였다. 저신용자들의 대출금리는 높다. 그것을 기초자산으로 만든 CDO 역시 국채보다 훨씬 높은 수익을 줄 수 있다. 국채와 같은 신용등급에 높은 수익을 주다니. 금융공학의 혁명, 쓰레기를 황금으로 만드는 현대판 연금술이 탄생한 것이다.

저위험 중수익을 주는 CDO는 날개 돋친 듯 팔렸다. 그리고 CDO를 만들어 판 투자은행들은 어마어마한 돈을 벌었다. CDO를 만들기 위해 더 많은 사람의 대출채권이 필요했다. 금융회사들은 더 많은 사람이 대출을 받을 수 있도록 대출금리를 낮췄다. 누구나 내 집 마련을 할 수 있는 유토피아. 이것이 미국의 조지 부시 행정부가 천명한 '오너십 소사이어티(ownership society)'다. 간혹 부실이 발생한다 해도 크게 개의치 않았다. 대출을 해준 은행은 이미 대출채권을 팔아버렸기 때문이다. 서민들에게는 집을 살 수 있도록 주택담보대출의 금리를 낮춰주고, 투자자들에게는 낮은 위험에 높은 수익을 제공하는 금융의 꿈이 이뤄진 것이다.

투자은행은 더 많은 CDO를 만들어 팔고 싶었다. 채권을 팔아 수수료를 벌기 위해서다. 안전한 3층 CDO는 좋은 신용평가를 받아 연기금이나 보험사 등 기관투자자들에게 팔려나갔는데, 1층 CDO가 잘 안 팔렸다. 그래서 1층 CDO를 모아 또다시 3층의 탑을 쌓았다. 또 3층은 안전자산이라며 기관투자자에게 팔았다. 원리는 같다. 높은 등급을 받은 CDO는 불티나게 팔렸다. 이제 대출을 받은 사람의 신용도는 누구의 관심사도 아니다. 몇 명이 대출을 갚지 못해도 이미 완벽하게 위험이 분산돼 CDO에 미치는 영향은 지극히 미미했다. 누구나 집을 살 수 있었고 부동산 가격은 중앙은행이 지켜줬다. 이자는 갚지 않아도 된다. 2년 정도만 버티면 부동산 가격이 올라 대출을 모두 상환하고도 남았다. 영화에서처럼 라스베이거스의 스트리퍼도 집 5채를 살 수 있다.

빅쇼트의 주인공들이 전 재산을 베팅한 대상이 바로 CDO다. 그들은 중앙은행과 공기업, 글로벌 투자은행들이 목숨을 걸고 사수하고 있는 이 철옹성이 무너질 것이라는 데 전 재산을 걸었다.

## 모래 위에 지은 고층빌딩, 현대판 연금술의 몰락

서브프라임은 우리나라로 치면 주택담보 2차 대출과 같은 상품이다. 은행에서 아파트 가격의 70%까지 대출을 해줬는데 나머지 30%를 2금융권에서 빌려준 격이다. 집값 전액을 대출해주니 돈 한 푼 없이도 집을 살 수 있다. 그런데 집값이 오르면 모르지만 혹시 내리면 곧 대출을 상환해야 하는 위험에 처한다.

서브프라임 모기지를 무너뜨린 또 하나의 방아쇠는 티저금리다. 티저금리는 2년여 동안 낮은 금리를 적용하다가 이후부터 금리가 올라가는 상품이다. 고금리가 적용되기 전에 집을 팔아 대출을 갚으면 문제가 없다. 하지만 부동산 가격이 상승하지 않은 채 저금리 기간이 끝나면 무지막지한 상환 부담을 안게 된다. 부동산 가격이 정체되고 티저금리가 끝나는 그날, 서브프라임 모기지로 만든 탑이 무너졌다.

우량 주택담보대출을 기초자산으로 만든 CDO가 산에 있는 주택이라 한다면, 비우량 주택담보대출을 기초자산으로 만든 CDO는 강가에 있는 주택에 비유할 수 있다. 1층에 있는 집은 홍수가 나면 가장 먼저 물에 잠긴다. 그래서 집값이 싸다. 어지간한 홍수가 아니면 그래도 3층은 안전하다. 홍수가 나서 1층이 잠길 확률이 10%라고 하자. 잠길 확률이 10%니까 1층집 10채를 사면 그중 1채만 물에 잠긴다는 것이 수학적 확률 개념이다. 하지만 실제로 홍수가 났는데 10채 중 1채만 잠긴다는 게 말이 되나. 10채가 다 잠긴다. 홍수가 크게 나면 2층이고 3층이고 모두 물에 잠긴다. 반면 산에 있는 주택은 1층일지라도 강가에 있는 주택 3층보다 훨씬 안전하다. 강에 있는 주택은 비우량채권이다. 쓰레기는 모아봐야 쓰레기다. 저신용자의 대출채권은 아무리 모아서 섞어봐야 부실채권일 뿐이다.

## 아예 기초자산이 없는 CDO를 만들어보자

쓰레기만 있으면 황금을 만들 수 있는데, 이미 전국의 쓰레기를 다 모은 터라 쓰레기가 부족했다. 이제 그들은 아예 쓰레기도 없는 상태에서 황금을 만들었다. 바로 신용부도스왑(CDS: Credit Default Swap)을 활용하여 합성CDO를 만든 것이다.

〈빅쇼트〉의 주인공은 CDO가 무너질 것이라고 확신했다. 서브프라임 모기지는 반드시 터질 것이라고 생각했고, 이를 기초자산으로 한 CDO도 무너질 것이라고 생각했다. 어떻게 하면 서브프라임 모기지가 망할 때 돈을 벌 수 있을까? 그들이 발견한 상품이 신용부도스왑(CDS)이다. CDS는 일종의 보험이다. 은행이 기업에 대출을 해줬는데 기업이 망한다면 돈을 떼이게 된다. 이럴 때 보험사가 제공하는 보험에 가입할 수 있는데, 그 보험이 CDS다. 은행은 매달 보험료를 내다가 기업이 망해 돈을 떼이게 되면 보험금을 받는다. CDS의 가격, 일테면 보험료는 기업이 망할 확률에 따라 달라진다. 기업이 망할 확률이 높아지면 보험료가 비싸진다. 그들은 CDO에 대한 CDS를 샀다. CDO는 망했고 그들은 부자가 됐다.

CDS가 보험과 다른 점은 당사자가 아니어도 구입할 수 있다는 점이다. 생명보험으로 비유하자면 자신이 죽을 때 유족이 보험금을 받는 구조가 아니라 생판 남이 죽을 때 내가 보험금을 받는 상품인 것이다. 서브프라임 모기지채권이 부실이 나면 대출을 해준 금융회사가 피해를 본다. 이를 방어하려면 대출을 해준 금융사가 보험에 들어야 하는데, 그게 아니라 제3자가 보험에 든 것이다. 이는 사실상 그 채권의 부도를 두고 보험사와 CDS 투자자가 내기를 한 것과 같다. 투자자는 매달 보험료를 내며 망하기를 기다린다. 보험사들은 그들을 호구로 봤다. CDO가 망한다는 데 전 재산을 걸고 매달 보험료를 내다니 무슨 배짱들이신지. CDO는 평가사들이 국채 수준으로 안전하다고 하지 않았던가. CDO가 망한다는 것은 국채가 부도나는 것, 즉 미국이 망한다는 것과 같다는 말이다. 그 호구들이 중간에 포기하면 지금까지 냈던 보험료는 모두 회사 몫이다.

글로벌 투자은행들이 저신용자에게까지 마구 돈을 빌려주며 집을 사도록 한 이유는 채권이 필요했기 때문이다. 채권을 팔아 돈을 벌기 위해서다. 고신용자의 채권만으로는 부족해서 저신용자도 대출을 받도록 만들었다. 그런데도 채권이 부족했다. 이제부터 CDS의 마법이 시작된다. 대출이자는 대출을 받은 사람이 낸다. 그 사람이 신용등급이 낮아 부실 위험이 높으면 더 많은 이자를 낸다. CDS도 마찬가지다. 대출의 부실 가능성이 크다면 보험금을 줘야 할 가능성이 크기 때문에 보험료도 더 많이 내야 한다. 대출자의 신용도에 따라 금리가 결정되듯이, 대출자의 신용도에 따라 CDS 보험료가 결정된다.

대출을 받은 사람이 은행에 대출이자를 갚는 행위와 CDS 투자자가 보험사에 CDS 보험료를 내는 행위는 형식적으로 같다. 만약 저신용자들이 서브프라임 모기지를 못 갚으면 보험사는 CDS 투자자에게 보험금을 지급해야 하므로 손실을 보게 된다. 보험사들은 서브프라임 모기지채권을 하나도 가지고 있지 않은데도 거기서 부실이 나면 손해를 보는 구조다. 얼떨결에 보험사는 가장 많은 서브프라임 모기지채권을 보유한 금융사가 된 셈이다.

CDS는 형식상 서브프라임 모기지채권과 같다. 그렇다면 대출채권을 기초자산으로 CDO를 만들었듯이, CDS를 기준으로 다시 CDO를 만들 수도 있는 것이다. 그렇게 CDS를 모아 합성CDO가 만들어졌다. 서브프라임 모기지채권이 있어야 만들 수 있는 CDO와 달리 합성CDO는 무한정 만들 수 있다. 내기를 원하는 CDS 투자자와 보험사만 있으면 1개의 계약을 가지고도 무한대의 CDS를 만들어낼 수 있다. 서브프라임 모기지 채권이 발행되고 망하려면 어떻게든 비우량 주택담보대출을 받을 주택과 대출자가 있어야 한다. 하지만 CDS는 그 서브프라임모기지채권이 망할 것이라고 생각하는 사람만 있으면 무한대로 만들어낼 수 있다.

이제 그나마 이카로스의 다리를 묶고 있던 마지막 족쇄, 기초자산이 있어야 한다는 제약마저 풀렸다. 물리적 실체가 없어도 막대한 파생상품을 만들 수 있고 투자은행들은 무한대의 채권을 팔아 수수료를 챙길 수 있게 됐다!

## 서브프라임 모기지가 부실해졌다. 그럼 합성CDO는?

지금까지 함께 걸어온 복잡한 발자취를 돌아보자. 글로벌 금융위기는 결국 서브프라임 모기지, 즉 비우량 주택담보대출이 상환되지 않았기 때문에 발생했다. 서브프라임 모기지가 부실해지자 이를 기초자산으로 만든 모기지채권인 MBS가 부실해졌다. MBS가 부실해지자 MBS를 모아 탑을 쌓아 만든 CDO가 부실해졌다. 이 과정에서 보증을 섰던 주택금융공공기관(패니메이, 프레디맥)도 무너졌다.

그런데 어느 서브프라임 모기지채권에 어느 CDO가 연결돼 있는지, 어느 CDS가 연결돼 있는 건지, 어느 합성CDO가 얼마나 연결돼 있는지 도무지 알 수가 없다. 보험계약이 이뤄졌는데 보험금을 주면 보험사가 망하고, 보험금을 안 주면 보험에 든 사람이 망하는 진풍경이 발생했다. 금융사들은 자기들이 만들어놓은 악마의 거미줄이 어디에서 엉켰는지, 어디가 끊어졌는지 파악할 수조차 없었다. 어차피 아무도 뭐가 뭔지 모르는 상황이라, 금융사들은 누구도 약속을 지키려하지 않았다. 그렇게 리먼 브러더스가 무너지고 글로벌 금융위기가 시작됐다. 그들이 추구했던 '금융의 꿈'에 탐욕이 더해지며 쌓아 올려진 바벨탑은 결국 무너지고 말았다.

## 본질을 못 보고 결과만 보고 있는 한국

글로벌 금융위기 이전까지 한국에서는 글로벌 투자은행 육성을 위해 증권, 자산운용, 신탁, 선물 등의 법을 통폐합하는 자본시장통합법을 만들고 있었다. 규제를 완화하고 대형 은행, 그러니까 메가뱅크를 육성하기 위해 산업은행 민영화도 추진하고 있었다. 그러다 글로벌 금융위기가 오고 전 세계적인 금융 규제 강화 바람이 불자 우리 역시 뭔지도 모르고 금융 규제를 강화했다. 한편으로는 그동안 은행에서 대출 못 받은 설움, 주식 투자를 했다가 돈을 날린 금융 부문에 대한 분노가 반영되기도 했다.

미국에서 벌어진 일은 엄청나게 고도화된 금융이 탐욕을 이기지 못해 벌어진 일이다. 이카로스가 태양에 너무 가까이 갔기에 추락한 것이다. 그런데 우리나라는 하늘을 날기는커녕 지하에 머물고 있었다. 태양 구경도 못 해본 주제에 이카로스를 보며 '역시 위로 가면 위험해' 하며 지상으로도 안 가겠다는 격이다.

금융의 근본적인 역할은 돈이 부족한 사람에게는 자금을 저렴하게 조달하게 해주고, 돈이 남는 사람에게는 높은 수익을 주는 것이다. 미국 금융은 집을 사고 싶어 하는 개인에게 낮은 금리로 대출을 해줬다. 투자처를 찾는 기관투자자에게는 국채 수준의 낮은 위험에 높은 금리를 주는 상품을 제공했다. 욕심이 지나쳐 선을 넘긴 결과는 참담했지만, 꿈을 향해 나아가는 과정 어딘가에는 효율적인 금융 시스템이 존재했다. 그에 반해 한국 금융은 예금이자에 대충 얼마를 붙여

대출을 해주는 일이 전부다. 미국이 태양 근처까지 가는 동안 한국은 시도조차 하지 않았다. 상환 능력을 고려하지 않고 무분별하게 이뤄진 대출과 기초자산에서 너무나 멀리 가버린 파생상품, 모래사장 위에 쌓은 석탑은 금융의 탐욕과 오만이 만들어낸 괴물이다. 하지만 미국이 위험을 분산하고 고도의 신용평가와 채권구조화를 통해 더 많은 사람에게 더 낮은 금리의 대출을 제공하고 더 높은 수익의 채권을 만들어낸 금융혁신은 우리가 배워야 할 부분이다.

# 03

## 항공:
## 저비용항공사 vs 대형 항공사, 당신의 선택은?

우리 국민의 항공기 이용이 갈수록 늘고 있다. 국토교통부 자료에 따르면 2016년 항공기 이용객 수가 1억 391만 명을 기록했다. 역대 최대치다. 지난 2015년과 비교하면 국내 여객은 10.5%, 국제 여객은 18.8% 증가했다. 2017년 1월 한 달간 국제선과 국내선 항공기 이용객 역시 949만 명으로 1,000만에 육박했다.

산업 규모가 커지면서 새로운 전환기를 맞고 있는 항공 산업에 대해 자세히 알아보자. 또 이용객이 많은 만큼 감춰진 비밀도 많다. 알아두면 유용한 항공 이용 팁도 분명 존재한다.

우리나라에서 비행기를 이용해 국내외를 오간 승객의 규모는 얼마나 될까? 2016년 기준 1억 명을 넘어섰다. 4,200만 명이 국내외를 오갔던 지난 2000년과 비교하면 해외 여객 시장이 2배 넘게 커진 것이다([그림 1] 참조).

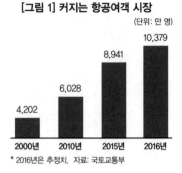

[그림 1] 커지는 항공여객 시장

(단위: 만 명)

10,379
8,941
6,028
4,202

2000년  2010년  2015년  2016년

* 2016년은 추정치. 자료: 국토교통부

항공 여객 1억 명 시대가 열리면서 시장 주도권을 잡기 위한 국내외 항공사 간 경쟁도 치열해졌다. 항공사들은 '최저 요금'을 앞세우거나 '가장 만족스러운 서비스'를 외치는 등 각자 장점을 극대화한 마케팅에 열을 올리고 있다. 경쟁이 고객 모집에만 집중된 만큼 소비자들은 예상치 못한 피해를 보기도 하는데, 이에 대한 보상안은 제대로 마련되지 않고 있다.

## 비상하는 저비용항공사, 얼마나 안전한가?

우리나라 경제가 좀처럼 반등의 실마리를 찾지 못하고 있다. 대부분 산업은 마이너스 성장을 하고 있는데 불황 덕을 톡톡히 보는 산업이 있다. 바로 '불황의 역설'로 불리는 저비용항공사(LCC)들이다.

2016년 저비용항공사들의 국제선·국내선 시장 점유율은 역대 최대치를 기록했다. 국내선에서는 절반 이상의 비행기를 저비용항공사가

**[그림 2] 국제선 시장점유율**

(단위: %)

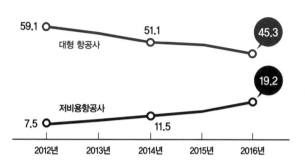

59.1
51.1
45.3
대형 항공사

19.2
저비용항공사
7.5
11.5

2012년  2013년  2014년  2015년  2016년

\* 2016년은 11월까지 수치
자료: 국토해양부

띄웠고, 국제선에서는 20% 가까운 점유율을 기록했다([그림 2] 참조).

저비용항공사들이 이처럼 고공행진을 거듭하는 이유는 무엇일까? 그 답은 우리 경제 상황에서 찾을 수 있다. 경기가 침체될수록 사회 구성원들은 스트레스를 해소하기 위해 일상에서 탈출하고자 하는 욕구가 커진다. 가장 손쉽게 일상에서 벗어나는 방법이 바로 여행이다. 그리고 국내 여행보다는 해외여행의 선호도가 더 높다. 미국과 유럽 등 선진국들 역시 불황기에 해외여행 수요가 늘어났고, 우리나라도 2012년 이후 장기 불황에 접어들면서 비슷한 패턴을 보이고 있다. 최소한의 비용으로 일상에서 탈출하길 원하는 소비자들의 트렌드가 저비용항공사의 콘셉트와 맞아떨어지면서 급성장을 이루게 된 것이다.

그리고 당분간은 이런 성장세가 계속될 것으로 보인다. 저비용항공사들 역시 이런 추세를 예상하고 잇달아 항공기를 추가 도입하고 다른 항공사들과 동맹을 맺는 등의 협력관계를 늘리고 있다([그림 3] 참조). 저비용항공사들이 2017년 도입 예정인 항공기 대수는 모두 20대다. 저비용항공사들이 보유한 항공기 대수가 평균 20대 정도임을 고려하면, 2017년에 저비용항공사 한 곳이 더 생기는 셈이다.

덩치를 급속도로 키우고 있는 저비용항공사들은 더욱 값싼 운임을 내세우며 고객을 모집한다. 대한항공이나 아시아나항공 등 대형 항공사가 도저히 내놓을 수 없는 가격을 특가할인으로 내세우며 소비자의 니즈를 채워준다. 보통 1월 초와 7월 초 두 차례에 걸쳐 제주항공과 진에어는 각각 '찜특가'와 '진마켓'이란 특가 상품을 선보인다. 항공권 할인율이 최대 90%가량으로 이 특가 상품으로는 괌이나 사이판을 왕복 9만 원 정도면 다녀올 수 있다.

1월 초에 나오는 상품은 대부분 그해 하반기인 6~12월에, 7월 초에 나오는 상품은 다음 해 1~6월에 이용할 수 있다. 이를 염두에 두고

[그림 3] 국내 저비용항공사 자체 정비인력 및 항공기 보유 현황

■ 정비인력(명)  ■ 항공기(대, 2016년 말까지 보유 항공기 대수)

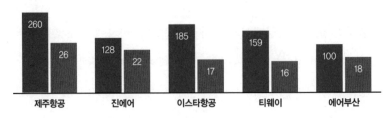

| | 제주항공 | 진에어 | 이스타항공 | 티웨이 | 에어부산 |
|---|---|---|---|---|---|
| 정비인력(명) | 260 | 128 | 185 | 159 | 100 |
| 항공기(대) | 26 | 22 | 17 | 16 | 18 |

자료: 각사

휴가 날짜를 미리 정해서 이용하면 해외여행을 굉장히 저렴하게 다녀올 수 있다. 경쟁률이 치열한 만큼 표를 확보하기가 쉽지 않은데, 매월 초에 저비용항공사들의 홈페이지를 직접 방문하면 70%가량 할인하는 특가 찬스를 만날 수도 있다. 또 이들 홈페이지에서는 수시로 소위 '땡처리 항공권'을 판매하기도 한다. 항공료를 조금이라도 더 아끼고 싶다면 항공권을 모아서 파는 홈페이지보다 저비용항공사 홈페이지를 수시로 방문하는 것이 좋다.

'싼 게 비지떡'이란 말도 있듯이, 가격이 저렴한 만큼 승객들로서는 안전이 걱정될 수밖에 없다. 다행히 아직까지는 국적 저비용항공사의 사고는 없었다. 하지만 1~2시간의 지연이 발생하는 경우가 많아 승객들이 불편을 겪고 있다. 한정된 비행기를 가지고 비용을 줄이면서 최대 수익을 달성하고자 하다 보니 운항 일정을 빡빡하게 세울 수밖에 없다. 그래서 어떤 노선에서 지연되면 그다음 노선에도 연속적으로 영향을 주게 된다.

지연율을 낮추기 위해 가장 시급한 것이 자체 정비인력 확보인데 아무래도 비용 문제 때문에 대형 항공사보다 인력 수급 상황이 좋지 않다([그림 4] 참조). 특히 국내 저비용항공사들은 현재 운항에 관한 유지보수 이외에 운항의 핵심 정비인 기체와 엔진, 부품과 관련한 정비는 100% 외주를 주고 있다. 이 때문에 운항 전후 비행기 엔진과 관련된 문제가 발생하면 정비 시간이 오래 걸릴 수밖에 없다.

또 저비용항공사들의 운항 횟수가 연평균 25%씩 급증하고 있는 만

[그림 4] 국내 항공사들의 유지보수(MRO) 현황

| 대한항공 | 아시아나항공 | 5개 저비용항공사 등 |
|---|---|---|
| 규모  7,650억~8,100억 원 | 2,000억~2,200억 원 | 400억~500억 원 |

정비 내부화
※자체 정비 비율

약 90%

기체·엔진·운항정비
내부화

운항정비
내부화

40~50%

운항정비
내부화
20~30%

* 2014년 기준
  자료: 산업연구

큼 안전사고도 증가하고 있다. 2016년 기준 항공기의 출입문 고장이나 항공기 압력조절장치 고장 등의 항공 안전 장애가 1년 전인 2015년보다 94%나 늘었다. 이런 사고를 방지하기 위해선 늘어난 운항 횟수만큼 정비인력도 늘려야 한다. 정부는 항공기 1대당 운항정비사를 12명 수준으로 확보하고 항공기 고장에 대비한 예비 엔진과 부품도 확대하라고 권고했다.

하지만 저비용항공사들은 비용을 절감하여 경쟁력을 확보하는 데 중점을 두고 있기에 인건비 비중이 60~80%에 달하는 정비 서비스에 투자할 유인이 적다. 특히 진에어나 에어서울, 에어부산 등은 모기업이 대한항공과 아시아나항공 등 대형 항공사다. 이 때문에 정비인력 확충에 대한 필요성이 다른 저비용항공사들보다 크지 않다.

결국 제주항공을 필두로 국적 저비용항공사들이 힘을 합쳐 정비인력을 공동으로 마련하는 방안이 추진되고 있다. 항공정비사업의 규모는 동북아만 해도 오는 2025년경이면 4조 원 규모까지 성장할 것으로 보인다. 갈수록 중요해지고 있는 안전에 대한 투자를 집중적으로 하는 저비용항공사가 있다면 소비자들에게 신뢰받는 것은 물론 항공정비 분야까지 외연을 넓힐 수 있어 성장성이 개선될 것이다. 항공 산업은 기업과 고객 간의 신뢰가 바탕이 되어야 하는 분야다.

## '비상' 걸린 대형 항공사, 서비스 포기하나?

저렴한 가격으로 무장한 저비용항공사가 '비상(飛上)'하고 있다면 대한항공과 아시아나항공의 상황은 '비상(非常)'이라고 할 만큼 위기 상황이다. 국내에서는 저비용항공사가 급성장하고 있고, 국외에서는 외국 대형 항공사들이 가격 경쟁력을 앞세워 바짝 추격해오고 있다. 국적 대형 항공사들은 이들 사이에 끼어 고군분투하고 있다.

특히 에미레이트항공과 카타르항공 등 중동 항공사들은 자국 정부의 막대한 지원을 받아 국적 대형 항공사들보다 저렴한 항공운임을 앞세우고 있다. 실제 중동을 거쳐 유럽으로 가는 중동 항공사들의 비즈니스 클래스 운임은 대한항공이나 아시아나항공의 이코노미 클래스 운임과 별반 차이가 없다. 영국항공, 루프트한자, 에어프랑스 등 유럽 항공사들도 유럽 여러 도시의 직항 노선을 국적 항공사보다 저렴하게 내놓으면서 국내에서 점유율을 꾸준히 높이고 있다.

이런 상황을 극복하기 위한 국내 대형 항공사들의 전략은 신형 항공기를 통한 '서비스의 고급화'와 '장거리 노선 강화'다. 저비용항공사, 외국 대형 항공사와의 경쟁에서 살아남기 위해 대한항공과 아시아나항공은 오는 2025년까지 경쟁력 강화를 위해 신규 항공기를 50~100대가량 추가로 도입한다. 대한항공은 보잉의 차세대 대형 항공기 B747-8i 10대를 도입하기로 했다. 2015년부터 시작하여 이미 도입을 마친 5대는 인천~뉴욕, 인천~프랑크푸르트 등 전략 노선에 투입했으며 2017년까지 추가 투입이 이뤄질 예정이다.

B747-8i는 각종 첨단장치로 안정성을 대폭 높였으며, 차세대 엔진을 장착해 연료 효율을 개선함으로써 환경오염 배출물질을 획기적으로 낮췄다. 좌석도 475석까지 장착할 수 있다. 가격은 3억 달러(한화 약 3,500억 원)다.

아시아나항공은 2014년부터 '하늘 위의 호텔'로 불리는 에어버스의 대형 항공기 A380 총 6대를 들여왔다. 가격은 4억 달러(한화 약 4,700억 원)다. 도입한 A380은 2016년 12월부터 시드니와 프랑크푸르트, LA, 뉴욕 등 주요 장거리 노선에 투입되고 있다.

그런데 위기를 극복하기 위한 신형 항공기 도입이 최근 도리어 이들의 발목을 잡고 있다. 무리한 도입으로 부채비율이 급속도로 높아졌기 때문이다([그림 5] 참조).

부채비율을 낮추기 위해 대형 항공사들은 회사채를 발행함과 함께 잇달아 자산 매각을 진행하고 있다. 그럼에도 재무개선은 좀처럼 이뤄지지 않고 있다. 특히 국제유가와 원/달러 환율 상승 등 대외 환경이 항공 산업에 불리한 쪽으로 전개될 가능성이 커지고 있다. 또 항공기 도입을 대부분 금융리스로 진행한 것도 이들 항공사의 재무구조 개선에

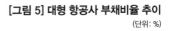

[그림 5] 대형 항공사 부채비율 추이
(단위: %)

자료: 금융감독원 전자공시시스템

불리한 요인으로 작용하고 있다. 미국이 기준금리를 추가 인상할 가능성이 크기 때문에 이자비용이 증가할 수 있어서다.

주가도 이를 정확히 반영하고 있다. 대한항공은 한진해운이 법정관리에 들어가면서 가장 큰 리스크를 덜어냈지만, 기업 재무구조가 좀처럼 개선되지 않아 주가가 연일 하향세를 기록하고 있다. 아시아나항공 역시 2015년 말부터 비상경영을 선언하고 노선 구조조정과 조직 개편, 비핵심 자산 매각 등을 단행하고 있지만 성과는 그리 크지 않다.

한편으로는 이들의 상황이 정부의 도움을 받지 못하고 무너진 국내 대형 해운사들과 비슷하게 전개되고 있는 것으로 보인다. 우리나라를 제외하면 항공 산업을 영위하는 주체는 대부분 정부이고, 중동에서는 석유 재벌들이 맡고 있다. 항공 사업으로 수익을 내기가 그만큼 힘들기 때문에 외부적인 지원이 불가피해서다. 국내 대형 항공사들이 특단의 대책을 세우지 않는다면 갈수록 치열해지는 경쟁 관계에서 '생존'마저 어려워질 가능성도 있다.

## 항공 산업의 판은 어떻게 바뀌는가?

우리나라 항공 여객 수가 1억 명을 돌파할 정도로 규모가 커지면서, 이제 비행기는 원래 가지고 있던 '특별함'이 퇴색되고 버스와 택시 같은 소위 '탈 것'의 성격을 가지게 됐다. 단순히 운송수단으로 머문다면 국적 항공사들은 '장밋빛 미래'를 꿈꿀 수 없게 된다. 이를 자각한 대형 항공사들을 중심으로 다양한 미래 사업이 진행되고 있다.

우리나라 기업 가운데 비행기를 직접 만들 수 있는 곳이 얼마나 될까? 경제에 관심이 있는 사람이라면 한국항공우주산업(KAI)이라는 기업을 떠올렸을 것이다. 그런데 생각지도 않게 대한항공도 직접 비행기를 제작하고 있다. 대부분 보잉이나 에어버스 등에 비행기 부품을 만들어 납품하며, 이와 함께 군사용 무인기도 제작하고 있다. 특히 무인기 분야에선 사단 정찰용 무인기가 개발이 완료되어 우리 군과 양산계약을 완료한 상태다. 수직 이착륙이 가능한 무인기 분야에서는 미국보다 앞선 기술력을 보유했다는 평가도 있다.

아시아나항공은 물류와 운송의 효율화를 연구하는 데 집중하고 있다. 첨단 IT 기술을 이용하여 항공운송 산업의 효율성을 극대화한다는 전략이다. 나아가 이를 다른 항공사들에 구축해주는 사업을 병행함으로써 수익원의 다변화를 이루고자 한다.

# 04

금융사기:
## 그들은 선량한 시민들의 돈을
## 어떻게 갈취하나

## "돈 꽃다발을 만들어주세요" 금융사기의 진화

꽃집을 운영하는 심경보(가명) 씨는 15만 원짜리 꽃다발에 현금 200만 원을 포장해달라는 주문을 받았다. 최근 가장 받고 싶어 하는 선물이라는 '돈 꽃다발'이다. 주문을 한 사람은 통장에 585만 원을 입금했다. 심 씨는 주문한 사람에게 전화를 걸어 "돈 꽃다발 가격은 215만 원인데요"라고 알려주었다. 이후 주문자의 지인이라는 사람이 찾아와 꽃다발과 함께 꽃값 215만 원을 제외한 370만 원을 찾아갔다.

그러고 얼마 후, 심 씨에게 이상한 전화가 걸려왔다. 심 씨가 금융사기범이라는 것이다. 그들이 심 씨를 금융사기범으로 신고했고, 심 씨는 경찰에 가서 조사를 받아야 했다. 도대체 무슨 일이 일어난 것일까?

보이스피싱 사기범들은 불특정 다수에게 전화를 걸어 금융사기를 벌였다. 그때 꽃가게 계좌, 즉 심 씨의 계좌번호를 알려주며 거기다 입금하라고 한 것이다. 심 씨 계좌에 들어온 돈은 꽃을 주문한 사람이 보낸 것이 아니라, 금융사기 피해자들이 송금한 돈이다. 꽃다발을 주문한 사람과 찾아간 사람은 보이스피싱 사기범이었다. 심 씨는 자신도 모르는 새에 보이스피싱 사기범에게 계좌를 빌려준 공범이 됐다.

한때 악명을 떨쳤던 불법 대출문자의 달인 '김미영 팀장'이 이처럼 여러 방향으로 진화하고 있다. 조금 더 복잡한 금융사기 수법도 있다.

금은방을 하는 도규식(가명) 씨의 사례다. 도 씨는 한 손님이 돌반지를 맞춘 뒤 '돌반지 값은 통장으로 송금하겠다'고 하기에 계좌번호를 알려줬다. 그런데 손님이 돈을 좀 찾아야 하는데 찾을 곳이 마땅치 않다며 '1,116만 원을 송금할 테니 돌반지 가격 116만 원을 뺀 1,000만 원을 현금으로 찾아줄 수 있느냐'고 물었다. 당신도 이미 짐작했겠지만, 그 손님이 바로 사기범이다.

사기범은 이후 정미소에 전화를 걸어 쌀 124만 원어치를 주문했다. 그러고는 정미소 주인에게 '사기' 문자 메시지를 발송했다. '0을 하나 더 붙여서 1,240만 원을 이체했으니 124만 원을 제외한 1,116만 원을 돌려달라'는 내용이었다. 정미소 주인은 사기범이 알려준 계좌로 1,116

만을 송금했다. 정미소 주인이 송금한 그 계좌는 사실 사기범의 계좌가 아니라 금은방을 하는 도규식 씨의 계좌였다. 사기를 당했다는 사실을 알게 된 정미소 주인은 이체한 계좌번호를 추적하여 금은방 주인을 찾아내 고소했다. 하지만 사기범은 이미 1,116만 원 중 돌반지 가격을 뺀 차액 1,000만 원을 받고 도망친 뒤였다.

이 같은 사기 수법이 등장한 것은 금융당국이 대포통장 근절 방안을 내놨기 때문이다. 금융당국은 보이스피싱 사기범을 잡기가 힘드니 돈을 찾아갈 수 없도록 하기 위해 대포통장을 금지했다. 그러자 대포통장을 구하지 못한 사기범들은 자영업자의 계좌를 대포통장처럼 이용했다. 금융사기를 근절하기 위한 금융당국과 이를 피하려는 사기범의 쫓고 쫓기는 경주는 지금도 계속되고 있다.

## 보이스피싱은 어떻게 시작됐나?

휴대전화가 없던 시절에도 보이스피싱은 있었다. 집에 한 통의 전화가 걸려왔는데 아이를 유괴하고 있다는 내용이다. 얼른 은행에 가서 돈을 부치라는 협박이 이어진다. 핸드폰이 있으면 아이에게 전화라도 걸어볼 텐데, 공포에 휩싸인다. 부랴부랴 통장을 챙겨 집을 나선다. 그런데 처음 전화를 받았을 때는 무섭고 경황도 없어서 깜빡 속았지만, 은행까지 가는 동안 곰곰 되짚어보게 된다. 시간이 지나면서 의심을 하게 되고, 자신이 속았음을 깨닫고 결국 송금을 하지 않는 경우도 많았다.

최근의 금융사기는 대략 2000년대 초반부터 본격적으로 시작된 것으로 보인다. 정부는 국세청과 검찰을 사칭해 계좌번호, 비밀번호를 얻어 돈을 인출하는 금융사기를 대대적으로 단속했다. 사기 수법은 지금과 비슷한데 당시 적발된 사례 하나는 이렇다. 범인들은 생활정보지에 연봉 3,000만 원 이상 등 좋은 조건으로 구인 광고를 올린다. 그리고 올 때 현금카드를 만들어 오라고 지시한다. 찾아온 구직자의 면접을 진행하면서 핸드백 등 소지품은 면접실 밖에 보관하도록 유도한다. 그러고는 현금카드를 불법 복제한 후 비밀번호를 절취해 예금을 인출한다. 그 외에도 대학에 떨어진 학생들에게 추가 합격이 됐다며 등록금을 입금하라고 하는 수법, 경품에 당첨됐다며 개인정보를 입력하게 하는 수법도 있었다.

국제 금융사기 수법도 등장했다. 대학교수인 장명석(가명) 씨는 한 외국 여성으로부터 이메일을 받았다. 나이지리아 군 장성의 딸이라고 자신을 소개한 그녀는 부친이 사망한 후 쿠데타가 발생해 은닉재산 1,000만 달러를 해외로 송금한 후 망명을 계획하고 있다고 했다. 장 교수가 처음부터 그녀를 믿었던 것은 아니다. 막연한 호기심에 답신을 보냈는데, 이런저런 사정을 듣고 나니 동정심도 생겼다. 그러자 그녀는 장 교수에게 해외에 계좌가 없어서 그러니 1,000만 달러를 보낼 수 있게 계좌를 빌려달라고 요청했다. 그렇게 해주면 100만 달러, 즉

10억 원을 커미션으로 제공하겠다고 했다. 수차례 연락이 오가는 동안 장 교수는 현지 경비 명목으로 1억 원가량을 그 여성에게 송금했다. 그러다 얼마 후 연락이 끊겼는데, 장 교수는 그제야 자신이 사기를 당했다는 사실을 깨달았다.

한국 보이스피싱 사기는 대만에서 건너왔다는 것이 정설이다. 대만은 2000년대 초반부터 보이스피싱 열병을 앓았다. 대만의 보이스피싱은 외교 문제로도 비화되고 있다. 중국 신화통신에 따르면 최근 말레이시아 경찰은 대만인 32명을 포함한 보이스피싱 용의자 97명을 체포했다. 중국 공안당국은 이들이 중국 20여 개 지역에서 발생한 100여 건의 전화사기에 연루됐다며 중국으로 송환해달라고 요청했다. 그러자 대만 정부는 자국민에 대한 '납치'라며 거세게 반발했다. 대만 성인 인구가 2,000만 명인데 이 전화사기에 가담한 사람이 10만 명으로 추정된다. 200명 중 1명이 보이스피싱 사기범이라는 의미다.

그들의 사기행각으로 매년 100억 위안(약 1조 7,600억 원)이 중국에서 대만으로 빠져나가고 있다고 신화통신은 전했다. 중국 네티즌은 대만인을 깎아내릴 때 '보이스피싱범'이라고 부른다. 대만에서 유행하는 보이스피싱이 한국으로 번진 것은 자금 인출이 용이하기 때문이다. 한국말을 할 줄 아는 중국인(조선족)이 많다는 점도 한국에 쉽게 진출하게 된 요인이다.

## 한때 뜨거웠던 카드론 보이스피싱

카드론 보이스피싱은 2011년 한 해 동안 가장 뜨거웠던 보이스피싱 방법이다. 고객 정보를 이용해 대출을 받고 그 돈을 편취, 즉 속여서 뺏는 방식이다. 어느 날 통장에 5,000만 원이 입금됐다. 어떤 사람이 나에게 전화를 걸어 실수로 돈을 잘못 송금했다고 돌려달라고 한다. 나는 내 돈이 아니니 그 돈을 송금했다. 그런데 이게 무슨 일인가? 카드사에서 연락이 와 내가 5,000만 원의 카드론을 받았다며 갚으라고 한다.

사기범들은 경찰을 사칭하여 교묘한 수법으로 카드번호와 비밀번호, CVC 번호를 알아냈다. 그리고 전화로 카드론을 신청했다. 피해자 계좌에 입금된 5,000만 원은 본인 카드에서 대출받은 돈이지만, 본인이 신청을 하지 않았으니 대출금인 줄 몰랐던 것이다. 카드론 보이스피싱은 계좌에서 자금을 인출하는 것보다 더 악질적이다. 피해자는 계좌에 있는 돈을 빼앗기는 정도가 아니라 졸지에 빚쟁이가 되기 때문이다.

금융당국은 국제전화, 인터넷전화로 카드대출을 신청하는 경우 본인에게 재확인을 한 후에 대출을 실행하도록 제도를 개선했다. 기존에 등록된 고객의 전화번호로 전화를 걸어 본인 여부를 확인하고 대출 의사를 확인하거나 본인 명의 휴대전화로 전화금융사기 방지용 인증 번호를 SMS로 발송하게 해 일치 여부를 확인하는 절차들이 도입됐다. 카드론 사기 피해자들은 대출을 갚아야 하는 곤란한 상황에 처했다. 금융당국은 카드론 취급 시 본인 확인 절차가 미흡했다며 카드사를 압박해 피해금의 50%를 탕감하도록 했다.

## 해커들의 밥벌이, 파밍의 등장

가짜 홈페이지를 만들어 은행 보안카드 비밀번호를 모두 입력하게 하는 방식을 파밍이라고 한다. 해커들은 사용자의 PC에 악성코드를 심어 공인인증서 비밀번호, 은행 보안카드 번호 등을 알아냈다. 피해자 컴퓨터에 악성코드가 깔리면 정상적인 주소를 입력해도 해커들이 만든 가짜 사이트로 이동하게 된다. 원래 사이트와 감쪽같이 똑같은 가짜 사이트에서는 입력하는 모든 정보가 해커의 손에 들어간다.

해커들이 본격적으로 금융사기에 관심을 갖게 된 이유는 아이러니하게도 게임 아이템 매매를 제한한 영향이 컸다. 해커들의 주요 밥벌이(?)는 게임 아이템 탈취였다. 악성코드를 유포해 게임을 하는 사람들의 ID와 비밀번호를 입수하고, 아이템을 빼돌려 파는 방식이다. 게임 아이템 편취는 매우 안전한 도둑질이라고 해커들은 입을 모았다. 직접 만난 한 해커 조병용 씨(가명)는 "학생들이 게임 아이템을 도둑질당했다고 부모님에게 이야기해도 게임하지 말라는 소리만 들을 뿐이다. 부모들은 범인을 잡을 생각은 잘 안 한다"고 말했다. 또 "해커들은 대부분 컴퓨터를 좋아하는 소심한 사람인 경우가 많아 직접 전화를 하거나 얼굴을 맞대는 사기보다는 온라인만으로 할 수 있는 사기를 선호한다"
고 말했다.

해커들은 언론사, 쇼핑몰, 대학, 정당 등 방문자가 많은 사이트에 파밍 악성코드를 심었다. 매년 수백만 건의 공인인증서가 파밍 방식으로 유출되고 있다. 하지만 파밍으로 인한 금융사기는 오래가지 않았다. 금융당국이 보안을 강화한 탓이다. 예전에는 공인인증서 비밀번호와 보안카드만 있으면 돈을 뺄 수 있었다. 하지만 전자금융사기 피해가 확산되자 지정된 컴퓨터에서만 돈을 이체할 수 있게 한다든지, 인터넷과 핸드폰 두 군데서 본인 확인을 하는 2채널 인증 방식 등을 도입했다. 이로써 파밍만으로는 은행 계좌에서 돈을 빼내기가 힘들어졌다.

## 금융사기를 당하지 않는 방법

금융당국은 새로운 수법이 나타날 때마다 그에 맞는 방지책을 내놨다. 하지만 사기범들은 또다시 새로운 수법을 만들어 선량한 시민의 돈을 갈취했다. 사후에 막는 것만으로는 한계가 있다. 금융당국은 돈을 찾아가는 길, 즉 대포통장을 막기로 했다. '대포통장'이라는 통장이 따로 있는 것이 아니라 남의 명의로 된 통장을 말한다. 사기 계좌를 적발해도 본인이 아닐 때는 피해금을 찾을 수가 없다. 사기범들이 대포통장을 만드는 가장 손쉬운 방법은 '매입'이다. 포털 사이트,

카페 등을 통해 '통장을 구입한다'는 글을 올려 돈을 주고 사는 것이다. 대포통장은 통상 100~120만 원 선에서 거래된다. 또 하나는 갈취다. 싼 이자로 대출을 해주겠다, 취업을 하게 해주겠다고 속여 통장을 빼앗는 방식이다. 통장을 팔았든 뺏겼든 그 통장의 주인은 공범이다. 2년 이하의 징역 또는 2,000만 원 이하의 벌금형에 처해진다. 피해액의 70%를 통장 주인이 배상하라는 판결도 있었다.

처음 금융당국이 대포통장과의 전쟁을 선포했을 때 전체 피싱 사기 이용 계좌의 68%가 농협이었다. 농협은 전국 각 지역에 있고, 특히 관리가 허술한 농어촌 지역에 점포가 많이 있기 때문에 대포통장이 많이 개설됐다. 대포통장의 진원지로 지목된 농협은 비상등이 켜졌다. 농협은 모든 점포에서 계좌가 개설될 때 철저하게 본인 확인을 하고, 본인이 오더라도 다른 목적으로 통장을 개설하려는 기색이 보이면 통장을 발급해주지 않았다. "내 통장 만드는데 왜 그렇게 힘들게 하나"는 고객들의 항의가 빗발쳤다. 어쨌거나 그렇게 6개월이 지나자 농협을 통한 대포통장 발급이 급격하게 줄었다.

그러자 이번에는 우체국과 새마을금고를 통한 대포통장 발급이 급격하게 증가했다. 우체국은 10배, 새마을금고는 4배가 늘었다. 농협이 대포통장을 막으니 범인들이 옮겨간 것이다. 놀란 우체국과 새마을금고가 대포통장을 막으니 그다음에는 증권사 CMA 계좌로 옮겨갔다. 전 금융사가 대포통장 근절을 위해 각종 캠페인을 진행하고 직원들의 경각심을 높였다. 이런 노력 속에 대포통장 신규 발급이 어느 정도

잦아들었다. 앞에서 설명한 돈 꽃다발, 돌반지 사기 사건은 이때 발생했다. 대포통장을 만들 수 없으니 자영업자의 계좌를 이용한 것이다.

금융당국의 궁극적인 목표는 보이스피싱 사기범을 한국에서 몰아내는 것이다. 그들을 완전히 제거하는 것은 불가능하다. 어떤 방어막을 만들어도 그들은 새로운 수법을 만들어낼 것이다. 대포통장 방지, 금융사기 방지 등을 대대적으로 홍보함으로써 사기 치기 힘든 상황을 만들어 우리나라를 떠나게 하는 것이 최선이다. 하지만 경기 불황은 금융사기가 더 판치게 하고 있다.

최근 구로경찰서는 중국에 콜센터 조직을 개설하고 보이스피싱 사기를 벌인 일당을 적발해 54명을 구속했다. 조직원의 상당수는 20~30대 청년이었다. 이들은 페이스북에 올라온 '고수익 아르바이트' 광고를 보고 중국으로 넘어가 범죄에 가담하게 됐다. 경기 침체로 일자리를 찾기가 어려워진 청년들이 점차 금융사기의 늪으로 빠져들고 있다. 경기가 악화되는 한편 기술의 발전으로 수법이 첨단화되면서 범죄에 가담하는 사람이 갈수록 늘고 있다. 정부는 최선을 다해 금융사기를 막기 위한 방안들을 내놓을 것이다. 하지만 결국 자신이 조심하지 않으면 김미영 팀장의 마수는 언제든 당신의 돈을 노릴 것이다.

# 05

**재벌의 재테크:**

## 재벌들의 투자 전략을 보면 몰랐던 돈의 흐름이 보인다

### 재벌의 재테크 전략, 십시일반

이재용 삼성전자 부회장이나 정의선 현대자동차 부회장, 최태원 SK 그룹 회장 등 소위 '재벌'들의 투자 수익률은 얼마나 될까? 또 어떤 마법을 통해 그런 수익률을 올릴 수 있었을까? 그 마법을 알아내면 나도 그들과 같은 수익률을 올릴 수 있을까?

질문에 차례차례 답해보겠다. 경제개혁연대가 2016년 발표한 〈지배주주 일가의 부의 증식에 관한 보고서〉에 따르면 우리나라 10대 재벌의 평균 투자 수익률은 2015년 기준 5,512%다. 이런 엄청난 수익률을 올린 비법은 '십시일반(十匙一飯)'이었다. 마지막 질문에 대한 답은 로또 이외에 나에게 십시일반 해줄 곳이 없기 때문에 '할 수 없다'이다.

많은 국내 소비자가 대기업 제품을 사용하고 있으며, 그 이득이 재벌들에게 갔다고 생각하기 쉽다. 1%도 영향을 끼치지 않았다고 장담할 순 없지만, 재벌들이 달성한 5,512%의 수익률은 거기서 온 것이 아니다.

그 남다른 수익률의 비결을 크게 두 가지로 살펴보고자 한다. 하나는 일감 몰아주기로 우회적인 증여를 한다는 것이고 다른 하나는 재단을 이용해 합법적인 승계의 초석을 마련한다는 것이다.


## 우회 증여와 배임의 끝판왕, 일감 몰아주기

아무리 훌륭한 재테크 기술이 있더라도 반드시 갖춰야 할 것이 하나 있다. 바로 '종잣돈'이다. 대부분 사람은 종잣돈을 모으기 위해 '쓸 것 쓰지 않고' 열심히 모은다. 이렇게 모은 종잣돈을 기반으로 주식에 투자하거나 부동산을 산다.

재벌들 역시 종잣돈을 기반으로 투자하는 건 똑같다. 다만 다른 점은 우리나라 굴지의 기업들이 그들의 종잣돈 증식을 위해 물심양면 돕는다는 점이다. 어떻게? 한때 재계를 들썩거리게 했던 '일감 몰아주기'를 통해서다.

일감 몰아주기가 왜 문제가 될까? 이에 대해서 보통은 재벌들이 후계자를 양성하려고 특정 기업에 그룹의 일감을 손쉽게 주기 때문에 '도덕'적인 문제가 있다고 생각한다. 하지만 도적적인 문제는 그리 크지 않다. 진짜 문제는 계열사들이 재벌 후계자 회사에 일감을 몰아준 만큼 손실이 발생한다는 점이다. 돌려 말하면 일감 몰아주기로 재벌가들이 얻은 이익만큼 일반 주주들은 손실을 본다는 것이다.

시가총액 200억 원 규모의 상장사를 예로 들어보자. 대주주 지분은 30%이고, 대주주에게는 1명의 자녀가 있다. 대주주가 자녀에게 지분을 넘기려고 보니 상속세와 증여세 등 세금 부담이 생각보다 컸다. 상속 규모가 30억 원이 넘으면 50%를 상속세로 내야 한다. 이제 막 사회생활을 시작한 자녀는 돈이 없었고 대주주는 막막하기만 하다. 대주주는 고민을 거듭한 끝에 자신이 대주주로 있는 회사의 급식 담당 부서를 없앴다. 매년 5,000만 원의 예산으로 회사의 급식을 책임지던 부서다. 그리고 자녀에게 자본금 1,000만 원을 들여 급식 전문회사를 만들게 했다. 대주주는 자사의 모든 급식을 자녀의 회사가 담당하게 했고 자녀는 해마다 1억 원이 넘는 매출을 올렸다.

대표적인 일감 몰아주기 사례인데 이때 상장사 입장에서 두 가지 문제점이 발생한다.

우선 급식비로 나가던 예산이 5,000만 원에서 1억 원으로 2배 증가했다. 이는 기업들이 일감 몰아주기를 할 때 일반적으로 보이는 현상이다. 보통 일감을 받는 기업은 특별한 기술을 가지고 있지 않다. 대부분 기업에서 제품 생산과 직접 관련된 원자재를 제외한, 소모성 자재를 공급하는 MRO업체들이 많다. 누구나 손쉽게 할 수 있는 일을 시장 가격보다 비싸게 공급한다. 이런 과정을 통해 일감을 몰아받는 기업들은 대부분 급성장하게 된다. 두 번째 문제는 급식을 담당하던 부서를 없애면서 감소한 매출이 고스란히 비용으로 전가됐다는 점이다.

아직까지 이런 사유로 고발된 사례는 없지만, 자신의 상장사 매출을 줄이면서 자녀의 이익을 도모했기 때문에 넓은 의미에서 대주주는 '배임'을 했다고도 볼 수 있다. 이 때문에 대기업들이 후계 구도 완성과 상속 등을 이유로 했던 일감 몰아주기를 단지 도덕적인 문제로만 보면 안 된다.

## 일감 몰아주기는 주주 몫을 빼앗는 것

그렇다면 대기업들이 일감 몰아주기를 통해 얻은 이익은 얼마나 될까?

경제개혁연대가 발표한 보고서에 따르면 우리나라 10대 그룹(포스코, 현대중공업 제외)이 일감 몰아주기를 통해 거둔 이득은 26조 원이 넘는다([표 1] 참조). 원래 이 돈은 일감을 몰아준 회사들과 그 기업의 주주들이 가져가야 하는 몫이었다.

그렇다면 재벌 개인이 일감 몰아주기로 얻은 수익은 얼마나 될까?

## [표 1] 일감 몰아주기 등을 통한 부의 증가액(기업집단별)

(단위: %, 백만 원)

| 회사명 | 수익률<br>(A/B) | 부의 증가액<br>(A=C+D+E−B) | 취득금액<br>(B) | 주식 평가액<br>(C) | 배당금<br>(D) | 매각금액<br>(E) |
|---|---|---|---|---|---|---|
| 삼성 | 23,986 | 13,046,109 | 54,391 | 3,744,476 | 282,958 | 9,073,066 |
| 현대자동차 | 4,751 | 6,309,590 | 132,803 | 2,974,666 | 691,935 | 2,775,792 |
| SK | 31,400 | 5,545,298 | 17,660 | 168,025 | 265,552 | 5,129,381 |
| 한화 | 456 | 637,948 | 140,053 | 737,072 | 15,897 | 25,032 |
| GS | 520 | 632,178 | 121,654 | 519,267 | 153,643 | 80,922 |
| 롯데 | 1,131 | 17,996 | 1,591 | 8,059 | 11,528 | – |
| LG | 457 | 14,154 | 3,100 | 17,254 | – | – |
| 한진 | 219 | 9,488 | 4,341 | 4,655 | 2,709 | 6,465 |
| 평균 | 5,512 | 3,276,595 | 59,449 | 1,021,684 | 178,028 | 2,136,332 |
| 합계 | – | 26,212,761 | 475,593 | 8,173,474 | 1,424,222 | 17,090,658 |

가장 많은 수익을 낸 세 사람을 살펴보면 흥미로운 사실을 알 수 있다. 우선 이들이 누구냐면 이재용 삼성전자 부회장과 정의선 현대자동차 부회장, 최태원 SK 회장이다([표 2] 참조). 규모가 크다 보니 얻는 이익도 클 수밖에 없었던 것으로 재벌가 사이에서도 '부익부 빈익빈' 현상이 있다는 걸 알 수 있다. 이들은 저마다 일감 몰아주기 등을 통해 성장한 (구)삼성에버랜드, 현대글로비스, (구)SKC&C의 상장차익을 거둠으로써 부를 늘렸다.

수익률 측면에서 보면 최태원 SK그룹 회장이 가장 높은 수익률을 기록했다. 이재용 부회장과 정의선 부회장 역시 일반인과 비교하면 막

**[표 2] 일감 몰아주기 등을 통한 부의 증가액**(개인별)

（단위: %, 백만 원）

| 기업집단 | 주주명 | 수익률<br>(A/B) | 부의증가액<br>(A=C+D+E−B) | 취득금액<br>(B) | 주식평가액<br>(C) | 배당금<br>(D) | 매각금액<br>(E) |
|---|---|---|---|---|---|---|---|
| **삼성** | 이재용 | 27,747 | 7,348,973 | 26,486 | 2,210,895 | 164,056 | 5,000,508 |
| **SK** | 최태원 | 68,239 | 4,095,202 | 6,001 | – | 205,955 | 3,895,248 |
| **현대자동차** | 정의선 | 8,452 | 3,639,317 | 43,057 | 1,775,146 | 231,917 | 1,687,744 |

대한 수익을 올렸는데, 그 비결은 '그룹의 역량을 한곳에 모았다'는 데 있다. 모든 일감을 이들 회사에 몰아주었기에 급성장한 것이다.

'일감을 몰아줄 회사도 일감을 받을 회사도 없는 일반 사람들은 항상 손실만 봐야 하는가'란 의문이 있다. 개인적인 생각이지만, 우리나라 기업의 행태를 잘만 이용한다면 소위 개미들도 높은 수익률을 달성할 수 있다고 본다. 그러려면 어떤 기업이 일감을 몰아받는지 알아야 한다.

보통 후계자가 개인적으로 가지고 있는 회사들이 대부분 일감을 몰아받는다. 대기업은 물론 중견기업들에서도 일감 몰아주기 현상이 많이 발생한다. 강화된 공정거래법 등으로 인해 대기업은 일감 몰아주기가 갈수록 힘들어지는 데 반해 아직 제재 수준이 높지 않은 중견기업은 과거 대기업의 전철을 그대로 밟아 자신들의 부를 축적하고 있기 때문이다.

따라서 승계를 앞둔 건실한 중견기업을 잘 살펴볼 필요가 있다. 계

열사에 어떻게 일감을 몰아주는지, 후계자가 가진 계열사가 승계를 위해 어떤 역할을 할 것인지 살펴본다면 해당 그룹의 '돈의 흐름'을 알 수 있다. 이 흐름을 잡을 수 있다면 대주주가 일반 주주들에게 돌아가야 할 정당한 수익의 기회를 어떻게 유용해 돈을 버는지 알 수 있다. 정당한 방법은 아니지만 알면서도 당할 수는 없는 노릇이기 때문에 투자를 할 때는 그 기업이 누군가에게 일감을 몰아줘 주주가 얻을 수 있는 수익의 기회가 유용되는지를 반드시 확인할 필요가 있다. 특히 최근 분사한 기업이 '일감 몰아주기'의 '특혜'를 받을 가능성이 높은데, 이런 곳에서 일부 재벌의 부를 늘리기 위해 일반 주주들의 권리가 침해받을 수 있다.

## 대기업들이 왜 재단을 설립할까?

2016년 하반기 우리나라를 들썩였던 사건이 있다. 바로 대기업들의 미르와 K스포츠재단 출연 문제다. 이 두 재단에 출연한 삼성과 현대차, SK, 롯데 등 국내 굴지의 대기업들은 뇌물죄 혐의를 받았다. 그룹 총수들은 국정조사 청문회와 검찰 조사, 특검 조사 등을 받았고 대통령 탄핵의 시발점이 됐다.

그렇다면 '왜 최순실 등은 미르와 K스포츠 등 재단을 통해 각종 이권을 챙기려고 했을까?' 하는 의문이 든다. 답은 의외로 간단하다.

재단은 주인이 없다. 주인이 없기 때문에 세금도 내지 않고 대부분 좋은 일에 투자를 하기 때문에 자금을 지원받기도 표면적으로는 부끄럽지 않다. 여기에 재단을 운영하기 위한 각종 사업도 수행할 수 있다. 한마디로, 폼 잡으면서 실속은 전부 챙길 수 있다는 말이다.

이런 재단을 권력자들만 이용할까? 우리가 흔히 말하는 재벌들도 각종 재단을 이용해 경영권을 강화하고 승계하는 데 이용한다. 물론 재단 자체는 사회에 도움이 되는 훌륭한 일을 하고 있지만 '한 걸음 더 들어가 보면' 이면에 추악한 면도 있다는 걸 발견할 수 있다.

우선 대기업들이 재단을 어떻게 이용하고 있는지 살펴보자. 대기업이 공익법인을 설립한 이유는 소위 '기업의 사회적 책임'을 다하기 위해서다. 일정 부분의 자금을 출연해 장학 사업을 벌이거나 소외계층을 위한 다양한 사회공헌 활동을 진행한다. 그리고 대부분의 재원은 그룹 내 계열사에서 출연한 주식이다.

그렇다면 운영이 얼마나 잘 되고 있는지를 한번 살펴보자.

2015년 기준 대기업들에 소속되어 있는 공익법인 수는 모두 63개다. 이들 공익재단은 모두 207개 회사의 주식을 보유하고 있다. 공익법인 한 곳이 평균 3.29개사의 주식을 보유하는 셈이다. 207개사 중 공익법인이 주식을 보유한 계열사 수는 119개사로 비계열사 88개사보다 31개사 더 많다.

재산구조도 63개 공익법인은 평균 2,154억 원의 자산을 보유하고 있다. 삼성생명공익재단이 1조 9,944억 원의 자산을 보유해 가장 많은 자산을 보유하고 있다. 자산 가운데 주식을 의미하는 '주식 및 출연자산'이 차지하는 비중은 평균 27.68%로 금융자산(31%)보다는 낮지만, 부동산 22.21%, 기타자산 19.10%보다 높았다. 그런데 최근 설립된 재단들은 주식 비중이 특히 높았고 주식들 가운데 대부분은 자기 계열사 지분이었다.

2015년 신설된 롯데 문화재단은 자산의 무려 99.70%가 주식으로 이루어져 있으며, 이 중 계열사 주식이 75%였다. 다음으로 주식 비중이 가장 컸던 케이티앤지복지재단은 자산의 98.51%가 주식이며 이는 모두 케이티앤지 주식이었다. 두 재단 모두 당시 경영권 분쟁 등 사회적으로 물의를 일으킨 이후 사회공헌 활동을 하겠다는 목적으로 설립됐다. 삼성과 현대차 등 다른 대기업도 상황은 마찬가지다.

## 합법적인 승계의 초석으로 이용되는 공익재단

그렇다면 재단에 출연된 계열사 주식들이 재단의 자금으로서 역할을 충분히 했는지를 살펴볼 필요가 있다. 주식으로 수익을 얻는 방법은 딱 두 가지다. 주식 가격이 상승할 때 팔아 시세차익을 얻거나 배당을 통해 수익을 얻는 것이다. 그런데 조사 결과, 재단에 출연된 주식은 시세차익도 배당도 거의 없었다.

2013년부터 2015년까지 삼성과 현대차, SK, 롯데 등 10대 그룹의 주요 공익법인들이 보유한 계열사 지분의 변동 내역을 조사한 결과 주식 수나 지분율에 변동이 있었던 건 54건이었는데, 이 가운데 매각 등으로 주식 수가 실질적으로 감소한 사례는 3건뿐이었다. 즉 공익사업이라는 목적을 위해 주식 매각을 통해 재원을 마련한 사례는 거의 없었다는 걸 의미한다.

배당은 얼마나 했을까? 대기업 집단에 소속된 공익법인이 보유한 계열사 주식의 2015년 회계연도 기준 공정가액 대비 배당금 비율은 1.31%로 예금금리와 유사한 수준이었다. 심지어 배당을 하지 않은 주식도 51개 회사나 됐다. 또 전체 수입 중 주식의 배당이 차지하는 비중은 평균 18.46%로 고유 목적사업 수익 42.39%의 절반에도 미치지 못했다([표 3] 참조).

**[표 3] 대기업집단 공익법인 수익구조**

(단위: %, 백만 원)

| 기업집단 | 공익법인명 | 합계 | 수익원별 비중 | | | | | |
|---|---|---|---|---|---|---|---|---|
| | | | 이자 | 배당 | 기타 금융수입 | 부동산 수익 | 기타 수익사업 | 고유 목적사업 |
| 삼성 | 삼성문화재단 | 100,881 | 1.16 | 24.52 | – | 1.88 | 14.30 | 58.13 |
| 삼성 | 삼성복지재단 | 39,583 | 1.47 | 7.31 | – | – | 6.50 | 84.73 |
| 삼성 | 삼성생명공익재단 | 1,208,464 | 2.01 | 0.65 | 0.20 | 1.25 | 85.25 | 10.63 |
| 현대 자동차 | 현대자동차 정몽구 재단 | 22,615 | – | – | – | – | – | 100.00 |
| SK | 한국고등교육재단 | 20,977 | 2.46 | 0.92 | 1.94 | 22.85 | – | 71.83 |
| SK | 재단법인행복나눔재단 | 14,949 | 3.70 | – | 2.18 | 0.50 | – | 93.61 |
| LG | LG연암문화재단 | 20,882 | 11.04 | 4.51 | 0.00 | – | – | 84.45 |
| LG | LG연암학원 | 70,244 | 2.36 | 8.71 | – | 12.82 | – | 76.12 |
| ⋮ | | | | | | | | |

그렇다면 배당도 없고 시세차익도 없이 재단들은 어떻게 공익사업을 했을까? 관련법상 공익재단의 설립 목적을 위해서는 영리활동을 할 수 있다. 각 재단은 영리활동을 하면서 그 이권 사업은 공익법인을 소유한 대기업으로 넘겨 일감 몰아주기와 비슷한 방법으로 재원을 마련한 것이다.

이 때문에 현재 대기업들이 보유한 공익법인은 계열사 주식을 통해 공익사업 재원을 창출한다고 보기는 힘들다. 그럼에도 계열사 지분을 매각하지 않고 그대로 보유하는 이유는 그 주식이 공익사업 목적보다 그룹에 대한 지배권 유지 및 강화 목적의 의미가 크다고 추정할 수 있다. 실제 공익법인이 보유한 지분은 5%까지는 전혀 세금을 내지 않는다. 또 재단 특성상 주인이 없기 때문에 재단 이사장을 그룹 총수가 맡게 되면 재단이 보유하고 있는 지분을 경영권 강화 목적으로 사용할 수도 있다. 심지어 이사장만 교체하면 재단이 보유한 주식은 자연스럽게 승계되는 효과마저 있다.

여기에서 우리가 알아야 할 포인트가 있다. 대기업 재단들이 보유한 계열사 주식을 유심히 살펴야 하는 이유이기도 하다. 우선 재단이 보유한 계열사 주식은 대부분 승계에서 중요한 역할을 한다. 삼성생명공익재단이 보유한 삼성전자 주식과 삼성생명 주식은 삼성의 '3세 경영 승계'에 핵심적인 역할을 할 것이다. 이미 이 재단을 만들 때부터 승계구도를 염두에 뒀기 때문인데 이는 현대차 정몽구 재단 역시 마찬가지다.

그렇다면 대부분의 대기업이 승계를 앞둔 지금, 재단들이 어떤 주식을 가지고 있는지를 살펴볼 필요가 있다. 아마도 재단들은 해당 그룹 계열사 가운데 승계에 중요한 역할을 할 계열사나 가치가 높아져 상속세를 많이 내야 하는 주식들을 보유할 가능성이 크다. 그룹 입장에서는 재단 이사장만 바꾸면 승계에 많은 돈을 아낄 수 있기 때문이다.

# 06

**재벌 세습:**
# 재벌들은
# 어떻게 부를 이전하나

최근 삼성그룹과 현대차그룹 등 국내 대표 기업들의 승계 이슈가 동시다발적으로 발생하고 있다. 그런데 '기업 경영권 승계＝재벌들의 부 이전'으로 여겨지며 각종 논란이 발생하고 있다.

기업의 경영권 승계에 대해 왜 이렇게 국민적 감정이 좋지 않을까? 이유는 간단하다. 재벌들이 가지고 있는 지분에 비해 권위를 가히 '제왕적'으로 인정받고 있어 여기에서 오는 괴리감도 크기 때문이다. 더욱이 승계에 필수적인 과정들을 해결하기 위해 비선실세인 최순실 지원 등 각종 편법적인 방법이 동원되었음이 드러났고, 부의 이전에 따른 사회적 책임은 지지 않고 있다.

지배구조를 견고히 하기 위한 각종 편법적인 방안은 기업에 대한 국민의 정서를 갈수록 악화시키고 있다. 그럼에도 국내 재벌들은 일감 몰아주기를 통해 승계 기반을 마련하고, 재단을 통해 경영권을 강화한다. 그리고 '지주회사 전환'이란 마법을 통해 부를 손쉽게 이전하고 있다.

**[표 1] 국내 기업이 가족경영을 선호하는 배경**

| 요인 | 현황 | 특징 및 시사점 |
|---|---|---|
| 사회·문화적 배경 | - 유교, 농경·정착사회 전통<br>- 평등주의 발달 | - 합리적 평가 보상 구조 취약<br>- 타인에 대한 신뢰 부족으로 가족 의존도 증가 |
| 법제도 | - 대륙법(civil law) 체제 | - 경제적 범죄에 대한 미온적 처벌<br>- 투자자보호 미흡으로 자본시장 발달이 지연되어 외부자본 조달에 한계<br>- 일감 몰아주기와 회사 기회 편취 등을 통한 지배주주의 사적 이익 추구 용이 |
| 정부 | - 강한 정부 및 관료주의<br>- 포괄적 규제 정책 | - 신규 사업기회의 배분 시 로비를 위한 비자금과 비밀 유지의 필요성<br>- 정치 세력, 규제기관 등의 경영 개입에 대응해야 할 필요성 |
| 노조 | - 강성 노조 | - 강성 노조의 경영 개입 경향<br>- 전문경영자와 노조의 담합 가능성<br>- 지배주주에 의한 내부규율 필요성 |
| 경제구조 | - 대규모 기업집단 중심 | - 계열사 간 조정자로서 지배주의 역할<br>- 계열사 지분으로 기업집단 지배 가능<br>- 계열사 간 부의 이전 문제 |
| 기업지배구조 및 M&A 시장 | - 무능하거나 부도덕한 경영자에 대한 규율기능 취약 | - 기존 경영진에 의한 경영권 고착(entrenchment) 현상 |

## 다른 나라 기업들은 어떻게 상속하나

우리나라 상당수 대기업은 오너와 그 가족이 경영에 참여하는 가족기업 형태로 운영되고 있다. 재벌들은 기업이 지속 가능한 가치를 창출하여 국가 경제에 기여하려면 경영권 승계가 원활히 이뤄져야 한다고 설명한다. 하지만 이는 순전히 재벌 입장에서 하는 얘기다.

미국이나 유럽, 일본에도 이런 가족기업 형태가 상당수 있다. 또 해외 주요 연구에서는 가족기업의 경영성과가 더 우수하다는 연구 결과도 보고되었다. 하지만 우리나라에서는 재벌들의 경영권 승계에 대해 부정적인 여론이 상대적으로 강하다. 대표적인 원인으로는 '최순실 국정농단 사태'에서 확인됐듯이 정경유착에 대한 반감이 크다. 특히 승계나 대규모 사업을 진행할 때 정당하지 않은 방법으로 진행하고 있다는 인식 때문이다.

우선 우리나라보다 기업 역사가 긴 나라들을 살펴보자.

미국 역시 1900년대 초반까지만 하더라도 남다른 아이디어로 회사를 세운 창업자가 회사를 '자식에게 물려주는 것'이 당연했다. 미국의 회사들도 당시에는 대부분 한 사람 또는 소수 자본가가 회사의 모든 자본을 소유하면서 직접 경영했다. 그러다 1920년대의 대공황을 거치면서 자본(소유)과 경영이 급격하게 분리되기 시작했다. 회사의 규모가 커지고 그에 따라 자금 수요도 늘어났기에 다수의 투자자로부터 자본을 조달해야 하는 경제적, 사회적 요구가 대두되었기 때문이다. 한마디로, 기업들이 전부 망해 자금을 외부에서 가져와야 하는 판이니 창업주라고 해서 경영권을 자식에게 마음대로 줄 수 없다는 이야기다. 특히 전쟁과 대공황을 겪으면서 격변하는 환경 속에서 회사들 스스로 경험과 전문적 지식을 가진 전문경영인을 필요로 했다.

이러한 과정을 거치면서 미국은 이미 1930년대 후반부터 주요 기업 최고경영자(CEO)들의 주식 지분이 전체 주식의 0.3%에 불과했을 정도로 경영은 대부분 전문경영인이 맡고 있다. 다만, 상장회사 중에서도 창업자의 후손들이 이사 또는 이사회 회장, CEO를 맡거나 소유 지분을 이용해 경영에 영향력을 행사하는 경우도 있다. 영국의 경제주간지 〈이코노미스트〉와 미국의 시사경제지 〈비즈니스위크〉는 미국의 500대 상장기업 중 창업자 가문이 영향력을 행사하는 기업이 30~40% 정도라고 추정했다.

우리나라와 기업구조가 가장 비슷할 것 같은 일본은 오히려 재벌 자체가 없다고 봐도 무방하다. 제2차 세계대전에서 패한 이후, 미 연합군 최고사령부 사령관 맥아더 장군에 의해 재벌 해체 과정을 겪었기 때문이다. 미국은 제2차 세계대전의 책임이 일본 재벌들의 경제적 지원에 있다고 보고 그런 조치를 취했다.

이 때문에 경영자가 되려면 일반 사원으로 입사해 회장으로 승진해야 한다. 실제 대부분의 일본 기업 창업 가문은 지분 상속을 몇 차례 거치면서 오너 지분이 1~2%로 낮아졌다. 이는 곧 세금을 똑바로 낸 것이라고 볼 수 있다. 일본의 상속세는 우리나라와 비슷하게 최대 50% 정도다. 세대가 바뀌면 지분이 절반씩 줄어든다는 얘기다. 즉 창업자가 지분을 100% 가지고 있는 경우라면 2세에 이르면 50%, 3세에는 25%, 4세에는 12.5% 식으로 계속해서 줄어든다. 결국 미국과 일본에서는 대공황과 전쟁이라는 외부 요소로 재벌이 자연스럽게 해체된 것이다.

하지만 우리나라는 1997년 외환위기라는 큰 외부적 충격이 오히려 재벌체제를 강화하는 도화선이 됐다. 외환위기 당시 30대 재벌그룹 중 절반 정도가 해체되거나 사라지면서 대주주가 크게 바뀌는 지각변동을 겪었다. 하지만 국가가 재벌을 직접 지원하면서 재벌의 힘을 더 키웠다.

## 외국 대기업의 경영권은 어떻게 승계되나

대기업의 경영권 승계 방식은 소유·경영 일체, 소유·경영 분리, 전문경영인 도입 등 크게 세 가지로 볼 수 있다([표 2] 참조).

우선 가장 가까운 나라인 일본의 대표 기업 토요타자동차부터 알아보자. 토요타는 현재 창업 4세인 도요타 아키오가 경영에 참여하고 있다. 아키오 부사장은 현 명예회장인 도요타 쇼이치로의 장남이자 토요타자동차를 창업한 도요타 기이치로의 손자다. 토요타그룹의 창업자(1926년 도요타자동직기를 설립)인 증조부 도요타 사키치까지 올라가면 창업 4세다.

**[표 2] 각 기업의 후계자 결정 방식**

| | |
|---|---|
| **소유·경영 일체**<br>(국내 대다수 재벌기업) | - 후계자는 회사 입사 후 경영수업, 임원까지 평균 3.5년 소요<br>- 계열사 통합 및 매각 등으로 경영권 유지 위한 지분율 확보 혹은 자금 마련 |
| **소유·경영 분리**<br>(스웨덴 발렌베리家) | - 발렌베리는 기업 승계자 선정 시 지주회사 회장, SEB 회장을 선택하는 투톱 체제로 독점적 지위 방지<br>- 장자 승계 등 오너 일가 내 경영권 승계 시 특혜 없음<br>- 주요 계열사는 전문경영인들 책임하에 독립적으로 경영, 기업 승계자는 이사회를 통해 전문경영인 견제 및 감시<br>- 승계자는 실질적으로 지분을 갖고 있지 않고, 기업 승계 시 재단을 만들어 차익 등을 전액 기부 |
| **전문경영인 도입**<br>(일본 도요타) | - 도요타 일가와 전문경영인이 번갈아 최고경영자(CEO) 임무 수행<br>- 오너 일가와 전문경영인이 CEO가 되는 과정에서 차별 없음. 오너 일가 입사 후 평균 31년 만에 CEO 자리 오름(전문경영인 35.8년) |

자료: business watch

도요타 가문은 현재 4대에 걸친 상속과 증자 과정을 거치면서 토요타자동차 전체 주식의 2% 정도만 보유하고 있다. 다른 일본 기업의 창업 가문처럼 경영권 장악에 필요한 절대 지분을 확보하지 못하고 있다. 다만 창업 가문의 상징성과 그룹 경영의 구심력 확보 차원에서 경영 승계가 용인된다. 한마디로, 창업자 가문이니 경영에 끼워주는 것이지 그 이상의 의미는 없다.

미국의 포드도 100년 이상 가족기업의 형태를 유지하고 있는 대표적인 기업이다. 현재 회장과 이사회 의장이 윌리엄 클레이 포드 주니어로 창업자인 헨리 포드의 증손자다. 포드는 창업자 2세가 물러난 후 전문경영인 체제를 지속했지만 경영 악화 등의 이유로 전문경영인이 사퇴하고, 지난 2001년 다시 창업자 가문인 윌리엄 클레이 포드 주니어가 경영에 참여했다.

그렇다면 포드 가문은 4대에 걸치는 동안 경영권을 어떻게 유지했을까? 정답은 차등의결권 제도다. 쉽게 말해, 보유한 주식 수의 몇 배에 달하는 의결권을 부여하는 제도다.

포드사는 1956년 상장을 하면서 포드 일가의 안정적인 경영권 행사를 위해 Class B 주식을 발행했다. 이 주식은 대부분 포드 가문 소유이며 1주당 16개의 의결권을 행사할 수 있다. 오너 일가는 안정적인 지분을 확보하기 위해, 부득이하게 차등의결권 주식을 매각할 때는 이를 재매입하는 신탁펀드를 운용해 경영권을 유지한다. 차등의결권 폐지에 대한 주주의 요청이 자주 있었지만 포드 일가의 회사에 대한 기여도와 영향력, 경영자로서의 장기 보유 목적 등의 이유로 이사회 결의에서 거부됐다.

Class B 주식은 재단을 통해 상속되며, 이것이 곧 경영권 승계가 된다. 재단을 통해 지분을 상속하는 이유는 지나치게 높은 상속세율 때문이다. 미국에서는 1935년 대공황을 극복하고자 뉴딜 정책을 실시하면서 그 재원을 조달하기 위해 상속세율을 400만 달러 초과는 50%, 5,000만 달러 초과는 70%로 높였다.

마지막으로 전 세계 재벌의 모범답안으로 불리는 스웨덴의 발렌베리 가문을 보자. 발렌베리 가문은 14개 대기업을 거느리며 스웨덴 GDP의 30%를 차지하고 있다. 이 가문 역시 차등의결권으로 경영권을 승계한다.

스웨덴에선 기업 주식을 A와 B로 나누는데, A주 1주는 B주 10주와 같은 의결권을 가진다. A주를 갖고 있으면 실제 지분율은 낮지만 행사할 수 있는 의결권은 10배인 것이다. 발렌베리 재단이 갖고 있는 인베스터 지분은 18.7%에 불과하지만 그중 차등의결권을 부여받은 주식이 상당수이므로 이를 적용하면 의결권이 40.2%로 높아진다([그림 1] 참조). 발렌베리의 차등의결권 제도는 스웨덴 정부가 복지를 더욱 확대하기 위해 도입했다. 차등의결권으로 자본의 기득권을 인정하고 안정적인 경영권을 보장하는 대신 기업의 과감한 투자를 끌어내고 세금도 더 걷기로 한 것이다. 정부와 기업 간에 이러한 타협이 이뤄진 것이 살트셰바덴 협약이었다.

**[그림 1] 발렌베리 재단 지배구조**

* 2011년 말 기준
* 지분율(의결권 비율)
　자료: 인베스터

이 때문에 발렌베리 가문은 후계자를 정할 때 심혈을 기울인다. 친족 간의 경쟁을 통해 후계자가 정해지는데 거기에는 세 가지 자격 요건이 있다. 첫째는 자신의 능력을 입증해야 하고, 둘째는 혼자 힘으로 명문대를 나와야 하며, 셋째는 해군사관학교를 졸업해야만 한다는 요건이 있다. 대부분 국방의 의무를 회피하고, 그룹의 전폭적인 지지를 통해 경영권을 취득하는 우리나라와는 사뭇 다르다.

## 재벌 승계의 마법, 지주회사 전환

회사의 역량을 집중해 부를 쌓은 후 재벌들은 합법적인 '마법'을 통해 자신들의 경영권을 강화한다. 이때 주로 이용되는 방법이 지주회사로 전환하는 것이다.

재벌들이 지주회사로 전환하는 이유는 무엇일까? 우리나라 대주주들의 특징은 지분율이 높지 않다는 것이다. 이 때문에 대주주는 가장 저렴하게 지분을 늘릴 방안을 고민하게 되는데, 그 방법이 지주회사 설립이다. 지주회사를 설립하면 손쉽게 지분율을 높일 수 있다. 특히 최근 대기업을 중심으로 경영권을 넘겨야 할 시기에 비용이 가장 적게 들면서 합법적인 지분율 확대 방안으로 지주회사가 떠오르고 있다.

우선 지주회사란 '다른 회사(자회사)의 주식을 갖고 그 회사를 감독하는 회사'를 말한다. 영어로는 '홀딩컴퍼니(holding company)'라고 하는

데 'ㅇㅇ홀딩스'란 이름의 회사들이 주로 지주회사다. 또 지주회사는 자회사의 지분을 가지고 있는 만큼 경영 전략에 적극적으로 간여한다. 대주주 입장에서는 계열사 각각의 주식을 갖는 것보다 지주회사 지분만 보유하면 되니 훨씬 효율적이다. 나머지 계열사는 지주회사가 가진 지분을 통해 경영할 수 있기 때문이다.

그렇다면 재벌들은 어떤 방법으로 지주회사로 전환할까? 그리고 그 과정에 감춰진 비밀은 무엇일까?

결론부터 밝히면 재벌들은 '인적분할'이란 방법으로 지주회사를 전환한다. 인적분할은 신설 법인의 주식을 기존 회사 주주들이 지분율대로 나눠 갖는 것을 말한다. 신설 법인의 주식을 모회사가 전부 소유하는 물적분할과 대비되는 개념이다.

기업을 인적분할하면 통상 기업은 사업을 담당하는 '사업회사'와 사업 외 다른 부분을 담당하는 회사로 나뉜다. 지주사 전환을 포기하긴 했지만 우리나라 대표기업인 삼성전자를 예로 들어보면 삼성전자를 인적분할하게 되면 스마트폰이나 반도체를 만드는 삼성전자 사업회사와 그 외의 업무를 하는 삼성전자홀딩스(지주회사)로 나뉜다. 기존 삼성전자 주주들은 신설된 두 회사에 똑같은 지분을 가지게 되는데 보통 일반 주주들은 보유하고 있던 지주회사 지분 대신 사업회사 지분을 선호한다. 이런 심리를 이용해 대주주들은 인적분할 후 '주식 교환(스와핑)'에서 상당한 이득을 챙기는데, 소액주주들은 자신들이 어떤 피해를 받는지도 인지하기 어렵다. 이 때문에 인적분할을 이용해 지주회사로 전환하는 것을 소위 '지배권 강화의 마술'로 부른다.

이 마술의 원리는 간단하다. 특정 기업을 '인적분할'하여 두 기업(지주회사와 사업회사)으로 나누면, 기존 주주들은 두 기업에 대해 종전과 같은 지분을 유지하게 된다. 대주주들은 이 과정에서 지배권을 대폭 강화한다.

## 대주주에게만 큰 몫 안기는 지주회사 제도

먼저, 지주회사로 전환될 때 일반 주주들이 피해를 볼 수 있는 부분은 크게 보면 두 가지다.

첫째는 기업들이 가지고 있는 자사주가 일반 주주들에게 상당한 불이익을 줄 수 있다는 점이다. 인적분할을 거치면 애초 자산가치가 없었던 자사주가 투자자산으로 바뀌게 된다. 이 때문에 자사주는 분할된 회사들에 각각 기존 자사주 지분만큼의 지분이 생기게 된다. 단지 회사를 분할하는 것만으로 대주주에게 우호적인 자본이 늘어나는 효과가 생기는 것이다.

여기에 분할을 거치면서 의결권이 없는 자사주에 의결권이 부여된다. 존재만으로도 대주주에게 우호적인 자사주에 의결권마저 생기니, 대주주는 이를 잘 이용하면 상당한 이득을 거둘 수 있다. 이 때문에 지금 대량의 자사주를 보유하고 있거나 자사주를 모으고 있는 기업은 앞으로 지주회사로 전환하려는 것은 아닌지 의심해볼 만하다. 대표적인 예가 자사주 7.84%를 보유하고 있는 한화이다. 자사주를 가지고 있는 만큼 어떻게든 대주주의 이익에 유리한 방향으로 이용할 가능성이 크다.

두 번째는 지주회사에서 필수적으로 거치는 '공개매수' 과정의 불합리성이다. 공개매수는 경영권 지배를 목적으로 특정 기업의 주식을 주식시장 외에서 공개적으로 매수하는 적대적 M&A(기업인수합병) 방식을 말한다.

공개매수를 하기 위해서는 공개매수 가격 산정 과정이 먼저 이뤄져야 한다. 공개매수 가격은 원칙적으로 공개매수를 하는 측에서 자율적으로 정할 수 있다. 이 과정에서 지분이 많은 대주주에게 유리한 가격이 산정될 수 있는데, 최근 이뤄진 삼성물산 합병에서 가격 산정이 크게 문제가 됐다.

결과적으로 대주주들은 지주회사를 설립함으로써 추가적인 비용 지출과 세금납부 없이 지분율을 합법적인 범위에서 늘릴 수 있다. 이렇게 늘어난 지분율을 바탕으로 재벌들은 지배력을 더 강화할 수 있도록 자회사의 이익을 지주회사로 이전시킨다. 이를 통해 천문학적 이익을 누릴 수 있는 기반을 닦는 것이다. 더 나아가 상속에서도 지주회사 지분 상속이라는 간단한 방법을 통해 자손 대대로 부를 이전한다.

현재 지주회사 전환이 이뤄지는 양상에는 문제가 있다. 법의 테두리 안에서 진행됨에도 상식적이지 않은 일들로 인해 대주주는 막대한 이익을 얻고, 일반 주주들은 소외를 당한다. 기업지배구조 투명화를 위해 마련한 지주회사 제도마저도 재벌들의 승계를 암묵적으로 돕고 있는 것이다. 최근 이런 점을 방지하기 위해 인적분할할 때 부활하는 자사주 의결권을 막는 법안이 논의되고 있다. 하지만 경영권 승계 방안이 마련돼 있지 않다는 이유와 국내 우량 기업들의 경영권이 외국 자본에 넘어갈 수 있단 이유로 좀처럼 통과되지 않고 있다.

· 4장 ·

# '판'의 이동

금융권에서도 인공지능 열풍이 불었다.
수많은 사람이 자신보다 더
자산을 잘 관리해줄 사람에게 조언을 듣는다.
인간과 AI 중 누가 더 나은 수익률을 올릴 수 있을까?

# 01

## 4차 산업혁명:
## 빠르게 변하는 세상,
## 어떻게 살아남을 것인가?

이제 판은 4차 산업혁명으로 이동한다. 2016년 1월 다보스포럼에서는 4차 산업혁명을 '3차 산업혁명을 기반으로 한 디지털, 물리학, 생물학 등의 경계가 없어지고 융합되는 기술 혁명'이라고 정의했다.

참 지루하고 따분하다. 무슨 말인지 알아듣지도 못하겠다. 1차 산업혁명은 '기계화'였다. 2차 산업혁명은 '대량 생산'이었고, 3차 산업혁명은 '디지털화'였다. 4차 산업혁명은 왜 하나의 키워드로 표현하지 못할까?

아직 우리가 4차 산업혁명을 온전히 경험하지 못했기 때문이다. 이제 우리는 시간이 지나 판이 이동하는 것을 보면서 '아, 이런 것을 4차 산업혁명이라 하는구나' 하고 차츰 이해하게 될 것이다. 몇 가지 키워드를 꼽아보자.

## 첫 번째 키워드, 연결

4차 산업혁명은 연결이다. 특히 수요자와 공급자를 가장 효율적으로 연결하는 것이다.

먼저 우버를 예로 들어보자. 목적지로 가기 위해 차가 필요한 수요자와 목적지에 가는 데 차에 자리가 남는 공급자가 연결된다. 차량은 한 대가 움직였지만 두 대가 움직인 것과 같은 효과를 낸다. 수요자와 공급자가 연결됨으로써 차 한 대가 낼 수 있는 효율성이 높아진다.

택시와 버스, 지하철 같은 대중교통이 있지 않냐고? 수요와 공급이 딱 맞아떨어지지는 않는다. 이태원 클럽에서 미친 듯이 음주가무를 즐기고 새벽 4시에 택시 잡아본 적 있는가? 길가에서 2시간 동안 손 흔들다 지하철 첫차 타고 들어간다. 그 시간, 그 장소에서 택시를 잡으려는 수요는 많지만 공급이 부족하다. 수요와 공급이 연결되지 않기 때문에 효율이 떨어진다. 효율이 떨어지는 만큼 생산성도 떨어진다.

우리나라에서는 우버가 불법이라 변형된 형태의 4차 산업혁명이 일어났다. 카카오택시와 T맵 택시다. 이것도 수요와 공급을 가장 효율적으로 연결함으로써 생산성을 높였다. 택시 기사들은 언제 올지 모르는 손님을 태우기 위해 길거리에서 기다리는 시간이 줄었고, 손님은 언제 올지 모르는 택시를 기다리느라 길거리에서 낭비하는 시간이 줄었다.

에어비앤비도 마찬가지다. 내게 남는 빈방을 방이 필요한 수요자에게 연결함으로써 효율성과 생산성이 높아지고 GDP도 상승한다. 우버와 같은 맥락이다.

3D 프린터도 연결이라는 키워드로 정의된다. 그동안에는 기업이 물건을 대량으로 만들어놓고 "사세요" 했다. 사람마다 필요를 느끼는 정도는 제각각이었다. 그 제품이 꼭 필요해서 산 사람도 있었을 것이고, 제품의 모든 기능이 필요한 것은 아니지만 필요한 기능이 일부 있어서 산 사람도 있었을 것이다. 그래서 기업은 늘 수요를 예측해야 했다. 수요 예측을 잘 해야 제품을 성공으로 이끈다.

이런 농담이 있다. 어떤 건설사가 아파트를 지었다. 분양을 했는데 1순위 청약에서 완판됐다. 그런데 그 프로젝트를 맡은 담당자는 상사한테 엄청 깨진다. 왜 그럴까? 더 비싸게 분양했다면 수익을 더 올릴 수 있었을 텐데, 수요 예측을 잘못한 탓에 가격을 낮게 책정했다는 것이다. "더 벌 수 있었는데, 너 때문에 덜 벌게 됐잖아!" 이런 논리다.

그런데 3D 프린터는 수요 예측이라는 미지수를 제거한다. 나에게 필요한 것만 그 자리에서 만들어주기 때문이다. 소비자가 A라는 제품

1개를 주문하면 그것만 만든다. B라는 제품 12개를 주문하면 그것만 만들어낸다. 재고가 발생하지 않는다. 정확한 수요와 정확한 공급을 연결해준다. 생산의 효율성이 극대화된다.

아직 3D 프린터 기술이 어느 정도까지 발전했는지 익숙하지 않은 사람들은, 마치 수제화를 만드는 모습을 상상하기도 한다. '시간이 오래 걸릴 텐데 수지타산이 맞을까?' 오산이다. 이미 실험적 시도가 많이 이뤄지고 있다. 중국 업체인 윈선(Winsun)은 지난 2015년 산업폐기물을 재활용하여 새로운 건축 재료를 만들어서 3D 프린터로 건물을 건설했다([그림 1]).

이 건물을 짓는 데 얼마의 시간이 걸렸을까? 단 3일! 말 그대로 뚝딱이다. 물론 이 주택은 모듈형 주택이었다. 건설에 필요한 모듈을 각각 3D 프린터로 만든 후 조립한 형태라는 뜻이다. 하지만 2016년에

[그림 1] 중국 윈선이 3D 프린터로 건설한 건물

는 모듈형이 아닌, 3D 프린터가 통째로 지은 2층짜리 별장형 주택이 베이징 통저우 구에 들어섰다. 언론 보도에 따르면 규모 8의 지진에도 견디는 내구성을 가졌다는데, 이 주택의 공사 기간은 단 45일이었다.

여담이지만, 혹자는 이러한 기술 발전을 두고 사람마다 자신이 원하는 곳에 원하는 집을 가질 수 있게 되기 때문에 집값이 낮아질 것이라고 기대하기도 한다. 하지만 집값은 집이 없어서가 아니라 땅이 없어서 오른다는 사실을 생각하시라. 집 지을 수 있는 3D 프린터가 있으면 뭐하나, 집 지을 땅이 없는데.

## 두 번째 키워드, 지능화

4차 산업혁명에서 지능화도 아주 중요한 키워드다. 쉽게 말하자면, 세상의 모든 사물에 지능을 부여한다는 것이다.

독일에는 인구 4만의 작은 도시 암베르크가 있다. 이곳에는 지멘스의 25년 된 부품 공장이 있다. 이 공장은 직원 수만 해도 수천 명에 달하며, 독일의 핵심 미래 프로젝트인 인더스트리 4.0의 대표주자다. '생각하는 공장'이라 불린다. 그동안 큰 변화가 없었던 이 공장에 2015년 커다란 변화가 발생한다. 부품 생산량이 갑자기 8배로 뛰고, 생산하는 부품 종류도 5배 증가한다. 통상적으로 생산량이 증가하면 불량률도 함께 올라간다. 그런데 이 공장은 불량률이 100만 개당 550개에서

12개로 줄어든다. 심지어 공장 근로자 수도 거의 변하지 않았다.

어떻게 가능했을까? 이 공장에서는 공장 내 모든 생산설비와 부품, 물류회사와 판매사까지 인터넷 클라우드 시스템으로 연결되어 있다. 이 공장은 스스로 부품을 관리한다. 부품 하나하나에 태그(tag)가 되어 있다. 그래서 이 부품이 어디에 있는지 재고는 얼마나 있는지 손상은 없는지 등을 공장이 스스로 관리하고, 필요한 부품의 양을 스스로 조절한다. 재고 또한 스스로 관리한다. 클라우드 시스템으로 판매사까지 연결되어 있기 때문에 판매사에서 A 제품이 얼마나 팔리는지 B 제품이 얼마나 팔리는지를 확인할 수 있다. A라는 제품이 많이 팔리면 공장은 스스로 A 제품의 생산량을 늘리고 B 제품의 생산량을 줄인다. 실시간으로 판매량을 확인하면서 생산량을 조절한다. 필요 없는 것은 안 만들고 필요한 것만 만든다. 공장이 판매량에 따라 스스로 생산라인도 전환한다는 것이다.

이는 각각의 로봇 팔과 각각의 부품 등에 지능을 부여했다는 것을 의미한다. 생산 공장부터 제품의 판매사와 판매되는 제품에까지 지능을 부여함으로써 생산 효율성을 극대화한 것이다. 이는 연결이라는 키워드와도 맞물린다. 지능이 생긴 공장은 수요에 맞는 최적의 공급을 함으로써 생산의 효율성을 극대화한다. 지능화를 통해 수요와 공급을 최적점에서 연결하게 된 것이다.

사물인터넷도 지능화의 또 다른 모습이다. 이미 냉장고는 우유가 떨어지면 알아서 주문한다. 지난 CES 2017에서 눈에 띄는 제품이 소개됐다. 스마트 쓰레기통 제니캔(GeniCan)이다. 천재 쓰레기통이라는 의미다. 이 쓰레기통은 정말 천재적이다. 쓰레기통은 우리가 무엇을 버리는지 안다. 우리가 무슨 쓰레기를 버리는지 쓰레기통이 알면 무엇이 좋을까? 설마 분리수거? 아니다.

예를 들어, 내가 음료수 10캔을 샀다고 가정해보자. 그런데 그 음료수 8캔을 마시고 제니캔에 버렸다. 그러면 제니캔은 음료수 8개를 스스로 주문한다. 이 쓰레기통이 더욱 놀라운 것은 공산품이 아닌 채소와 과일 등 바코드가 없는 것들도 인식할 수 있다는 것이다. 물론 이 기능을 이용하기 위해서는 아마존이 제공하는 대시 보충 서비스(DSR)를 이용해야 한다. 대시 보충 서비스는 지난 2015년부터 아마존이 시작한 사물인터넷 기반 주문 서비스다. 커피나 주방세제 등 가정에서 사용하는 일상용품이 떨어지면 버튼 하나로 주문하고 집앞까지 배송받는 서비스다.

이처럼 쓰레기통에까지 스스로 판단하고 스스로 주문할 수 있도록 지능을 부여하는 것. 이것이 바로 4차 산업혁명이다.


### 세 번째 키워드, 융합

융합 또한 매우 중요한 키워드다. 다보스포럼에서는 4차 산업혁명을 '산업 간의 경계가 허물어진 기술 융합 혁명'이라 정의했다. 기술 융합 혁명이라고 하니 이해하기 어렵다. 자율주행차 또는 커넥티드카를 떠올리면 된다. 커넥티드카에 익숙하다면 기술 융합 혁명을 이해하고 있는 것이다. 국제가전박람회(CES)는 원래 IT기업들의 전유물이었다. 그런데 몇 년 전부터 CES에 자동차가 등장하기 시작한다. 처음 CES에서 자동차가 소개되던 때는 4개의 메인 전시관 중 하나인 노스홀 한 귀퉁이에 전시관이 배치됐다. 그러다 자동차와 IT의 융합이 관심을 받으면서 노스홀 전체가 자동차 전시관으로 사용됐고, CES 2017에서는 전체 전시관 곳곳에 자동차가 배치됐다. 4차 산업혁명이 대두하기 전부터 기술 융합 혁명은 진행되고 있었던 것이다. 이 외에도 융합의 대표적인 사례들이 있다. 두 가지만 살펴본다.

### ① 산업 간 융합

전통적인 제조업체인 GE는 2020년까지 소프트웨어기업이 될 것이라고 선언했다. 이미 그 변화가 시작된 지 오래다. GE는 본업인 제조업보다 데이터 서비스로 더 많은 매출을 올리고 있다. 매출의 약 75%가 데이터 서비스인 것으로 알려져 있다. 데이터 서비스 사업은 빅데이터를 분석해 원하는 기업에 제공하는 사업을 말한다. 반대로 뼛속까지 IT기업인 애플과 구글은 자동차를 만든다. 소프트웨어기업이 제조업으로 영역을 확장했다는 것이다. 제조업과 소프트웨어 업종의 경계가 무너지고 산업 간 융합이 일어난 것이다.

## ② 3D 프린터로 인체 장기도 찍어낸다

장기 이식의 가장 큰 문제점은 거부반응이다. 자신과 유전형질이 가장 비슷한 장기, 즉 가족의 장기를 이식받더라도 몸에서 침입자로 인식해 없애버리려고 하는 것이다. 그래서 의학계에서는 여러 가지 노력을 해왔다. 돼지 몸에서 장기를 키워 사람에게 이식하는 방법, 쥐 몸에서 귀나 코를 배양해 사람에게 이식하는 방법 등. 하지만 여전히 걱정되는 것은 아무리 비슷한 유전형질의 장기를 이식한다고 하더라도 완벽히 내 것이 아닌 이상 몸에서는 침입자로 인식할 수밖에 없다는 것이다.

또 하나의 문제점은 귓바퀴처럼 자체 기능이 단순한 기관이야 쥐 몸에서 배양해 사람에게 이식할 수 있다지만, 심장이나 대장, 신장 등 복잡한 기능을 수행해야 하는 장기는 그럴 수가 없다는 것이다. 다른 동물에서 배양할 수 있다 하더라도 사람 몸속에서 제대로 작동할 수 있을지 미지수다. 여기에 윤리적 문제까지 해결해야 한다. 이런 여러 이유로 이종배양을 통해 완벽한 장기를 만들어도 사람 몸에 이식할 수 있는 날은 아직 먼 일로만 여겨진다.

그런데 만약 3D 프린터로 인체 장기를 찍어낸다면 어떨까? 나의 세포를 프린터 토너 삼아 나의 장기를 찍어내는 기술로, 이른바 3D 바이오 프린터라 부른다. 3D 프린터로 인공뼈 또는 인공치아 등 고형물을 찍어내는 것보다 훨씬 고차원적인 기술이다. 복잡한 기술적 내용은 논외로 하고, 3D 바이오 프린터로 실제 기능을 하는 심장이나 간도 만들 수 있다. 게다가 나의 세포로 찍어낸 장기이기 때문에 거부반응에 대한 우려도 덜 수 있다. 미국의 재생의학업체인 오가노보(Organovo)는 이미 3D 바이오 프린터로 간 조직을 만들어내는 데 성공했다. 인체에 이식하지는 않았지만 42일 동안 정상 기능을 유지했다.

이처럼 3D 바이오 프린터는 4차 산업혁명의 융합이라는 키워드의 대표적인 산업이다. 의료업과 제조업의 구분이 사라지는 것을 의미한다. 테슬라를 자동차기업이라 할 수도 없고 IT기업이라 할 수도 없기 때문에 전기차업체라 부르는 것처럼, 오가노보를 3D 프린터 기업이라 해야 할지 바이오기업이라 해야 할지 모호하기 때문에 3D 바이오 프린터 기업이라 부르는 것처럼 4차 산업혁명 시대에는 산업 간의 융합이 끊임없이 나타날 것이다.

## 네 번째 키워드, 사이버 물리 시스템

4차 산업혁명을 이해하기 위해 반드시 알아둬야 할 개념이 있다. 바로 사이버 물리 시스템이다. 지금까지 정리한 4차 산업혁명을 종합하면 이렇다. 산업 간의 경계는 없다. 모든 사물에 지능이 부여되고, 그 지능이 최적의 판단을 내려준다.

그런데 이런 판단이 '0'과 '1'이라는 데이터상으로만 존재한다면 우리 삶에는 무슨 의미가 있겠는가. 중요한 것은 최적의 판단을 내렸으면 그것을 물리적 세상에서 현실화해야 한다는 것이다. 이런 일련의 시스템을 사이버 물리 시스템(CPS: Cyber Physical System)이라 부른다.

사이버 물리 시스템 역시 한마디로 정의하기 어렵다. 여기저기서 굉장히 어렵게 정의를 내리고 있다. 예를 들어, 2008년에 발표된 에드워드 리(Edward A. Lee)의 보고서에서는 이렇게 설명한다("자동화 관점에서 본 기회와 유용성", E. A. Lee, Technical Report No. UCB/EECS-2008-8).

"사이버 물리 시스템은 컴퓨터 이용(computation)과 물리적인 프로세스(physical process)의 통합이다. 임베디드 컴퓨터 및 네트워크는 일반적으로 피드백 루프(feedback loop)를 가지고 물리적인 프로세스를 감시하고 통제한다."

쉽게 풀어보면 이렇다. 컴퓨터상에서 이뤄지는 수많은 '0'과 '1'의 조합이 물리적인 움직임으로 현실화되고, 현실에서 발생하는 모든 움직임과 현상이 '0'과 '1'이라는 데이터로 전환되도록 만들어주는 모든 시스템을 통칭하는 것이 사이버 물리 시스템이다.

우리가 스마트기기를 이용하는 이유는 무엇이 됐건 물리적인 결과물을 얻기 위해서다. 물리적인 결과물은 우리가 궁금해하는 것에 대한 정보가 되기도 하고 우리가 도달하는 목적지가 되기도 한다. 또는 로봇의 움직임일 수도 있고, 공장에서 생산하는 제품이 될 수도 있다. 우리가 입력한 데이터가 물리적 결과물을 발생시키는 것이다.

다만, 여기까지는 인터넷과 디지털을 기반으로 한 3차 산업혁명과 크게 다르지 않다. 여기에 4차 산업혁명이 완성되기 위한 사이버 물리 시스템 개념이 더해지면 이런 현상이 발생한다. 물리적인 현상이 데이터로 전환되어 새로운 물리적 현상을 만들어낸다. 우리가 검색한 정보를 데이터로 모아 검색자에게 최적화된 정보를 제공하면, 검색자는 단순히 목적지에 도달하기만 하는 것이 아니다. 검색자가 목적지에 도달하는 과정에서 수집한 수많은 정보를 이용해 또 다른 이용자에게 최적의 길을 제공한다. 단순히 로봇의 움직임을 조작하는 것이 아니라 주변 환경의 정보를 받아들여 로봇이 스스로 움직이도록 하고, 공장에서 제품을 생산하는 것에서 한발 더 나아가 생산된 제품이 소비되는 양에 따라 스스로 생산량을 조절하는 것이다.

이해를 돕기 위해 완전 자율주행 시대가 도래했다고 가정하자. 전세계의 모든 자동차가 스스로 달린다. 물론 개별 자동차 하나하나에 다양한 센서를 달아놓고 사방을 감시하며 주행할 수도 있을 것이다. 그렇지만 자동차와 자동차끼리 서로 정보를 교환하면서 달린다면 훨씬 더 안전하고 효율적으로 주행할 수 있다. 이것이 바로 연결된 자동차, 즉 커넥티드카다.

자동차 A가 달리면서 온갖 정보를 수집한다. 현재 달리는 도로의 상태는 어떤지, 주변의 사고 상황은 어떤지, 주행 중인 도로의 차량은 얼마나 많은지 등. 그리고 그 정보를 모든 차량에 전송한다. 그러면 이를 수신한 자동차 B는 그 정보를 활용해 최적의 도로로 주행한다. 동시에 자동차 B도 도로 상태와 사고 상황, 차량의 수 같은 정보를 수

집해 모든 차량에 전송한다. 모든 자동차가 이처럼 실시간으로 정보를 주고받으면서 최적의 주행을 한다.

이용자는 목적지를 제시하고 그곳으로 달릴 뿐이지만, 사이버 물리 시스템은 그사이에 발생하는 정보를 다른 자동차들과 서로 교환하면서 최상의 교통 상황을 '만들어낸다.' 최적의 교통 경로를 찾는 것이 아니다. 수집된 정보를 이용해 수많은 차량을 실시간으로 제어함으로써 최상의 교통 상황을 '만들어내는' 것이다.

4차 산업혁명은 인공지능이 모든 정보(빅데이터)를 이용하여 최적의 판단을 내림으로써 사이버 물리 시스템을 통해 현실에서 물리적 움직임으로 나타나게 한다. 또 여기서 발생한 정보를 모아(빅데이터) 더 나은 판단을 내리고, 사이버 물리 시스템을 통해 현실에서 물리적 움직임으로 이어지게 하는 일련의 과정이 반복된다.


## 쉽지 않은 4차 산업혁명 시대 살아가기

4차 산업혁명 시대를 살아간다는 것은 우리에게 축복이기도 하고 불행이기도 하다. 지금까지 서술한 것처럼 효율성 좋은 세상에서 살게 되므로 낭비되는 비용이 줄어든다. 하지만 이런 것들이 나에게 무슨 소용일까. 그저 삶이 편해진다는 정도가 아닐까?

당장 내 일자리부터 걱정해야 한다. 많은 일자리가 사라질 것이기 때문이다. 혹자는 일자리가 사라지는 것이 아니라 이동하는 것이라고 하기도 한다. 맞는 말이지만, 노동 인구의 경직성을 생각할 필요가 있다. 어제의 용접공이 내일의 컴퓨터 프로그래머가 될 수는 없다. 일자리는 이동하지만 이동하는 일자리에 들어맞도록 자신의 능력을 카멜레온처럼 바꿀 수 있는 사람은 많지 않다.

세대가 바뀌면서 일자리는 이동한다. 하지만 지금은 변화의 속도가 너무 빠르다. 그렇다고 문과 출신이 대학에 다시 들어가 이과를 전공할 수는 없다. 많은 언론과 방송에서 4차 산업혁명을 다루면서 사라질 직업을 부각시켰다. 상당히 불편하다. 하지만 이것은 한 사람의 능력을 그 한 사람으로 국한했을 때나 들어맞는 이야기이며, 세상을 정말 단편적으로 본 시각이다. 4차 산업혁명에서는 경계가 사라진다고 했다. 내가 앞으로 수십 년간 살아야 하는 세상의 경계가 사라지는 것이다.

아시아 최대 부호로 떠오른 알리바바의 창업자 마윈을 떠올려보자. 그는 영어 교사 출신이다. 사범대학을 나왔고 심지어 컴맹으로 알려져 있다. 스펙만 따져보면 4차 산업혁명을 이끌 인재는 아니다. 하지만 그는 산업의 경계를 넘나드는 사람들을 아우르고 있다. 그는 자신의 경영철학으로 비전을 제시한다고 했다. 그 비전을 향해 가는 것은 그의 직원들이라 했다.

4차 산업혁명 시대가 도래하기 전에도 세상은 너무나 복잡하고 어려웠다. 한 사람이 한 분야의 전문가가 되기 위해 평생을 바쳐도 시간이 부족할 정도로 정보가 많았다. 그렇다면 어차피 과거에도 스스로 그 분야의 전문가가 될 필요는 없었다는 것이다. 필요하면 그 분야의 전문가와 함께하면 되는 것이었다.

4차 산업혁명 시대에는 산업 간 경계가 허물어지고 다양한 분야의 인재가 필요해진다. IT가 세상을 이끈다고 해서 스스로 프로그래머가 될 필요는 없다. 갑자기 다시 대학에 가겠다는 생각도 할 필요가 없다. 나에게 아이디어가 있다면 관련된 사람들과 함께하면 되는 것이다. 산업 간 경계가 사라지는 만큼 기회는 더 늘어난다.

# 자율주행차 시대,
## 브랜드가 사라진다

자율주행차 시대가 되면 현대·기아차, GM, 포드 등 자동차 브랜드가 무의미해진다고 합니다. 왜 그럴까요?

먼저 다음 질문에 답을 해보시기 바랍니다. 항공편을 예약할 때 보잉기를 예약하나요, 아니면 에어버스기를 예약하나요? 우리는 비행기 제조사를 보고 예약하지 않습니다. 항공사를 보고 예약할 뿐이죠. 여객 항공기는 전 세계에서 두 기업이 독과점하고 있으니, 조금 다른 예를 들어보겠습니다. 콜택시를 부를 때 쏘나타 택시 부르나요, 아니면 K5 택시 부르나요? 아마 자동차 제조사를 보고 택시를 부르진 않을 것입니다. 그 서비스를 제공하는 카카오택시냐, T맵 택시냐만 따질 것입니다.

무슨 의미냐고요? 자율주행차는 로봇이 운전해주는 택시와 비슷합니다. 그렇다면, 그 차량에 탑승했을 때 얼마나 안전하고 덤터기 씌우지 않고 편안하게 목적지까지 데려다주느냐가 중요해진다는 것입니다. 이에 대해서 은퇴한 제너럴 모터스 부회장 밥 루츠(Bob Lutz)는 "20년 후에는 자동차 브랜드가 모두 사라질 것"이라고 했습니다.

그런데 아이러니하게도 자율주행차 시대에는 브랜드가 정말 중요해진다면 어떨까요?

또 다른 질문을 해보겠습니다. 지금이 자율주행차 시대이고 구글과 샤오미가 모두 자율주행차를 만들었다고 가정해봅시다. 현재 길거리에 돌아다니는 모든 차량이 자율주행차라면 당신은 구글 자율주행차를 타겠습니까, 아니면 샤오미 자율주행차를 타겠습니까?

아마 대부분 구글 자율주행차를 선호할 것입니다. 자동차라는 것은 모름지기 안전하고 편안하게 우리를 목적지까지 데려다줘야 합니다. 그런데 왠지 샤오미 자율주행차보다는 구글 자율주행차가 기술적으로 더 안정적이고 안전할 것 같지 않은가요?

한편, 다국적 컨설팅기업 PwC의 에반 허시(Evan Hirsh)는 "레노버(Lenovo) 차가 얼마나 믿을 만할지 모르겠습니다"라고 말했습니다.

여기서 우리는 미래 산업의 판이 어떻게 이동할지 알 수 있습니다. 앞에서 언급한 구글과 샤오미는 제조사 브랜드를 말하고, 뒤에서 언급한 레노버는 서비스와 플랫폼을 제공하는 브랜드를 말합니다. 자율주행차 시대에는 제조사의 브랜드보다 서비스와 플랫폼을 제공하는 브랜드가 갈수록 중요해지리라는 것입니다. 자율주행차 시대에는 달리는 즐거움보다 안전하고 편안하게 목적지까지 가는 것이 목적이 될 것이기 때문입니다.

앞으로 자율주행차 시대를 준비하는 자동차업체들은 차츰 안락함과 편안함을 마케팅 포인트로 강조하게 될 것입니다. 이에 대해 제너럴 모터스 댄 암만(Dan Ammann) 회장은 "항공사의 서비스 차별화에서 착안해야" 한다고 강조합니다. 싱가포르항공은 일등석에 샤워 시설이 있다는 점을 광고했습니다. 또, 메르세데스벤츠의 드라이빙 시스템 디렉터인 마이클 하프너(Michael Hafner)도 "승객이 편안함을 느낄 수 있는 부드러운 코너링과 서스펜션이 브랜드를 차별화할 것"이라고 했습니다. 자율주행차 시대에는 이런 방식의 마케팅 전략이 중요해진다는 것입니다.

# 02
## 창조경제:
# 포켓몬고에서 배우는
# 두 가지 교훈

2016년, 포켓몬고는 등장과 함께 폭발적인 인기를 끌었다. 2017년 1월 국내에도 상륙했는데 출시 이후 뜨거운 반응을 이끌었다. 물론 초반 러시에 비해 시간이 흐를수록 폭발력이 줄고 인기가 어느 정도 수준에서 안정화되긴 했지만, 혁신적인 게임이라는 데 반기를 들 사람은 아마 없을 것이다.

포켓몬고는 어떻게 돈을 벌 생각으로 출시된 걸까? 포켓몬고의 수익 모델은 철저한 계획과 조사, 실험에 의해 완성됐다. 게임하느라 배터리가 빨리 닳아 태양광 배터리가 인기를 끌고 있다는 등, 겨울에 포켓몬고 즐기기 위해 터치 장갑이 많이 팔린다는 등, 데이터 사용량이 많아질 테니 통신사에 수혜가 될 것이라는 등 여러 이야기가 떠돌았다. 하지만 모두 천만의 말씀 만만의 콩떡이다.

지금까지 모바일 게임의 주요 수익원은 인앱 결제와 온라인 광고가 대부분이었다. 하지만 포켓몬고의 수익 모델은 훨씬 광범위하다.


## 포켓몬고는 '초코파이 바나나'다

'포켓몬고 = 인그레스 + 포켓몬스터'

포켓몬고는 신상이 아니다. 포켓몬고의 개발사인 나이언틱은 2012년 인그레스라는 증강현실 게임을 출시했다. 그 게임에 포켓몬스터 캐릭터만을 살포시 입힌 것이 포켓몬고다. 마치 초코파이에 바나나 향을 살짝 첨가한 것과 비슷하다.

포켓몬고에는 '포케스탑'이 있다. 포케스탑으로 지정된 지점을 찾아가면 다양한 포켓몬 캐릭터가 출몰하기도 하고, 포켓몬 볼을 획득할 수도 있다. 이 포케스탑들은 모두 제각각 이름을 갖고 있다. 인그레스에서는 '포털'이라 부른다. 포켓몬고가 국내에 출시되자 게임 유저들은 여러 포케스탑을 찾아다녔는데, 포케스탑의 이름들이 참 재미있게 지어졌다는 것을 느꼈다([그림 1] 참조).

[그림 1] 흥미로운 포케스탑 이름들

예를 들면 '왼쪽 곰탱이가 오른쪽 곰탱이의 엉덩이를 때리려는 순간이다', '파랑사탕' 등이 포케스탑의 이름이다. 누가 이렇게 재치 있는 이름을 지어놨을까. 포켓몬고가 국내에 출시된 게 2017년 1월 24일이었는데, 출시와 동시에 이 포케스탑들의 이름이 다 정해져 있었다. 나이언틱 직원들이 출시를 앞두고 우리나라를 방문해 각 포케스탑이 이름을 지어놓은 걸까? 절대 아니다.

포케스탑의 이름은 2012년 출시된 인그레스 게임에서 가져온 것이다. 유저들이 수년간 게임을 즐기면서 자신이 발견한 포털에 이름을 붙였는데 그 신청을 받아 지정한 것이다. 그래서 인그레스 게임을 설치해보면 포털 명칭과 포케스탑 명칭이 거의 정확히 일치하는 것을 볼 수 있다. 인그레스는 포켓몬고 출시를 위한 일종의 베타 버전이었던 것이다.

## 오프라인 광고의 수익 모델 실험

나이언틱이 인기도 많지 않았던 인그레스를 출시한 것은 포케스탑 이름을 짓기 위해서는 아니었다. 가장 중요한 것은 돈이다. 그들이 계획하고 있던 수익 모델이 실현 가능한 것인지 인그레스를 통해 실험하기 위해서다.

인그레스는 유저들이 아이템을 얻기 위해 포털을 방문할 때 지자체나 지방 관광청의 지원을 받은 적이 있다. 지방 관광청 입장에서는 관광객을 유치하는 효과가 있고 게임 개발사는 대신 오프라인 광고비를 받아 수익을 창출할 수 있게 됐다. 포켓몬고가 국내에 출시되기 전에 '속초 지역은 게임이 가능하다'는 소문이 퍼지자 속초에서는 하루 만에 포켓몬고 관광 상품이 등장했다. 나이언틱으로서는 자신들의 계획이 한국에서도 통한다는 사실을 확인하는 계기가 됐을 것이다.

또, 기업 후원을 통해 수익을 창출하는 방법도 찾았다. 소프트뱅크 후원을 받는 아이템 '소프트뱅크 울트라 링크'라는 아이템을 소유한 유저는 소프트뱅크 오프라인 매장에서 아이템을 취득할 수 있게 했다. 일본 금융그룹의 후원도 받았다. 미쓰비시UFJ파이낸셜그룹에서 후원받는 아이템 'MUFG캡슐' 안에 아이템을 넣으면 은행에서 이자가 나오는 것처럼 아이템이 점차 불어나게 했다.

모바일 게임은 그동안 인앱 결제와 온라인 광고만으로 돈을 벌다 보니 한계가 있었다. 그렇지만 포켓몬고는 지자체와 지방 관광청으로부터 돈을 벌 기회를 발견했다. 기업이 단순 광고주가 아닌 협업을 통해 아이템을 함께 개발하고, 그것을 오프라인 매출로 연결할 기회를 발견한 것이다.

실제로 나이언틱의 데니스 황(한국명 황정목) 이사는 2016년 국내 언론과의 인터뷰에서 "게임 출시 이후 정말 많은 회사가 파트너십을 제안해 정신이 없다"고 밝히기도 했다.

포켓몬고를 통해 두 가지 교훈을 얻을 수 있다. 첫째는 전통적인 수익 모델의 상식을 깨라는 것이다. 그리고 둘째는 잘 만든 플랫폼 하나 열 게임 안 부럽다는 것이다.


## 잘 만든 플랫폼 하나 열 게임 안 부럽다

포켓몬고가 가진 의미를 이것만으로 끝내서는 안 된다. 데니스 황 이사는 나이언틱의 목표는 단순한 게임이 아니라 플랫폼을 개발하는 것이라고 인터뷰를 통해 밝히기도 했다. 무슨 의미일까.

나이언틱은 인그레스를 통해 자신들이 만든 증강현실 플랫폼에 포켓몬스터 캐릭터를 씌워 대박을 터트렸다. 상상력을 발휘해보면, 포켓몬스터라는 캐릭터 대신 같은 플랫폼에 공룡 캐릭터를 씌워 '쥐라기 공원' 게임을 만들 수도 있고, 인디아나 존스 캐릭터를 씌워 '인디아나 존스' 게임을 만들 수도 있다는 얘기다. 또는 두 캐릭터를 한꺼번에 덧씌워 '쥐라기 공원을 방문한 인디아나 존스' 게임을 만들 수도 있다. 우리나라 대표 캐릭터의 강점을 살려 온갖 사물에 '뽀로로' 캐릭터를 입히고, 수많은 버스에 '꼬마버스 타요' 캐릭터를 입히고, 수많은 경찰차와 앰뷸런스와 소방차에 '로보카 폴리' 이미지를 입혀 전국을 무대로 하는 유아 교육용 증강현실 게임을 만들 수도 있다. 아마 외국의 꼬마들은 한국에 오고 싶어 난리가 날 것이다.

이런 상상을 현실로 이루기 위해서 가장 필요한 것은 무엇일까. 증강현실 게임을 위한 플랫폼이다. 플랫폼만 잘 만들어놓으면 그것을 바탕으로 수많은 게임을 만들 수 있다. 하지만 플랫폼이 없다면 플랫폼을 빌려야 한다. 비용 문제가 아니다. 독자적인 플랫폼이 없으면 게임 업체로서는 여러 가지 제약을 받을 수밖에 없다.

사실 포켓몬고도 구글지도를 사용하지 못한다고 해서 국내 서비스가 지연됐었다. 이후 지도 플랫폼 문제를 해결하고 나서야 출시할 수 있었다. 이처럼 플랫폼은 게임의 출시를 좌지우지할 만큼 중요한 것이다. 그래서 나이언틱도 자신들의 목표를 플랫폼으로 세우고 있는 것이리라.

처음 해외에서 포켓몬고가 대박을 터트렸을 때는 많은 이들이 '캐릭터의 승리'라고 분석했다. 증강현실 기술은 이미 완성 단계에 있고 어떤 캐릭터를 씌우느냐가 성공 여부를 결정했다는 것이다. 지금은 한 발 더 나아가 캐릭터보다 더 중요한 것은 '플랫폼'이라는 사실이 주목받고 있다.

# 헤지펀드가 없었다면
# 포켓몬고는 없었다

　행동주의 헤지펀드는 썩은 시체까지 파먹는 독수리(vulture)와 비슷하다고 해 벌처펀드라 불립니다. 대표적인 행동주의 헤지펀드로 '기업 사냥꾼'이라는 별명이 붙은 칼 아이칸(Carl Icahn)을 흔히 떠올립니다. 헤지펀드는 대부분 사람에게 부정적으로 인식됩니다만 행동주의 헤지펀드가 없었다면 '포켓몬고'는 세상에 태어날 수 없었습니다(《자본시장리뷰》, "포켓몬고 사례를 통해서 본 최근 행동주의 헤지펀드의 일본 시장 진출 확대 및 시사점", 자본시장연구원, 2016년 가을호).

　닌텐도는 콘솔게임시장의 전통적인 최강자였습니다. 3040세대라면 누구나 이런 추억이 있을 것입니다. 닌텐도 패미컴을 갖고 있는 친구 집에 매일매일 놀러 가 스트리트 파이터와 소닉, 슈퍼마리오를 즐기던 추억 말입니다. 그러다가 친구 엄마의 따가운 눈총을 받고 집으로 돌아오곤 하지 않았나요. 닌텐도는 당시 정말 최고였습니다.

　하지만 2000년대 후반으로 들어서자 콘솔게임시장은 포화상태에 달했고, 사람들은 점차 스마트폰을 비롯한 모바일 기기로 게임을 즐기기 시작했습니다. 그 여파로 닌텐도는 2012년부터 2014년까지 3년 연속 적자를 기록했습니다. 당시 닌텐도는 포켓몬, 슈퍼마리오, 소닉과 같은 인기 캐릭터를 보유하고 있었음에도 모바일 게임을 출시하지 않았습니다. 모바일 게임을 출시했다가는 자신들이 그나마 지켜오던 콘솔게임시장이 잠식될까 두려워서였습니다.

어느 날 홍콩에 기반을 둔 행동주의 헤지펀드 오아시스매니지먼트가 닌텐도의 지분을 사들입니다. 많이 사지도 않았습니다. 4,000만 달러를 투자해 1%의 소수 지분을 확보했을 뿐입니다. 1%의 소수 지분으로는 강력한 입김을 행사할 수 없습니다. 그래서 오아시스매니지먼트는 당시 닌텐도의 주요주주인 스테이트스트릿뱅크(11.35%), 모건체이스뱅크(9.78%)와 우호적인 관계를 유지했습니다. 그리고 2013년부터 2015년까지 오아시스매니지먼트는 모바일 게임을 출시하라는 공개서한을 세 차례에 걸쳐 닌텐도에 보냈습니다. 마침내 닌텐도가 이를 받아들여 증강현실 전문 게임회사인 나이언틱과 포켓몬고를 출시하게 된 것입니다. 결과는 성공이었습니다. 닌텐도의 주가는 일주일 사이에 2배가량 뛰어올랐습니다(물론 급등 이후 주가가 다시 하락하긴 했습니다. 하지만 2010년 이후 1만 엔 선에서 좀처럼 상승하지 못하던 주가가 이 글을 쓰고 있는 2017년 1월에는 2만 5,000엔 선에서 거래되고 있습니다).

행동주의 헤지펀드가 없었다면 우리는 포켓몬고를 만날 수 없었을 것입니다. 하지만 우리가 이 사례에서 얻을 수 있는 교훈은 따로 있습니다. 선한 헤지펀드와 악한 헤지펀드가 따로 있는 게 아니라는 사실입니다. 결과가 좋으면 선한 것처럼 받아들여지는 것뿐입니다. 포켓몬고 사례와 같이 행동주의 헤지펀드는 소수 지분만으로도 우호 세력을 확보해 막강한 영향력을 행사하곤 합니다.

오아시스매니지먼트가 모바일 게임 출시를 종용했기 때문에 닌텐도의 주가가 이만큼 회복된 것입니다. 닌텐도가 신시장을 개척한 결과지요. 그런데 만약 닌텐도가 헤지펀드에 맞서기 위해 단기적인 주가 상승을 목표로 했다면 어떤 일이 일어났을까요? 자산을 매각하고 인력을 감축하는 등 비용절감만을 외치면서 주가를 끌어올리려고 했다면 말입니다. 아마도 닌텐도의 주가는 과거보다 더 하락했을 수도 있습니다.

이런 가운데 행동주의 헤지펀드의 활동은 점차 활발해지고 있습니다. 우리나라 기업들도 자주 타겟이 되고 있습니다. 하지만 우리나라 주주들은 주주로서의 권리를 적극적으로 행사하지 않습니다. 물론 주주총회가 3월 한 달에 몰려 있다 보니 물리적으로 주주의 권리가 약해지는 경향도 있습니다. 하지만 우리나라 주주들도 권리를 적극적으로 행사할 필요가 있다. 소수 지분으로 막강한 영향력을 행사하는 헤지펀드가 기업에 특정한 요구를 할 때 그것이 장기적으로 주주가치를 상승시킬 만한 것인지, 반대로 주주가치를 훼손시키는 것인지 판단해 주주로서 옳은 결정을 내리기 위해서는 말입니다.

# 03

국제정세:

# 요동치는 국제정세 속 한국 경제는 어떻게 대응할 것인가?

〈발칙한 경제〉에서 공공연히 하던 농담이 있다. "허경영 씨가 시대만 잘 탔더라면…"

허경영 씨의 대선 출마 당시 공약을 보자. 신혼부부에게 집 한 채씩 나눠주겠다, 기본소득 100만 원(?)씩 제공하겠다 등. 당시에는 정신상태가 어떤지를 알 수 없는 인물이 정제 없이 내뱉는 허무맹랑한 이야기라고 치부했다. 개그 코드였고 재미 삼아 그에게 실제 표를 던진 국민도 적지 않았다.

하지만 전 세계가 허경영 씨의 공약을 실현하고 있다(정도의 차이는 있다). 노령연금이 지급되고 있고, 성남시에서는 청년배당(50만 원 성남시 상품권)이 지급되고 있다. 스위스에서는 기본소득 300만 원을 지급하자는 국민투표가 있었고, 이탈리아에서는 모든 초등학생에게 태블릿PC를 제공하고 인터넷을 무료로 사용하게 하자는 정당 '오성운동'이 집권당이 될 가능성이 커지고 있다.

미국에서는 국민에게 일자리를 돌려주겠다는(멕시코에 공장을 세우겠다는 포드자동차에 40%대의 관세를 부과하겠다고 으름장을 놓은 트럼프. 대만에서 생산하는 애플 아이폰을 미국에서 생산하게 하겠다는 트럼프. 즉, 수익을 극대화하는 것이 목적인 기업들이 더 낮은 세금과 더 낮은 인건비를 찾아서 해외로 나가고 있는 마당에, 징벌적 관세를 매기면서까지 기업들을 국내로 돌아오게 해서 일자리를 미국 국민에게 돌려주겠다는 취지) 트럼프가 미국 대통령에 당선됐다. 또, 솅겐협정(Schengen agreement) 때문에 유럽 내 덜 선진화된 나라에서 영국과 같은 선진국으로 노동력이 유입되고, 게다가 중동 난민의 유입으로 영국 국민의 일자리가 줄어들자 영국 국민은 유럽연합에서 탈퇴하기로 결정하는 사태까지 발생했다.

이런 현상의 공통점은 국민에게 무엇인가 직접적으로 준다는 것이다. 일자리를 주거나 돈을 주거나 물건을 주거나. 무엇인가를 받을 수 있는 쪽으로 사람들이 결정을 내리고 있다는 것이다. 고급스럽게 표현하면 '소득 주도의 경제 성장을 도모해야 한다'는 움직임이 전 세계적으로 나타나고 있다는 얘기다.

## 신자유주의는 실패했다

현재 경제활동인구 대부분은 신자유주의 시대만을 겪었다. 신자유주의란 무엇인가. 쉽게 말하면 국가가 개입하지 말고 민간 경제가 자유로운 경쟁을 하도록 하자는 이론이다. 공기업을 민영화하면 방만경영이 줄어들고 효율성이 높아질 것이라는 논리. 자유로운 환경에서 기업이 서로 경쟁하면 빠른 성장을 이룰 것이고, 기업이 성장하면 그 이득을 근로자들이 모두 함께 나누게 될 것이라는 논리(낙수 효과, 트리클 다운 이펙트). 기업이 성장해야 그 이득을 근로자들까지 나눌 수 있기 때문에 기업이 다양한 사업에 투자할 수 있게끔 시장에 돈을 풀어야 한다는 논리(통화주의). 지금까지 우리가 너무나도 당연하다고 생각해왔던 경제 이론이 바로 신자유주의다. 신자유주의만 경험해온 우리에게 허경영 씨와 같은 사람은 이슈메이커에 불과했다.

그런데 신자유주의는 공급자와 통화량에 초점을 맞춘 경제 이론이다. 1970년대 석유 파동을 겪으면서 국가의 경제 개입이 석유 파동을 막지 못했다는 회의론이 커졌다. 이를 '수정자본주의의 실패'라고 한다. 그래서 국가의 개입을 최소화해야 한다는 자유주의 이론이 힘을 얻었다. 영국 철의 여인 대처 총리와 미국의 레이건 대통령이 국영기업을 민영화하고 규제를 완화한 것을 시작으로, 지금까지 신자유주의가 세계 경제를 이끌어왔다.

엄밀히 말하면 여기까지는 자유주의다. 공급에 초점을 맞춘 것이다. 기업들이 시장에서 자유롭게 경쟁하면서 공급량을 조절하게 하는 것이다. 공급량을 인위적으로 조작해서는 안 된다. 신자유주의이 니 말이다. 그렇다면 공급량을 직접 조절하지 않고 어떻게 적정한 규모의 경제를 운영할 수 있을 것인가? 바로 통화량을 조절하는 것이다.

유럽과 미국의 양적완화가 바로 통화량을 조절하는 경제 정책이다. 공급의 결정권을 쥐고 있는 기업과 시장에 돈을 풀어줌으로써, 새로운 산업에 투자하고 새로운 제품을 만들어내 새로운 시장을 개척하도록 한 것이다. 새로운 시장이 열리고 새로운 제품이 출시되면 사람들은 그 제품을 구입하고, 그렇게 발생한 이득은 기업의 수익을 높이고, 기업의 수익이 높아지면 그 과실이 근로자에게 돌아가게 된다. 이러한 선순환의 고리를 만들고자 한 것이 신자유주의였다.

하지만 현실은 어땠나. 돈이 생긴다고 기업들이 투자를 했나? 근로자들의 임금을 높여줬나? 지금 당장은 투자할 신사업이 없으니 일단은 현금을 들고 있어 보자며 유보금만 쌓아갔다. 또 세계 경제 상황도 불확실했다. 언제 어떻게 될지 모르는 상황에서 유보금이 많이 쌓였다고 무조건 근로자 임금부터 올려줄 수도 없는 노릇이었다. 특히 임금은 인상하기는 쉬워도 깎기는 매우 어렵다. 미래 성장이 불투명한 상황에서 무작정 임금 인상부터 단행하기는 기업 입장에서도 쉽지 않으니 비상금을 마련해놓는 것이다.

결국 엄청난 양의 돈을 풀었지만 그 돈은 서민들에게 흘러들어 가지 않았다. 이런 사실을 우린 이제 경험적으로 알게 됐다. 그 돈은 자본가의 금융자산으로, 법인의 유보금으로, 자산가의 금고 속으로 들어갔다. 투자가 이뤄지지 않고 금고 속으로 돈이 흘러들어 가니 새로운 시장이 탄생하지 않는다. 새로운 제품도 나오지 않는다. 새로운 소비도 발생하지 않는다. 성장률은 하락한다. 신자유주의의 실패를 경험하고 있는 것이다.

그렇다면 어떻게 해야 하는가? 다음 선택지는 소득을 높여야 한다는 것이다. 사실 신자유주의도 소득을 높이자는 취지는 있었지만 국가와 기업을 중심으로 성장하다 보면 자연스럽게 소득도 높아질 것이라는 논리였다. 즉, 간접적인 방식의 소득 증진 논리였다. 하지만 이러한 간접적인 방식으로는 소득이 높아지지 않는다는 것을 알게 됐다. 그럼 우리는 직접적인 방식을 사용해야 한다는 결론에 이르게 된다. 즉, 국민에게 무엇인가를 직접적으로 줘야 한다는 것이다. 일자리를 주거나 돈을 주거나 물건을 주거나. 앞서 말했듯이, 이런 이유에서 소득 주도의 경제 성장을 도모해야 한다는 움직임이 전 세계적으로 나타나고 있는 것이다.


### 소득 주도의 경제성장, 과연 효과적일까?

트럼프 대통령이 취임하면서 글로벌 기업들에 으름장을 놨다. "미국에 공장을 세우면 혜택을 주겠다. 밖에다 만들면 국경세 매기겠다." 답은 정해져 있다. 협박성 러브콜이다. 어쨌든 글로벌 기업들은 어떻게 보복할지 모르는 트럼프에 맞서기보다 순응하기로 했다. 아이폰 생산업체인 대만 폭스콘은 우리 돈 약 8조 원 규모의 LCD 디스플레이 제조 공장을 미국에 세우기로 했고, 삼성전자도 미국에 가전 공장 건설을 검토하겠다는 의향을 밝혔다. 트럼프의 주요 타겟인 자동차업체들도 방향을 틀었다. 포드는 멕시코에 공장을 세우려던 계획을 백지화했다. GM도 미국 공장에 10억 달러를 추가로 투자하고, 멕시코 부품 공장에서 생산하는 물량을 미국으로 이전한다는 계획을 공식적으로 밝혔다.

애플이 미국에 공장을 세운다면 어떨까. 물론 엄밀히 말하면 애플이 공장을 세우는 것이 아니다. 애플은 자신의 공장을 갖고 있지 않다. 대부분의 아이폰은 대만 훙하이그룹 자회사인 폭스콘에 위탁 생산하고 있다. 전 세계적으로 6개 공장에 위탁 생산을 맡겨 아이폰도 만들고 맥북도 만들고 애플워치도 만든다.

애플은 자신의 공장이 없기 때문에 미국에 공장을 세우기 위해서는 위탁 생산 업체에 의뢰를 해야 한다. 그래서 폭스콘에 의뢰했다. 미국에 공장을 세워달라고. 폭스콘 입장에서는 애플이 최대 고객사이니 요구를 무시할 수 없다. 그래서 들어주기로 한다.

최신작인 아이폰7의 엔트리 모델 가격은 649달러. 블룸버그에 게재된 시장조사업체 IHS의 분석에 따르면 그 가운데 부품 가격이 224.8달러다. 그런데 이 부품들을 단순 조립하는 데 들어가는 비용을 뉴욕에 있는 시큐러스대학교 제이슨 대드릭 교수가 추정해본 결과, 대만에서는 10달러에 조립할 수 있지만, 미국에서는 30~40달러는 들여야 할 것으로 밝혀졌다. 비싼 인건비 때문이다.

그런데 문제는 인건비만이 아니다. 대만 폭스콘 공장 주변에는 폭스콘에 부품을 공급하는 수천 개의 공급사가 있다. 가까워야 운송비를 줄일 수 있기 때문이다. 만약 미국에 공장을 세운다면 미국으로 부품을 운송해야 하므로 운송비 부담이 추가된다.

잃게 되는 기회비용도 있다. 대만 폭스콘 공장의 고용 여건이 별로 좋지 못하다는 것은 널리 알려져 있다. 신작 아이폰이 출시되어 주문이 밀려들어 올 때는 대만의 저임금 노동자 수천 명을 단기 채용하여 주문 물량을 감당하기도 한다. 반대로 생산량이 줄어드는 시기에는 적은 인력으로 공장을 유지한다. 하지만 시장조사업체 IHS 마르키트에 따르면 미국에는 대만처럼 수천 명을 단기 채용할 수 있을 만큼 인구가 밀집된 지역은 없다는 것이다.

이런 여러 가지 이유로 아이폰의 가격이 오를 수도 있다. 하지만 지금도 비싸다고 여겨지는 아이폰의 가격을 무작정 올릴 수는 없다. 안 그래도 품질 좋은 중저가폰이 점차 시장을 갉아먹는 상황에 가격을 올린다는 건 좋은 선택이 아니다. 그렇다고 판매 가격은 유지하면서 높은 인건비와 운송비를 비롯한 제반 비용을 자신들이 감당할 애플도 아니다. 애플은 소비자에게 그다지 친절한 기업은 아니다.

그렇다면 폭스콘에게 남은 선택지는 두 개 정도로 압축할 수 있다. 첫째는 말을 듣는 시늉만 하는 것이고, 둘째는 로봇을 도입하는 것이다.

### ① 말을 듣는 시늉만 한다

지난 2011년 애플은 폭스콘에 브라질 공장을 세워달라고 요청했다. 폭스콘은 최대 고객사인 애플의 요청을 무시할 수 없었기에 공장을 세우기로 한다. 하지만 부품들을 레고처럼 단순 조립만 하는 공장을 세운다. 2015년 로이터는 "단순 노동 일자리 5만 개 창출에 그쳤다"고 보도했다. 미국에서도 질 낮은 일자리만 창출하는 결과가 발생할 수 있다는 것이다.

### ② 로봇을 도입한다

블룸버그 칼럼니스트 팀 쿨펜은 자신이 폭스콘의 모회사 홍하이그룹 궈타이밍 회장이라고 가정하고 트럼프에게 가상의 편지를 썼다. 내용을 요약하면 이렇다.

"To 트럼프

아이폰을 미국에서 만들라면 만들겠습니다. 하지만 저도 비용을 줄여야 합니다. 그러기 위해 장기적으로 더 많은 로봇을 도입할 것입니다. 더 많은 로봇의 도입은 더 적은 일자리를 의미합니다.

From 궈타이밍"

그렇다. 애플은 비용을 아끼기 위해 법인도 조세회피처에 세우는 기업이다. 폭스콘은 스크루지 같은 애플과 일하는 위탁 생산 기업이다. 이들은 비용을 줄이기 위해 무슨 일이든 할 것이다. 트럼프와 트럼프 지지자들이 기대했던, 양질의 일자리가 엄청나게 늘어나는 일은 생기지 않으리라는 것은 너무나도 뻔하다.

트럼프의 눈엣가시가 되지 않으려고 시늉만 했을 뿐이다. 그런데 이런 시늉이 이번이 처음이 아니다. 인도네시아와 몇몇 신흥국 정치인은 표를 얻기 위해 애플 공장을 자국에 유치할 것이라는 공약을 공공연히 내세운다. 실제로 애플은 폭스콘과 협상을 한다(2013년). 그리고 뉴스를 내보낸다. '폭스콘, 인도네시아에 투자한다.'

하지만 여기까지가 끝이다. 아직도 인도네시아에 폭스콘 공장은 들어서지 않았다. 모두 원하는 것을 얻었기 때문이다. 정치인들은 헤드라인으로 표를 얻었고, 폭스콘은 앞으로 협력관계를 유지해야 할 신흥국의 요구를 들어줬다. 모두가 만족하는 딜이 완성됐다. 구색만 맞추는 현상을 우리는 앞으로도 자주 보게 될지 모른다.

## 예고된 국제정세의 변화

### ① 브렉시트

2016년 6월, 영국 국민은 자국의 유럽연합 탈퇴를 국민투표를 통해 결정했다. 결정 당일 글로벌 금융시장은 불안감을 극단적으로 반영했지만, 빠르게 회복했다. 어쨌든 지금 당장 달라질 것은 없기 때문이다.

영국이 유럽연합을 탈퇴하더라도 기존의 협정 사항은 2년간 유지된다.

그런데 빠르면 2017년 4~5월경 리스본 조약이 발동된다. 국민투표는 국민의 의견을 확인하는 절차였을 뿐이다. 실질적인 변화는 이때부터 시작된다. 즉, 영국의 유럽연합 탈퇴 절차가 시작되는 것이다. 이제까지 막연하게 불안감만 조성했던 브렉시트가 드디어 현실화되는 시점이 이때다.

영국은 유예 기간으로 주어진 2년 동안 유럽연합 국가들 또는 유럽연합과 교역하던 국가들과 기존 조건 그대로 교역을 할 수 있다. 하지만 유예 기간이 종료되기 전까지 무역협정을 맺었던 국가들과 개별 협정을 체결해야 한다. 2016년 6월 기준, 유럽연합은 53개 국가와 무역협정을 시행하고 있다. 새롭게 추진 중인 국가를 제외하더라도 영국은 2년 안에 53개 국가와 개별 협정을 체결해야 한다. 현실적으로 거의 불가능하다.

이로 인해 우리나라에도 직접적인 타격이 올 수 있다. LG경제연구원은 2년 내에 한국과 영국이 FTA를 체결하지 못할 경우 양국 교역액의 30%까지 관세화가 진행될 것이고, 2020년까지 대영국 수출액은 4~7억 달러 감소할 것으로 전망했다("브렉시트 리스크 진단. 국내외 경제 불확실성 커졌다", 2016. 6. 15). 숫자는 상황에 따라 변할 수 있겠지만, 중요한 것은 한국과 영국 간 직접 교역에 상당한 영향이 미칠 수 있다는 점이다.

영국 혼자 반항아처럼 가출하는 게 이 정도인데 유럽연합에 있는 다른 국가들마저 유럽연합을 탈퇴한다면 어떤 상황이 될까? 그 충격은 훨씬 클 것이다. 그런데 이미 유럽연합 내 경제 규모가 큰 국가들 사이에서 탈퇴 움직임이 일어나고 있다.

왜 탈퇴하려고 할까? 잠시 이야기하고 넘어가자. 유럽연합은 조별 과제와 같다. 조별 과제를 하다 보면 열심히 하는 조원이나 모범생, 우등생이 있는가 하면 맡은 일을 제대로 하지도 않으면서 무임승차하려는 조원도 있다. 이런 상황이면 모범생들은 혼자 과제를 수행하면 더 좋은 점수를 받을 수 있으리라고 생각할 수밖에 없다. 유럽연합도 마찬가지다. 유럽연합 내 선진국들은 유럽연합에 묶여 있다 보니 자신들이 손해를 본다고 생각한다.

또한, 조별 과제 점수를 후하게 주는 교수님 수업에서는 무임승차하는 조원이 얄미워도 어차피 좋은 점수를 받을 것이기 때문에 참고 넘어갈 수 있다. 하지만 점수를 까다롭게 주는 교수님 수업에서는 교수님에게 조원을 바꿔달라고 요구한다. 유럽연합이 본격적으로 출범한 시기는 신자유주의 태동기였다. 고성장 시대이기도 했다. 이 시기 유럽 선진국들은 경제가 활발히 움직였기 때문에 굳이 유럽연합 탈퇴를 생각할 필요가 없었다. 하지만 신자유주의가 한계를 보이면서 세계 경제가 저성장 국면으로 들어섰고, 이제 더는 참고 넘어갈 수 없게 됐다. 그래서 대체로 유럽연합 내 잘사는 국가들은 탈퇴를 하려고 하고 상대적으로 경제 규모가 작은 국가들은 유럽연합에 남으려고 하는 경향이 있다.

## ② 이탈리아 조기 총선

이탈리아에서는 2016년 12월 4일 국민투표가 열렸다. 개헌을 하자는 국민투표였다. 당시 총리였던 마테오 렌치 총리는 국민투표가 부결된다면 사임하겠다고 공언했다. 참고로 마테오 렌치 총리의 집권 이후 그동안 마이너스였던 GDP 성장률이 플러스로 돌아섰다. 그는 이탈리아 국민의 원성을 사는 총리는 아니었다. 지지율만 보더라도 렌치 총리의 지지율은 2016년 9월 기준 44%였고, 그가 속한 민주당 지지율은 같은 해 11월 기준 33%였다.

왜 개헌을 하고자 했는가? 이탈리아는 매우 비효율적인 정치구조로 되어 있다. 상원과 하원 구조이지만 이 두 조직은 완전히 독립적으로 굴러간다. 서로 논의조차 하지 않는다고 한다. 예를 들어, 상원에서 법안이 의결되면 하원으로 넘어간다. 하원에서는 심의하고 수정해 의결한다. 하지만 하원에서 마음에 안 들 경우 수정 후 다시 상원으로 넘긴다. 그러면 상원은 또 수정안을 심의하고 수정해 의결한다. 다시 하원에 넘긴다. 수정안이 마음에 안 들면 거부권을 행사하기도 한다. 하나의 법안을 갖고 상원과 하원이 모두 동의할 경우에만 법안이 통과된다. 여차하면 하나의 법안이 상원과 하원 사이에서 무한 뺑뺑이를 돌 수도 있고, 거부권으로 인해 논의조차 어려울 수도 있다. 하나의 법안이 통과되기까지 예측할 수 없을 만큼 오랜 시간이 걸린다.

왜 이렇게 비효율적인 정치구조를 갖게 됐을까? 이탈리아는 1922년부터 1943년까지 무려 21년간을 파시스트 베니토 무솔리니의 독재

아래에 있었다. 무솔리니는 집권 이듬해 아체르보법(Acerbo Law)이라는 법안을 통과시킨다. 총선에서 다수표를 얻은 당에 국회 의석 3분의 2를 할당하는 법안이었다. 자신의 집권당에 절대권력을 부여한 것이다.

이탈리아 국민은 무솔리니의 독재 탓에 권력이 한쪽으로 치우치는 것에 치를 떨게 됐다. 무솔리니가 처형됐을 당시 시신을 광장에 거꾸로 매달아 돌팔매질을 하고 침을 뱉고 총을 쏠 정도로 독재에 큰 반감을 갖게 됐다. 그러다 보니 비효율적이어도 아예 독재가 발생할 여지를 주지 않는 지금 같은 정치구조를 구성하게 된 것이다.

문제는 비효율적인 구조가 오랜 기간 이어지다 보니 국정 운영이 제대로 되지 않는다는 것이었다. 그래서 마테오 렌치 총리는 자신의 정치 생명을 걸고 개헌을 통해 상원과 하원의 구조를 효율적으로 바꿔보자고 제안한 것이다. 의회의 입법 권한을 하원에 집중시키고 상원은 안보 등 제한적인 범위 내에서만 법안을 다룰 수 있도록 하자는 것이 주요 골자다.

결과는 예상했던 대로였다. 무솔리니의 독재 역사를 되풀이하고 싶지 않았던 이탈리아 국민은 찬성 41%, 반대 59%로 개헌 국민투표를 부결시켰다. 즉, 비효율적이어도 좋으니 권력의 집중은 안 된다는 것이다.

결과가 예상했던 대로인데, 무슨 변화가 예고됐다는 것인가? 여기에 변수가 있다. 바로 극우주의 정당 오성운동이다. 오성운동은 정치 풍자 코미디언 출신 정치인 베페 그릴로가 2009년에 세운 풀뿌리 정당이다. 베페 그릴로는 날카로운 정치 풍자로 정치권의 눈엣가시였다. 방송 출연이 정지당한 이후 대중과 직접 스킨십을 하며 정치 풍자를 이어오다 2009년 정직하고 깨끗한, 시민을 위한 정치를 내세우며 오성운동이라는 정당을 출범했다.

이 당이 빠르게 세를 넓히고 있는 것이다. 2013년 이탈리아 하원 630석 중 109석을, 상원 315석 중 54석을 확보했다. 지지율도 빠르게 상승하고 있다. 2017년 3월 21일 이탈리아 일간 코리에레 델레 세라가 여론조사기관 입소스에 의뢰해 발표한 여론조사 결과, 오성운동의 지지율은 32.3%로 2009년 창당 이래 최고를 기록하기도 했다. 집권당인 민주당(26.8%)에 비해 5.5%p나 앞선 것이다.

또한 이탈리아의 수도 로마 시장에 오성운동 소속 첫 여성 시장(37, 바르지냐 라지)이 당선되고, 제1의 산업도시 토리노에서도 오성운동 소속 여성 시장(31, 키아라 아펜디노)이 당선됐다. 이처럼 이탈리아 곳곳에서 변화가 나타나고 있다. 물론 로마 시장이 당선 후 임명한 인물들의 부정부패 스캔들이 터지면서 정직하고 깨끗한, 시민을 위한 정치를 내세웠던 오성운동의 이름에 오점을 만들었고 정치 경험이 부족하다는 단점도 부각되고 있기는 하다. 그렇지만 기성 정치권에 염증이 난 이탈리아 국민 사이에서 오성운동의 인기는 꾸준히 이어지고 있다.

문제는 오성운동이 이탈리아의 유럽연합 탈퇴를 주장하고 있다는 것이다. 오성운동이 집권하게 된다면, 이탈리아는 영국에 이어 두 번째로 유럽연합을 탈퇴하는 국가가 될 수도 있다. 2017년 총선에서 실제로 오성운동이 제1 여당으로 집권하게 된다면 우리는 이탈렉시트(Italexit) 또는 이탈리브(Italeav)를 목격하게 될 수도 있다.

### ③ 한 고비 넘긴 유럽연합 탈퇴 기류

브렉시트와 이탈리아 국민 투표 이후, 프랑스에서도 유럽 연합 탈퇴 기류가 나타났다. 프랑스 극우정당인 국민전선의 마린 르펜 대표도 역시 유럽연합 탈퇴를 주장했기 때문이다. 또한 '프랑스 우선주의'를 내세우며 반(反)이민 공약을 내세웠다. 마치 프랑스의 트럼프를 보는 듯했다. 이런 가운데 떠오르는 샛별이 등장했다. 바로 무소속 중도 성향의 에마뉘엘 마크롱이었다. 그는 로스차일드 은행에 몸담은 이후 프랑스 경제부 장관을 거칠 정도로 엘리트에 친 시장주의자다. 두 인물은 4월 1차 투표에서 나란히 1, 2위를 차지하면서 결선에 오르게 된다. 결선 투표 결과 극우 르펜(34%)을 꺾고 중도 마크롱(66%)이 39세라는 나이로 최연소 대통령에 당선된다. 표면적인 현상만 보면, 프랑스는 브렉시트 정도의 변화 혹은 트럼프 정도의 변화를 요구하는 목소리보다 기존의 정치경제 질서를 요구하는 목소리가 더 컸던 것으로 보이지만 실상은 그렇지 않다. 마크롱은 어떤 인물인가. 경제부 장관 시절 남들은 더 적은 근로 시간을 주장할 때 "더 일할 수 있도록 하자"며 샹젤리제 거리의 상점의 일요일, 심야영업 제한을 푼 인물이다. 진보 정당인 사회당 정부의 경제 장관이었지만 주 35시간 근로를 비판해 근로시간 연장을 추진했고 '올랑드(사회당) 키드'로 정계에 진출했지만, 올랑드 당시 대통령이 주장했던 "상위 1%에게 75%의 고세율을 부과하겠다"던 공약을 백지화시킨 인물이다. 프랑스가 유럽연합에서 탈퇴하려는 움직임은 한고비 넘긴 것은 사실이다. 하지만 이 현상이 기존의 신자유주의가 명맥을 이어갈 것이라고 볼 수는 없다. 프랑스인들도 영국인들, 미국인들과 다른 형태이긴 하지만 변화를 선택했다. 그 변화의 선택지에 유럽연합 탈퇴가 빠져있었을 뿐이다.

여전히 독일의 총선과 이탈리아의 총선 등 유럽의 여러 정치 변수가 예정되어 있다. 과거 브렉시트처럼 글로벌 금융시장이 불안해할 일은 발생하지 않을 수 있다. 다만 어떠한 형태로든 우리가 지난 40여 년간 따라왔던 신자유주의에서는 벗어나려는 움직임이 나타날 가능성이 있다.

## 위험한 인지 부조화에 빠지지 않으려면 어떻게 해야 하는가?

디지털카메라 기술을 제일 먼저 개발한 회사는 필름의 제왕 코닥이었다. 하지만 디지털카메라가 자신들의 필름시장을 잠식할 것이라는 우려 때문에 필름시장을 지키기로 한다. 결국 디지털카메라 때문에 망했다. 노키아도 수많은 모바일 특허를 갖고 있지만, 피처폰을 지키려다가 몰락했다.

지금까지 경험해온 것과 달리 큰 변화가 찾아올 때, 가장 조심해야 할 것이 인지 부조화다. 즉 인간은 자신이 지닌 신념과 불일치하는 것을 마주하거나 그런 정보를 접할 때 불편함을 느끼는데, 불일치를 증가시키는 행동을 피함으로써 불편함에서 벗어나려고 하는 경향이 있다. 심지어 코닥은 디지털카메라시장이 본격화되기 전 시장 조사를 통해 "사람들은 필름 인화의 재미를 포기하지 않을 것"이라는 결론을 내리며 필름시장을 포기하지 않았다. 그 결과는 모두 잘 알 것이다.

우리는 이미 인지 부조화를 겪었다. 트럼프 범프(Trump bump)와 브렉시트 바운스(Brexit bounce). 많은 글로벌 금융시장 전문가는 트럼프가 당선될 경우 금융시장에 혼란이 올 것으로 예상했지만, 트럼프가 당선된 이후 시장이 가파르게 상승하자 말을 바꿨다. 트럼프가 강한 재정 정책으로 미국 경기를 회복시킬 것이라고 말이다. 그리고 지금은 그것을 강하게 믿고 있는 듯하다. 인지 부조화가 발생하자 불일치를 피하기 위해 신념을 바꾼 경우다.

만약 이것이 인지 부조화라는 것을 인지하지 못할 경우, 우리는 앞으로도 꾸준히 뒷북만 치게 될 수 있다. 세상을 바라볼 때 현재 현상에 대한 전문가들의 분석만을 봐서는 제대로 된 판단을 내릴 수 없다. 이것이 역사적으로 어떤 배경을 갖고 있는지 그리고 지금까지 어떤 변화를 겪어왔는지, 앞뒤 맥락과 함께 현상을 보길 바란다.

# 04

## 스튜어드십 코드:
# 주주의 의결권을
# 강화하라

## 스튜어드십 코드란? 배트맨과 알프레드

스튜어드십 코드(Stewardship Code)에서 스튜어드는 '집사'를 의미한다. 왜 할리우드 영화에 자주 등장하지 않는가. 대저택에서 안살림을 총괄하는, 검은 턱시도 정갈하게 빼입은 그 집사 말이다. 배트맨의 알프레드를 떠올리면 쉽다. 알프레드는 집사이기도 하지만 배트맨의 가장 든든한 조력자이자 가장 필요한 조언자이기도 하다. 스튜어드십 코드는 연기금이나 자산운용사 같은 기관투자가들이 자신이 투자한 기업과 꾸준히 소통하면서 조력자이자 조언자의 역할을 적극적으로 하자는 취지에서 만든 가이드라인을 말한다. 마치 집사인 알프레드가 배트맨과 끊임없이 소통하면서 조력자와 조언자의 역할을 하는 것처럼 말이다.

한마디로, 기관투자가의 주주권 강화를 유도하기 위한 가이드라인이라고 요약할 수 있다. 쉽게 말하면 "국민연금! 너 똑바로 안 할래?" 이 정도가 되겠다. 물론 국민연금뿐만 아니라 국내 기업의 지분을 다량 보유하고 있는 연기금을 비롯한 기관투자가가 모두 해당한다.

## 스튜어드십 코드 도입 논의, 왜?

기관투자가들이 제대로 안 하고 있기 때문이다. 우리나라에서 가장 규모가 큰 주주는 국민연금과 사학연금 등 기관투자가들이다. 그리고 그들은 국민의 노후 생활 자금을 굴리고 있다. 그렇다면 우리나라에서 가장 큰 주주는 국민이다. 기관투자가는 국민의 대리인이다. 대리인은 국민의 이득을 최우선으로 해야 한다. 의결권 행사 하나하나를 국민을 위해 해야 하는 것이다.

하지만 국정농단 사태만 보더라도 기관투자가는 국민이 아닌 특정 집단의 이득을 위해 의결권을 행사했다. 이 사태를 제외하더라도 지금까지 기관투자가들은 대주주의 거수기 역할밖에 하지 못한다는 질타를 받아왔다. 또한, 주주는 기업의 주인이다. 경영자가 일을 제대로 못 하면 주주가 경영자, 심지어 창업자도 갈아치울 수 있어야 한다. 실제로 애플의 창업자 스티브 잡스는 자신이 영입한 CEO에 의해 쫓겨났다.

기관투자가만 기업의 주인은 아니다. 단 한 주를 보유하고 있는 개인도 주인이다. 그렇기 때문에 주주들이 제대로 하지 않는다며 기관투자가만을 비난할 일은 아니다. 하지만 우리나라 대부분의 기업은 회계연도가 12월에 마감되고 주주총회는 3월에 집중되어 있다. 하루에 수십 개의 기업이 동시에 주주총회를 개최하기도 한다. 그래서 우리나라에는 슈퍼주총데이라는 말까지 있다. 반대로 말하면, 주주가 주주총회에 제대로 참석하기 어려운 환경이라는 것이다.

대입 수학능력시험을 떠올리면 이해하기 쉽다. 희한하게 내가 갈만한 학교들은 비슷한 날 비슷한 시간에 면접을 진행한다. 그 가운데 한두 군데밖에 선택할 수 없도록 말이다. 바이올린을 전공하던 한 지인은 서울대와 연대, 이대의 실기 시험 날짜가 같아서 그중 한 곳에서밖에 시험을 볼 수 없었다고 했다. 우리나라 주주총회도 한 기업에 참석하면 다른 기업 주총에 참석할 수 없는 구조로 되어 있다. 이런 상황에서 어떻게 개인들의 적극적인 주주권 행사를 기대할 수 있겠는가. 그렇다면 대형 기관들이라도 제대로 해줘야 한다. 하지만 이들이 한 일을 보면 실망스럽기 그지없다.

CEO 스코어에 따르면 국민연금은 2016년 11월 말까지 투자 기업 752곳의 3,018개 주주총회 안건에 의결권을 행사했다. 이 가운데 반대 의결권을 행사한 비율은 9.6%에 그쳤다. 2015년의 10.1%보다도 오히려 낮아졌다. 〈경향비즈〉의 2017년 1월 21일 자 보도에 따르면 국민연금은 정관, 임원 변경 등 경영에 민감한 사안에서는 대체로 찬성표를 던졌다. 국민연금을 제외한 공적 기금의 반대 의결 비율은 2%대로 더 낮았다.

## 주주권을 어떻게 강화하겠다는 것인가?

이행 방안은 이렇다. 일곱 가지 원칙을 세운다. 이 원칙이 스튜어드십 코드라 불리는 가이드라인이다. 그리고 기관투자가들은 연초에 일곱 가지 원칙 가운데 자신이 지킬 수 있는 원칙을 선택하고 공시한다. 연말에 자신이 지키겠다고 약속한 원칙을 지켰는지 공시한다. 한마디로, 기관투자가가 "우리는 올해 1번, 3번, 5번 원칙을 지키겠다고 약속했는데 1번과 3번은 잘 지켰지만 5번은 못 지켰습니다" 이런 식으로 공시한다는 것이다.

스튜어드십 코드는 법이 아니다. 안 지킨다고 처벌할 수 있는 것도 아니다. 기관투자가들이 자발적으로 "우리는 이런 원칙을 지켜 적극적으로 주주권(의결권)을 행사하겠습니다"라고 하도록 유도하는 것이다. 일곱 가지 원칙 중 단 한 가지 원칙이라도 반드시 선택해야 하는 것도 아니다. 아예 선택하지 않아도 된다. 그래서 스튜어드십 코드는

'연성규범'이라 불린다.

강제성도 없고 처벌도 없는 가이드라인일 뿐인데, 도입한다고 효과가 있겠냐 싶을 것이다. 기관투자가에는 여러 종류가 있지만, 스튜어드십 코드는 연기금과 자산운용사 등을 모두 그 대상으로 한다. 이들은 고객과 국민이 위탁한 돈을 굴리는 수탁자다. 그들에게 신뢰는 생명과 같다. 믿지 못할 단체에 돈을 맡길 사람은 없다. 그런데 만약 스튜어드십 코드가 도입되고 그들이 원칙을 세우고 지키겠다고 약속했는데 지키지 못한다면, 그들의 신뢰도가 떨어지게 된다. 신뢰도의 하락은 고객이 줄어든다는 것이고, 그렇기 때문에 단순히 가이드라인일 뿐인 스튜어드십 코드지만 효과가 있으리라는 게 스튜어드십 도입론자들의 논리다.

또한, 대주주가 전횡을 저지르면 기업에 투자했던 자금의 수익률이 떨어진다. 반대로 주주가 행동하면 기업가치가 높아지고, 투명성과 지배구조 안정성이 높아진다. 기업가치가 오른다는 것은 주가가 오른다는 것을 의미한다. 결국 스튜어드십 코드를 도입함으로써 주주가 행동하는 환경을 만들어준다면 기업도 좋고, 주주도 좋고, 국민도 좋은 결과를 가져오는 것이다.

일곱 가지 원칙은 다음과 같다.


1. 수탁자 책임 정책 제정 및 공개
2. 이해상충 방지 정책 제정 및 공개

3, 투자 대상 회사에 대한 지속적인 점검 및 감시

4. 수탁자 책임 활동 수행에 관한 내부지침 마련

5. 의결권 정책 제정 및 공개, 의결권 행사 내역과 그 사유 공개

6. 의결권 행사, 수탁자 책임 이행 활동 보고 및 공개

7. 수탁자 책임의 효과적 이행을 위한 역량 및 전문성 확보

## 왜 논란이 되는가?

기업들이 원하지 않기 때문이다. 그동안 우리나라는 얼마나 기업하기 좋은 나라였나. 이사회에는 말 잘 듣는 지인들 꽂아넣고, 기관들은 묵묵히 돈만 넣어주고, 주주총회는 한날한시에 열리니 극성 주주들 참여도 제한되고. 이 얼마나 남의 눈치 안 보고 마음대로 기업할 수 있는 아름다운 나라인가. 물론, 윗분들이 돈 넣으라면 돈 넣고 빼라면 빼고 나중에 검찰 조사 받고 몇 년 살다 나와야 한다는 리스크는 있다. 여기에도 모종의 거래가 있을 것이라는 의심을 감출 수는 없지만 말이다.

아무튼 그동안 편하게 기업하던 당사자들이 스튜어드십 코드가 도입돼 '내 회사'에 '남의 입김'이 거세지는 것을 바랄 리 없다. 그러다 보니 2016년 5월, 전경련과 중소기업중앙회, 코스닥기업협회 등 경제단체들이 스튜어드십 코드 도입에 대한 경제단체 공동건의안을 내놓

왔다. 쉽게 말하면 "이러이러한 부작용이 있으니 우리는 스튜어드십 코드 도입에 반대합니다"라는 것이다.

기업들이 스튜어드십 코드 도입에 반대하는 이유를 들어보면, 충분히 공감되고 이해할 만한 것들이다.

### ① 정부의 영향력 확대

기업들은 스튜어드십 코드가 도입될 경우 오히려 정부의 영향력이 확대될 것을 걱정한다. 국내 최대 기관투자가인 연기금은 정부의 입김이 꽤 센 곳이기 때문이다.

국민연금은 삼성물산과 제일모직이 합병하는 과정에서 합병 찬성에 표를 던졌다. 헤지펀드 엘리엇의 공격적인 반대에도 합병이 성사될 수 있었던 것은 당시 삼성물산의 지분 9.79%를 보유하고 있던 최대주주 국민연금의 찬성표가 상당히 결정적이었다.

그런데 지금 돌아보니 정부와 기업이 국민연금에 삼성물산과 제일모직의 합병에 찬성하도록 압력을 행사한 것 아니냐는 의혹이 나왔다. 즉, 그 압력이 대통령의 뜻이었든 또는 수렴청정 강남 아주머니의 뜻이었든 국내 최대 기관투자가인 연기금은 외부의 강력한 입김이 작용할 수 있는 곳이라는 얘기다.

기관투자가의 의결권을 강화함으로써 주주의 권익을 보호하고 기업의 전횡을 막아야 하는 스튜어드십 코드가 도리어 기업을 견제하지 않고 누군가의 사욕을 채우는 수단으로 전락할 수 있다는 논리다.

## ② 기관투자가의 악용 및 비공개 정보 유출

기업들은 스튜어드십 코드가 도입되면서 악용되거나 비공개 정보가 유출될 수 있다고 걱정한다. 스튜어드십 코드의 네 번째 원칙은 '수탁자 책임 활동 수행에 관한 내부지침 마련'이다. 쉽게 말하면, 기관투자가가 책임 있는 주주로 활동하기 위해 세부적인 지침을 만들어 그것에 따른다는 것이다. 그런데 그 세부지침을 보면 '기업가치를 증진하기 위해서 투자 대상 회사의 이사회나 경영진과 꾸준히 대화함으로써 공감대를 형성하고, 기업가치를 훼손시킬 중대한 위험 요인을 발견한다'는 내용이 포함되어 있다.

삼성물산과 제일모직의 합병 당시, 국민연금이 합병에 반대하는 리포트를 낸 한화증권 사장을 만나 사퇴하라는 압력을 넣었다는 의혹도 나왔다. 스튜어드십 코드의 도입 취지에 맞지 않게 기업가치를 훼손시킬 중대한 위험 요인을 발견해 제거하기보다 기관투자가가 이를 악용할 수 있다는 것이다.

또한, 기관투자가와 기업이 꾸준한 대화를 통해 기업을 어떻게 이끌어나갈 것이고, 발전 방향과 새로운 사업의 방향은 어떻게 되는지에 대한 논의를 하다 보면 비공개 정보가 오갈 수밖에 없다. 기관투자가는 기업의 결정에 대해 객관적으로 판단하기 위해 기업에 비공개 정보를 요구할 수 있고, 비공개 정보가 다른 목적으로 악용될 가능성이 있다는 논리다.

### ③ 기관투자가의 무리한 요구에 따른 경영 손실

기관투자가도 엄연한 투자자다. 투자자는 최대한 이른 시일 안에 최대한 많은 수익을 올려야 한다. 때때로 행동주의 헤지펀드들이 그러하듯이 단기 차익 실현을 위해 기업에 무리한 요구를 할 수도 있다. 인력을 자르고 당장 돈 안 되는 미래 사업을 접게 하는 등이다. 그런데 경영자가 기관투자가의 요구를 따르고 그것이 기업 경영에 손해를 끼쳤더라도 이것은 결국 경영자의 책임으로만 남게 된다.

잠시 여담을 하자면, 지금으로부터 약 8~9년 전 생명과학을 전공한 한 선배가 취직을 했다며 명함을 건넸다. 명함에는 삼성의 로고가 선명하게 찍혀 있었다. 취업 준비생 당시 삼성그룹에 지원서를 내본 경험이 있기 때문에 생명과학도가 지원할 수 있는 삼성그룹 내 기업은 삼성SDS밖에 없다는 사실을 알고 있었다(그곳이 유일하게 전공 무관 기업이었다). 그런데 명함에 찍힌 사명은 삼성SDS가 아니었다. 어떻게 된 일인지 물어보니, 삼성에서 바이오 사업에 진출하기 위해 관련 인력을 채용하고 있다는 것이었다.

솔직히 고백하면 믿지 않았다. 당시 삼성이 바이오 사업에 진출하기 위해 뭔가를 준비한다는 사실은 거의 알려지지 않았기 때문이다. 이제는 바이오시밀러 사업을 하는 삼성바이오로직스를 모르는 사람이 없다. 그간 가보지 않은 길을 가기 위해 상당히 오랜 기간을 준비했다는 것이다. 그런데 만약 어떤 기관투자가가 10년을 내다보는 바이오 사업을 지켜보지 못하고 단기 차익을 위해 사업 철수를 강력하게 주장했다면, 우리는 지금 삼성바이오로직스를 만나지 못했을 수도 있다.

### ④ 의결권 자문 시장의 부재

기업들은 기관투자가들이 엄청나게 많은 상장사의 주총 안건을 모두 객관적으로 분석해 최선의 선택을 할 수 있을지에 대해 믿음이 부족하다. 그것이 어려울 경우 주총 안건을 분석하고 자문해주는 자문사에 의존하게 될 가능성을 염두에 두고 있다.

스튜어드십 코드의 일곱 번째 원칙은 '수탁자 책임의 효과적 이행을 위한 역량 및 전문성 확보'다. 수많은 투자 기업의 수많은 주총 안건을 효과적이고 객관적으로 판단할 수 있도록 전문성을 확보하라는 것이다. 자체적으로 인력을 확보하기 어려운 중소형 기관투자가들은 전문성을 확보하기 위해 의결권 자문사를 활용할 가능성이 크다.

그럴 경우 의결권 자문 시장이 활성화되어 있지 않은 우리나라에서는 오히려 의결권 자문사가 로비의 대상이 되거나 권력 기관이 될 수 있다는 점을 걱정한다. 명백한 '사기업'인 의결권 자문사들이 기업이나 정부의 로비를 받아 그들이 원하는 결과를 내놓을 수 있다는 논리다.

이 외에도 국내 사정을 제대로 모르는 의결권 자문사가 잘못된 판단을 내릴 우려, 스튜어드십 코드가 국내 기관투자가들에게만 적용된다면 외국계 기관투자가들에 비해 역차별을 받을 수 있다는 우려 등이 있다.

## 알고 보면 빗나간 초점

그렇다면 스튜어드십 코드는 도입됐을 경우 부작용이 많을까? 이 모든 걱정을 한마디로 뒤집을 수 있다. '법으로 다스릴 것은 법으로 다스려야 한다.'

기업들이 걱정하던 것들을 돌아보자. 정부와 기업의 기관투자가에 대한 압력과 로비, 비공개 정보 유출 및 악용, 의결권 자문사의 사유화와 로비화. 이런 것들은 법으로 다스려야 할 부분이다. 의결권 강화와 별개로 생각해야 한다는 것이다. 다시 말해 이런 문제들은 처벌을 강화해야 하는 부분이지, 스튜어드십 코드가 도입되느냐 마느냐의 문제가 아니라는 것이다. 기관투자가가 자신의 의결권을 이용해 특정 기업에 이득을 줬을 경우 형사상 처벌을 할 수 있게 해야 하고, 비공개 정보가 유출되고 악용되는 경우는 지금도 처벌할 수 있다. 의결권 자문사가 로비의 대상이 되어 특정 권력에 이득을 위한 결정을 내렸을 때 처벌할 수 있는 조항 등이 마련되어야 한다.

물론, 이에 대한 반론도 존재한다. 처벌만을 강화한다면 특히 국민의 노후를 책임지는 국민연금은 민감한 사안은 아예 손을 대지 않을 가능성이 있다는 것이다. 변양호 신드롬이라 부른다. 론스타 매각을 주도했던 당시 재경부 국장이 이에 대한 책임으로 기소된 일이 있었다. 4년여 만에 무죄로 풀려나긴 했지만, 그때부터 차후 문제가 불거질 수 있는 사안에 대해서는 아예 몸을 사리는 공직자가 늘어났다는 것이다.

하지만 주주의 권리는 재산권의 문제다. 헌법이 보장하는 재산권은 선택의 문제가 아니라 필수적인 권리다. 기관투자가가 특정인에게 이득을 주는 결정을 함으로써 다른 주주의 권리를 해친다는 것은 헌법에 어긋나는 일이다.

스튜어드십 코드의 도입은 지금까지 제대로 보장되지 못한 우리 국민의 재산권을 정상화한다는 의미가 있다. 지금까지 마이너스였던 것을 제로로 만드는 것이지 제로를 플러스로 만들어주는 것은 아니라는 얘기다.

앞으로 스튜어드십 코드와 관련하여 제기되는 다양한 얘기를 접하게 될 것이다. 또, 도입이 된 이후에도 일부 반작용을 접하게 될 것이다. 그럴 때는 제기되는 문제가 법의 영역인가, 자율의 영역인가를 구분하기 바란다.

# 05

## 로보 어드바이저:
# 인간과 AI 중 누가 더 나은 수익률을 올릴까?

2016년 3월 구글의 딥마인드가 개발한 바둑 인공지능 프로그램 알파고가 한국의 프로기사 이세돌 9단과 대국을 진행했다. 대회의 명칭은 '구글 딥마인드 챌린지 매치'였다. 인간 최강자에게 도전하는 인공지능이라는 의미다. 경기가 시작되기 전까지 이세돌 9단은 5:0 승리를 자신했다. 결과는 4승 1패, 알파고의 승리였다.

금융권에서도 인공지능 열풍이 불었다. 로보 어드바이저는 로봇과 어드바이저(조언자)의 합성어다. 수많은 사람이 자산을 자신보다 더 잘 관리해줄 사람에게 조언을 듣는다. 인간과 AI 중 누가 더 나은 수익률을 올릴 수 있을까?

　로보 어드바이저의 개념은 아직 명확하지 않다. 로보 어드바이저가 도입되기 전에도 시스템매매, 알고리즘 매매는 있었다. 정해진 기준에 따라 얼마가 되면 주식을 사고 얼마가 되면 주식을 파는 방식도 있고, PBR이나 PER 같은 투자 지표를 기준으로 종목을 추천해주는 알고리즘도 있었다. 주가 흐름을 기준으로 주식 매수·매도 타이밍을 잡아줄 수도 있다. 특히 신속한 거래가 필요한 선물·옵션 등 파생상품 거래에서는 마우스를 클릭해가며 거래를 하는 사람보다 시스템이 더 많은 매매를 한다. 어떤 부분을 인간이 아닌 시스템이 하는지도 명확하지 않다.

　금융상품과 관련하여 로봇이 할 수 있는 부분은 금융상품 판매 및 상담, 운용 등이다. 우선 금융상품을 추천, 상담, 판매하는 과정을 로봇이 할 수 있다. 인공지능이 상담을 해주는 챗봇도 그 일종이다. 주로 언급되는 로보 어드바이저는 운용 부분이다. 계량적 분석을 기반으로 한 다양한 투자 전략을 시스템화하는 것이다.

　로보 어드바이저를 큰 틀에서 보면 퀀트(Quantitative), 즉 계량화 방식이라 할 수 있다. 퀀트는 고도의 수학·통계 지식을 이용해 패턴을 찾아내고 컴퓨터로 거래하는 투자기법이다. 가장 유명한 곳이 르네상스테크놀로지다. 하버드대학교 수학과 교수 출신 제임스 사이먼스가 세운 회사로 설립 이후 30년간 연평균 30%의 수익률을 올렸다. 르네상스테크놀로지는 철저한 회원제로 운영돼 신비감을 더했다. 사이먼스는 놀라운 수익률만큼 엄청난 보수를 받아 2014년 포브스 선정 세계 최고 부자 88위에 올랐다. 노벨 경제학상 수상자 로버트 머튼과 마이런 숄스가 함께했던 롱텀캐피털매니지먼트도 퀀트 업계에 한 획을 그었다. 롱텀캐피털은 연 28~59%의 고수익을 올리며 승승장구했다. 그러다가 1998년 러시아가 모라토리엄을 선언하자 그들이 보유했던 러시아 국채가 폭락하며 막대한 손실을 보고 구제금융을 받았다.

## 원조 로보 어드바이저는 자산배분형이었다

원조 로보 어드바이저는 자산배분 포트폴리오를 시스템화한 형태다. 자산배분형의 롤모델은 미국 최대 로보 어드바이저 업체인 웰스프론트다. 이곳의 최고투자책임자는 《시장 변화를 이기는 투자: 랜덤워크》의 저자 버튼 맬킬이다. 랜덤워크 이론은 미래 전망이 불가능하다는 이론이다. 2000년 미국의 〈월스트리트저널〉은 원숭이와 펀드매니저의 대결을 보도했다. 원숭이는 다트를 던져 투자 종목을 고르고, 펀드매니저는 신중한 분석을 거쳐 네 가지 종목을 선정했다. 1년 동안 수익률을 비교해보니 원숭이가 고른 종목 중에서는 세 종목이, 펀드매니저가 고른 종목 중에서는 한 종목이 플러스 수익률을 기록했다. 전문적인 분석이 그냥 아무거나 고른 것과 차이가 없다는 것이다.

랜덤워크는 초과 수익을 얻을 수 없다는 회의적인 이론이 아니다.

랜덤워크는 특정 종목을 '찍어서' 수익률을 올리는 것이 아니라 주식과 채권, 부동산 등 다양한 자산을 적절하게 배분함으로써 수익률을 올릴 수 있다는 포트폴리오 이론으로 발전하게 된다.

데이비드 스웬슨은 1985년부터 예일대학교의 기금 운용을 맡았다. 그가 처음 그 일을 맡을 당시 10억 달러였던 예일대의 기금은 2008년 229억 달러로 늘었다. 그가 운용을 맡은 30년간 예일대 기금은 연평균 14.4%의 수익을 올렸다. 스웬슨은 "수익률의 90% 이상이 자산배분에 의해 결정된다"고 말했다. 보통은 종목을 선정하는 데 큰 관심을 보이지만, 사실상 종목 선택이 수익률에 미치는 영향은 10%밖에 안 된다는 것이다.

도대체 무슨 자산을 어떻게 배분하라는 것일까? 혹자는 나잇대에 맞춰 20대는 채권 20%에 주식 80%, 30대는 채권 30%에 주식 70%, 50대는 채권 50%에 주식 50%와 같은 자산배분을 이야기하기도 한다. 이는 나이가 들수록 안전자산 비중을 높이라는 상투적인 언급일 뿐 전문적인 자산배분은 아니다. 가장 기본적인 자산배분은 가격이 반대로 움직이는 자산을 조합하는 방식이다. 그렇게 하면 한 자산에서 손실이 나더라도 다른 자산에서 이익이 발생해 안정적인 수익을 올릴 수 있다. '우산장수 부채장수' 이야기는 이런 방식의 사업 모델이라 할 만하다. 비가 오면 우산을 팔아 돈을 벌고, 해가 뜨면 부채를 팔아 돈을 버니까. 역의 상관관계를 가진 비즈니스 모델을 동시에 수행하면 경제 환경 변화에 따른 위험을 회피할 수 있다. 경제가 성장하면 대부분의 자산가치는 높아진다. 높아지는 과정에서 변동성이 있는데, 서로 엇갈리게 자산배분을 하면 그 변동성을 상쇄할 수 있다.

이 같은 자산배분을 하려면 자산들 사이의 상관관계를 알아야 한다. 상관관계는 인과관계와는 다르다. A의 변화가 B의 변화에 원인이 될 필요는 없다. 그저 A가 +로 변했을 때 B는 -로 변한다는 사실 자체에 주목한다. 예를 들어 국내 주식(코스피)과 부동산의 상관관계는 '0'이다. 주식과 부동산 간에 왜 상관관계가 없는지 이유는 중요하지 않다. 그저 통계적으로 봤을 때 두 자산의 가격 변동이 유의미한 패턴을 보이지 않는다는 것이다. 주식과 부동산으로 자산배분을 하는 것은 아무 의미가 없다. 위험회피 효과가 없기 때문이다. 개별 주식으로 자산을 배분하는 것도 쉽지 않다. 개별 주식은 수많은 정보와 수급에 따라 등락이 심하기 때문에 상관관계 분석이 매우 힘들다. 또 반복될 가능성도 거의 없다. 하지만 주식의 총합인 주가지수는 경제지표에 따라 어느 정도 예측 가능한 선에서 움직인다고 볼 수 있다. 배분하는 자산군은 특정 세력에 의해 좌우되지 않을 정도로 규모가 커야 한다.

국내에서 살 수 있는 자산은 주식과 채권, 부동산밖에 없다. 그런데 세 자산의 상관관계는 거의 없다. 역의 상관관계를 가진 자산군을 찾기 위해서는 더 넓은 세상, 글로벌 자산에 눈을 돌려야 한다. 국내 주식과 역의 상관관계를 갖는 대표적인 자산이 미국 채권(상관관계 -0.6)이다. 국내 주식의 가격이 오르면 미국 채권의 가격이 내리고, 국내 주식의 가격이 내리면 미국 채권의 가격이 오른다.

-0.6의 상관관계를 갖는 두 자산은 어떤 비중으로 구성해야 할까? 또 주식 말고 국내 채권과 역의 상관관계를 갖는 자산에는 어떤 것이 있을까? 일반인이 개인적으로 자산배분을 하기는 매우 어렵다(참고로 한국 주식과 미국 채권을 조합하는 이 방식을 추종하는 지수를 한국거래소에서 '주식미국채DAE지수'라는 이름으로 발표한다. 2002년을 기준으로 설정한 이 지수의 누적 수익률은 코스피 수익률 174.4%보다 높은 265.7%를 기록했다). 경제 상황이 변하고 상관관계가 달라지면 자산을 어떻게 조정해야 하는지도 알기가 어렵다. 상관관계를 통해 목표 수익률을 거두는 포트폴리오를 어떻게 구성해야 하는가는 전문가도 자신의 머리로, 자신의 손으로 하기가 쉽지 않다. 이때 자산배분형 로보 어드바이저를 활용할 수 있다. 자산배분형 로보 어드바이저는 전 세계 수많은 지표를 토대로 기대하는 수익률에 맞춰 최적의 포트폴리오를 만들어낸다. 즉, 자산배분형 로보 어드바이저의 핵심 기술은 적절한 포트폴리오 구성과 재조정이다.

## 로보 어드바이저는 고수익이 아닌 목표 수익을 추구한다

잘 만들어진 로보 어드바이저는 목표 수익률을 제대로 추종한다. 연 2% 수익률을 올리고 싶다면 그냥 은행에 예금을 하면 된다. 은행

예금금리 이상을 올리고 싶다면 조금 더 복잡한 자산배분이 필요하다. 4%를 올리고자 할 때, 7%를 올리고자 할 때 구성하는 포트폴리오가 다르다. 또 원하는 수익률이 높아질수록 달성 가능성은 작아지고 손실 위험은 커진다. 목표 수익률과의 괴리가 적을수록 잘 만들어진 알고리즘이다. 목표 수익률에 미달하는 성과를 냈다면 잘 만들어진 알고리즘이 아니며, 반대로 목표 수익률보다 훨씬 높은 성과를 냈더라도 잘못 만들어진 알고리즘이다. 수익이 높다는 것은 그만큼 큰 위험에 노출돼 있었다는 의미다.

로보 어드바이저가 화제가 되니 펀드매니저와 로보 어드바이저의 수익률 경쟁이 신문지면에 등장하기도 했다. 이것은 전제 자체가 잘못된 경기다. 자산배분형 로보 어드바이저는 고수익이 아니라 목표 수익을 추구하기 때문이다. 자산배분형 외에도 수익률 게임에 적합한 주식추천형이 있다. 개별 전문가가 자기만의 투자 노하우를 바탕으로 시스템을 만들어 종목을 추천해주는 방식이다. 다만 이 방식이 실제 지속 가능한 수익을 줄 수 있을지는 의문이다. 실제 로보어드바이저 테스트베드에서 10%가 넘는 손실을 기록한 적이 있는 방식도 주식추천형이었다.

## 로보 어드바이저와 기존 금융사들의 불편한 동거

로보 어드바이저의 가장 큰 장점은 저렴한 비용이다. 사람이 아니라 컴퓨터가 포트폴리오를 구성하니 인건비가 들지 않는다. 또 로보 어드바이저는 상장지수펀드(ETF)로 포트폴리오를 구성한다. ETF는 특정 주가지수에 연동되는 펀드를 주식처럼 쪼개서 거래소에 상장한 상품이다. 주식처럼 거래되기 때문에 매매가 자유롭고 수수료가 싸다. ETF를 이용하면 국내외 주식과 부동산, 원유, 금, 달러 등 수많은 자산을 매입할 수 있다.

주식 매매로 50% 수익을 거둔다면 1% 수수료는 충분히 감내할 만하다. 그런데 2% 수익이 날 때 1% 수수료는 전체 수익의 절반을 갉아먹는다. 저금리 시대에 로보 어드바이저가 더 주목받는 이유다.

아직 초기 단계인 로보 어드바이저는 은행, 증권사 등 기존 금융사들과 협업을 하는 형태로 나타나고 있다. 새로운 금융 서비스를 갈망하는 기존 금융사와 탄탄한 영업망이 필요한 로보 어드바이저 업체의 이해관계가 맞아떨어지기 때문이다. 그런데 그 연합은 기존 금융사들의 수수료 수익 모델과 상충되는 측면이 있어 기이한 현상을 나타내고 있다.

예컨대 하나은행의 사이버PB를 살펴보자. 개인 정보를 입력하고 투자 성향을 분석해서 목표 수익률을 설정한다. 그리고 목표 수익률을 달성하기 위한 자산별 비중을 책정한다. 그리고 자산 편입을 위한 펀드 포트폴리오를 추천한다. 그런데 사이버PB가 구성한 포트폴리오를 개인의 취향에 따라 바꿀 수 있다. 또 최종 포트폴리오를 모두 매입하는 게 아니라 한두 가지 펀드만 매입할 수도 있다.

개인의 취향에 따라 비중을 조정하는 것은 지극히 인간적인 발상이다. 하지만 고객이 주식을 좋아하지 않는다며 주식 비중을 줄이고 다른 자산의 비중을 늘리면 최적 포트폴리오의 구성이 깨진다. 알파고에 비유하면 알파고가 바둑알을 놓을 지점을 정했는데 대리인으로 나섰던 대만계 프로그래머 아자황이 '거기에 두는 것은 마음에 안 든다'며 다른 곳에 두는 격이다. 이처럼 취향에 따라 자산 비중을 조정할 수 있도록 한 것은 그 목적이 포트폴리오 구성이 아니라 상품 판매에 있기 때문이다. 은행은 로보어드바이저를 통해 상담 수수료를 받는 것이 아니라 펀드 판매를 통해 판매 수수료를 받는다. 포트폴리오의 정확성은 사이버PB에게 중요한 목표가 아닌 것이다. 이런 류의 로보 어드바이저는 자산배분형이라기보다 펀드추천 프로그램이라고 불러야 한다.

요리에 비유해보자. 최고의 요리사가 가장 맛있는 요리를 만들 수 있는 재료를 판매한다. 요리사는 요리에 들어가는 재료로 소금 10g, 고기 100g, 야채 200g을 구성했는데 고객이 개별 재료의 중량을 취향에 따라 조절할 수 있다. 이 경우 그 고객이 재료를 다 고르고 계산대에 섰을 때 그의 장바구니에는 자기 입맛에 맞는 재료만 들어 있을 수 있다. 자신이 원하는 재료만 사서 요리를 하면 최고의 요리사가 만들고자 했던 그 요리 맛이 나지 않을 것이다. 그렇지만 재료를 파는 사람 입장에서는 고객이 무슨 재료를 어떤 비중으로 사 가든 사실 관심이 없다. 그 재료로 요리를 해서 무슨 맛이 나든 그것도 알 바 아니다. 그냥 재료를 팔아서 이익을 거두기만 하면 그만이다.

가장 좋은 것은 요리사가 만든 요리를 사서 먹는 것이다. 하지만 로보 어드바이저 업체가 최종 포트폴리오를 토대로 고객 자산을 직접 운용하려면 여러 금융업 인가를 받아야 하기 때문에 쉬운 일이 아니다. 재료를 파는, 즉 상품 판매로 돈을 버는 금융사들은 그래서 이 같은 유혹에 빠지기 쉽다. 증권사가 출시한 로보 어드바이저 상품은 자산배분보다는 주식추천 알고리즘인 경우가 많다. 증권사는 투자자들이 주식을 사고팔 때 수수료를 받기 때문이다.

그렇다고 해서 금융회사들이 수수료를 받기 위해 금융소비자를 기만한다고 비난하기는 힘들다. 우선 좋은 서비스를 받기 위해서는 그에 합당한 비용을 지불해야 한다. 하지만 우리나라 사람들은 금융 상담에 수수료를 내지 않는다. 그러니 금융사 직원들이 상담보다는 판매에 목을 맬 수밖에 없다.

## 한국형 로보 어드바이저가 온다

로보 어드바이저 업체들은 2016년 7월부터 금융당국이 구성한 테스트베드에서 알고리즘을 검증받고 있다. 검증이 끝나면 좀 더 적극적으로 고객을 접할 수 있게 될 것이다. 1차로 참여한 업체들은 자산배분형과 주식추천형이 주를 이뤘다. 그리고 위험도에 따라 미국, 일본, 원유 등의 시장을 분류한 키움증권과 강세장을 추종하는 두물머리가 있었다. 수익률은 대부분 매우 낮았다. 안정성을 중시하는 자산배분형은 채권 가격이 내려가서 -1% 내외의 수익률을 기록했다. 같은 기간 국내 주식은 더 큰 폭으로 하락했기에 주식추천형 로보 어드바이저 중에는 -11%를 기록한 곳도 있었다.

로보 어드바이저는 황금알을 낳는 거위가 아니다. 족집게 도사처럼 좋은 종목을 추천해 대박이 나게 해주는 인공지능은 없다. 자산배분은 매우 지루한 투자 방식이다. '금리+@' 정도의 수익을 안정적으로 올리는 데만 성공해도 획기적인 상품이다. 거액의 기금을 운용하는 글로벌 투자기관들은 대부분 자산배분 방식으로 포트폴리오를 운용한다.

로보 어드바이저는 주가연계증권(ELS) 등 중수익을 추구하는 투자자 층을 빠르게 잠식할 가능성이 크다. 주가연계증권은 특정 주권의 가격이나 주가지수에 연동되는 증권으로 등락구간별로 수익률에 차이를 두는 등 다양한 유형이 있다. 다만, 로보 어드바이저의 원리를 고객들에게 충분히 이해시키는 것이 과제로 남아 있다. 영업망이 약한 로보 어드바이저 업체는 기존 금융회사와 손을 잡을 경우 앞서 설명했듯 저비용 환경을 구축하는 데 제약을 받을 수 있다. 이들 업체가 직접 고객을 접하려면 금융업 규제가 개선돼야 한다.

# 전문가들은 왜
# 트럼프 당선과 브렉시트를
# 맞추지 못했나

"경제학자는 어제 일어난 일을 오늘 설명하는 사람이다"라는 말이 있습니다. 경제 예측의 어려움을 역설적으로 표현한 것인데요. 어렵다는 것을 인정하면서도, 전망이 틀리면 쉽게 용서되지 않습니다. 내 돈의 명운이 걸려 있기 때문입니다. 하지만 그러면서도 우리는 또 그들의 말을 듣습니다. 그런데 유독 정치 이벤트가 많았던 2016년에는 유독 많이 틀렸습니다. 2016년 11월 23일 자 마켓워치의 표현대로 "트럼프 대통령의 당선과 브렉시트의 현실화는 그렇다 치더라도 디테일까지 부족"했으니까요.

### 어떻게 틀렸는가

두 개의 단어를 봅시다. '트럼프 범프'와 '브렉시트 바운스'입니다. 트럼프 범프는 트럼프 당선 이후 은행주들이 튀어 오른 현상을 말하고 브렉시트 바운스는 브렉시트 이후 FTSE100지수가 사상 최고치 행진을 기록한 현상을 가리킵니다. 글로벌 금융 전문가들의 예상은 일차적으로 클린턴 당선을 우세하게 봤고, 만약 트럼프가 당선될 경우 금융시장은 혼란에 빠질 것이라고 했습니다. 하지만 결과는 정반대였습니다. 브렉시트도 마찬가지였습니다. 브렉시트 당시 상황만 보면, 브렉시트가 현실화될 경우 영국 경제가 매우 어려워질 것으로 예상했습니다. 집값이 하락하고 경제는 쪼그라들 것으로 예상하는 글로벌 전문가들이 많았습니다. 하지만 영국 FTSE100지수는 국민투표 직후부터 반등하더니 사상 최고가를 기록하기도 했습니다. 그뿐만이 아닙니다. 영국의 유럽연합 탈퇴가 본격화되는 (리스본 조약 50조가 발동되는 시점) 시기에는 정말 어려움이 찾아오지 않을까 염려도 했지만, 2017년 3월 29일 탈퇴 협상이 시작됐음에도 불구하고 유로화와 파운드화는 3월 이후 빠르게 상승했고, 영국의 FTSE100지수는 상승세를 멈추지 않았습니다.

### 왜 글로벌 금융 전문가들은
### 일어나지도 않을 재앙을 일어날 것처럼 예상했을까?

세상에는 두 종류의 사람이 있습니다. 소수의 엘리트와 다수의 비 엘리트. 구분이 명확한 것은 아니지만 힐러리 클린턴에게 막대한 선거 자금을 지원한 사람들은 다수의 유권자가 아닌 월가의 소수 특권 엘리트층이었습니다.

〈뉴스1〉의 2016년 5월 10일 자 보도에서도 밝혀졌듯이, 전체 월가 정치후원금의 53%가 클린턴에게 집중된 것이며 이 같은 비율은 지난해 같은 기간 30%대 초반에서 20%p 이상 급증한 것입니다. 같은 시기 공화당 출신인 트럼프 후보는 월가로부터 1%에 머무르는 정치 후원금을 받았습니다.

월가는 누가 승리할 것으로 전망할까요? 클린턴 승리를 전망할 수밖에 없습니다. 고령 인구의 노후 준비가 부족하다는 보고서는 누가 낼까요?

보험사입니다. 연금보험에 가입시켜야 하기 때문입니다. 월가의 소수 특권 엘리트층이 클린턴 승리를 전망할 수밖에 없는 것과 같은 맥락입니다.

블룸버그뉴스 칼럼니스트인 매슈 린은 이런 질문을 던졌습니다. "금융 시장을 장악하고 있는 소수의 엘리트는 과연 대다수의 유권자를 만나봤을까?" 실제로 투표지에 도장을 찍고 투표함에 투표지를 넣는 대다수의 사람을 만나보지도 않고 이론적으로, 통계자료를 토대로 예측한 것은 빗나갈 수밖에 없다는 얘기입니다.

더 큰 문제는 글로벌 금융시장을 장악하고 있는 소수의 엘리트층은 유럽연합(EU), 북미자유유협정(NAFTA), 국제연합(UN) 등 기존 경제 시스템에 막대한 돈을 투자해놓은 장본인이라는 것입니다. 그들은 자신들이 만들어놓은 시스템이 유지되길 바라고, 이러한 시스템이 해체됐을 때 세상이 잘 돌아갈 수 있을지 확신하지 못하는 사람들입니다. 하지만 세상을 굴리는 주체는 다수의 비 엘리트층입니다. 그들은 이 점을 간과한 것입니다.

매슈 린의 또 다른 한마디를 들어봅시다.

"정부(국가 경제)는 시장(소수 엘리트)이 만드는 것이 아니다. 기업가와 소비자가 만드는 것이다."


### 인공지능은 어떻게 결과를 맞혔는가

정말 재미있는 사실은 인공지능은 결과를 정확히 맞혔다는 것입니다. 혹자는 이렇게 분석합니다. 'SNS의 확산으로 한 사람 한 사람에게 마이크가 주어졌다.'

사람은 여론조사 결과에 의존할 수밖에 없지만, 여론조사의 맹점을 모르는 사람은 없습니다. 조사원의 뉘앙스 때문에 응답자의 선택이 달라지기도 하고, 질문에 쓰이는 토씨 하나에 다른 응답을 할 수도 있습니다. 심지어 같은 두 질문의 순서만 바뀌어도 대답이 변한다는 연구 결과도 있습니다. 어떤 이유에서건 자신의 정치 성향을 숨기기도 합니다. 유선전화 조사인지 무선전화 조사인지에 따라서도 결과에 왜곡이 발생합니다. 그래서 가중치를 두는 방법을 사용하지만, 그마저도 때로 왜곡됩니다.

하지만 SNS는 다릅니다. 세상 모든 사람이 자신의 의견을 가감 없이 눈치 보지 않고 표출하는 공간입니다. 말 그대로 모든 사람에게 마이크 하나씩이 주어진 것입니다. 세상의 모든 SNS를 종합해 분석하면 진짜 민심이 어떤지를 여론조사보다 비교적 정확하게 알 수 있다. 인간이 모든 SNS 자료를 종합해 분석할 수는 없겠지만, 인공지능은 가능하기 때문입니다.

여론조사가 선생님이 교실에 모여 있는 학생 중 한 명을 찍어 "말해봐"라고 하는 것이라면, 인공지능의 분석은 학생들끼리 나누는 대화를 몰래 엿듣고 학생들의 진심을 파악하는 것과 같습니다.

노령 인구의 노후 준비가 부족하다는 보고서가 단지 연금보험 가입자를 늘리기 위한 마케팅 수단이라고 깎아내릴 순 없습니다. 마찬가지로 글로벌 금융 전문가들의 전망이 순전히 믿지 못할 것들이라는 얘기도 아닙니다. 다만 "경제학자는 어제 일어난 일을 오늘 설명하는 사람이다"라는 말과 같이, 특히 세상이 크게 변하는 전환점에서 전문가들의 전망은 후행할 수밖에 없다는 얘기입니다.

# 특정 소수가 아닌, 더 많은 사람이
# 정당하게 돈 벌 수 있는 세상을 꿈꾸며

〈발칙한 경제〉 팀은 어떤 경제 이야기를 왜 전하는가에 대해 항상 고민했다. 이왕이면 더 많은 사람이 더 풍요롭게 살았으면 하는 바람으로 이야기를 준비해왔다. 돈이 있다고 행복한 것은 아니다. 하지만 돈이 없으면 불행해질 가능성이 크다. 더 많은 사람이 정당하게 돈을 버는 것은 더 행복한 세상을 만드는 데 꼭 필요한 토대가 될 것이라고 우리는 믿고 있다. 누구나 많은 돈을 갖기를 원하지만 그럴 수는 없다. 그리고 사실 지금 가진 돈을 그대로 뻥튀기한다고 해서 모두가 부자가 되는 것은 아니다. 한 예로, 북한에서는 2009년 임금을 100배 올리는 조치를 단행했다가 물가도 같이 100배 오르면서 모두가 불행해지기도 했다.

금리, 환율, 유가, 재벌, 금융 등 다양한 경제적 현상 안에서 어떤 이해관계들이 어떻게 얽히는지를 전해주고 싶었다. 사람들은 돈을 좋아하지만 경제가 복잡하다는 이유로 외면하곤 한다. 그러는 사이 돈은 정당하지 않은 경로를 거쳐 영악한 누군가에게 흐른다. 경제는 달콤한 얼굴 이면에 항상 청구서를 달고 있다. 좋은 취지로 진행됐지만 정반대의 결과를 내놓기도 하고, 정반대의 결과가 나올 것을 알면서 좋은 취지로 포장하기도 한다. 돈을 누가 가질 것이냐에 대해 정답은 없다. 하지만 우리는 돈이 어떤 경로로 어디로 흘러가는지를 설명함으로써 더 많은 사람이 자원 배분의 정당성을 평가해주기를 바랐다.

경제는 거짓말을 하지 않는다. 단지 달콤한 면만 보여줄 뿐이다. 그 이면에는 욕심이 있다. 달콤함에 취해 있을 때 누군가는 이권을 챙긴다. 전반적인 판을 보지 않으면 누구 주머니로, 왜 돈이 흐르는지 이해할 수 없다. 이해할 수 없으니 관심도 없고, 그사이 불특정 다수의 돈은 특정 소수에게 빨려들어 간다. 관광·물류 산업 육성을 위해 시행됐던 4대강 사업은 건설사의 주머니만 불리는 결과를 낳았다. 문화 융성·체육 진흥을 위해 만들었다는 미르, K스포츠 재단은 대통령 비선실세의 먹잇감이었다.

불법 행위를 처벌하는 것보다 더 중요한 것은 정의로운 분배의 기준을 잡는 것이다. 하우스푸어도 힘들겠지만 그들을 살리겠다고 부동산 투기를 유도하면 청년들은 집도 없는 거지가 된다. 그 기준을 잡기는 점점 더 힘들어질 것이다. 저성장 국면이 길어질수록 나눌 파이는 줄어들고, 경쟁은 치열해진다. 치열한 경쟁 속에서 힘을 가진 사람은 더 많은 파이를 갖게 되고 양극화는 심해진다.

정치적 민주주의는 더 많은 사람이 권력의 속성을 알고, 더 많은 사람이 자신의 권리를 주장할 때 성숙한다. 경제적 민주주의 역시 권리를 가진 이해관계자들이 그 돈은 내 돈이라고 주장할 때 성숙한다. 경제 민주화 같은 거창한 구호를 이야기하는 것이 아니다. 내가 낸 세금이, 내가 투자한 자본금(주식)이 특정 세력이 아니라 이해관계자들에게 형평성 있게 분배돼야 한다는 기본에 대한 이야기다. 그것이 우리 아이들에게 좀 더 공정하고 풍족한 미래를 전해주는 첫걸음이 되리라 믿는다.

# 발칙한 경제

초판 1쇄 발행  2017년 5월 25일
초판 2쇄 발행  2017년 6월  2일

지은이 | 권순우 염현석 이주호

펴낸곳 | (주)가나문화콘텐츠
펴낸이 | 김남전
기획부장 | 유다형
기획 · 책임편집 | 서선행
교정교열 | 공순례
기획1팀 | 이정순 서선행
디자인 | 손성희 정란
마케팅 | 정상원 한웅 김태용 정용민 김건우
경영관리 | 임종열 김다운
인쇄 · 제책 | (주)백산하이테크

출판 등록 | 2002년 2월 15일 제10-2308호
주소 | 경기도 고양시 덕양구 호원길 3-2
전화 | 02-717-5494(편집부) 02-332-7755(관리부)
팩스 | 02-324-9944
홈페이지 | www.ganapub.com
이메일 | admin@anigana.co.kr

ISBN  978-89-5736-912-8 03320

가나출판사는 당신의 소중한 투고 원고를 기다립니다. 책 출간에 대한 기획이나 원고가 있으신 분은 이메일 ganapub1@naver.com으로 보내주세요.